주식 이야기
대박 이야기

# 주식이야기 대박이야기

1판 1쇄 발행 | 2011년 3월 15일
1판 10쇄 발행 | 2019년 2월 25일

지은이 | 최승욱
펴낸곳 | 미래지식
펴낸이 | 박수길

주소 | 경기도 고양시 덕양구 통일로 140 삼송테크노밸리 A동 3층 333호
전화 | 02) 389-0152
팩스 | 02) 389-0156
홈페이지 | www.miraejisig.co.kr
이메일 | miraejisig@naver.com
등록번호 | 제 313-2004-00067호

*이 책의 판권은 미래지식에 있습니다.
*값은 표지 뒷면에 표기되어 있습니다.
*잘못된 책은 구입하신 서점에서 바꾸어 드립니다.

ISBN 978-89-6584-002-2 (13320)

---

국립중앙도서관 출판시도서목록(CIP)

주식 이야기 대박 이야기 / 최승욱 지음. -- 서울 : 미래지식, 2011
  p.288 ; cm

  ISBN 978-89-6584-002-2 13320 : ₩18000

주식 투자[株式投資]

327.856-KDC5
332.6322-DDC21                CIP2011000722

| 『주식 천재가 된 홍대리』의 저자 최승욱이 공개하는 고수 비책 |

# 주식 이야기
# 대박 이야기

| 최승욱 지음 |

미래지식

**프롤로그**

## 승률을 높이려면 지독하게 참아라!

성공한 사람들의 비밀은 과연 뭘까? 작가 스펜서 존슨의 말에 의하면, 세상에는 원하는 일과 필요한 일, 이렇게 둘로 나뉜다고 한다. 그런데 성공한 대부분의 사람들은 자신이 원하는 일을 한 사람보다 자신에게 필요한 일을 한 사람들이었다고 한다. 성공한 사람들은 자신이 하고 싶은 것을 꾹 참고, 자신에게 꼭 필요한 일을 함으로써 시간의 레버리지를 활용했던 것이다.

원하는 일은 늘 꿈꿔오는 것이다. 그것은 결코 다 이룰 수 없으며 또 다른 꿈으로 남거나 때로는 소모적인 욕망으로 번진다. 원하는 것을 다 이루어도 반드시 해야 할 일, 자신에게 꼭 필요한 일은 그대로 남는 법이다. 우리의 사고는 불필요한 생각으로 가득 차 있다. 저녁에 누구랑 뭘 먹을까 같은 생각, 휴대폰을 최신 스마트폰으로 바꿀 생각 등 크게 중요하지 않은 일들이 머릿속을 차지하고 있다. 당장 필요한 일이 아니라 평소 자신이 원하는 일들이 대부분이다. 이런 자질구레

한 일들이 우리의 소중한 시간과 맑은 정신을 갉아먹으면서 정작 필요한 일을 하는 것을 방해한다.

성공하고 싶은가? 그렇다면 당신에게 당장 필요한 일이 무엇인지 찾아라. 그리고 가장 필요한 일부터 거침없이 해치워라. 잇몸이 아프면 지금 당장 치과를 가라. 그것이 당신에게 가장 필요한 일이다. 미루면 미룰수록 몇 배의 시간과 수십 배의 비용이 들 것이다. 혹시 배우자와 불화가 있는가? 그렇다면 당장 전화기를 들어서 사과하고 화해하라. 아스피린보다 더 빠르게 당신의 머릿속을 맑게 해줄 것이다. 모쪼록 성공적인 삶을 원한다면 머릿속을 괴롭히는 모든 일을 피하지 말고 부딪혀서 해결하라. 장담하건대, 우리의 고민 중 90% 이상은 서두르면 단 하루 만에 해결되는 것들이다. 그런 후 남은 시간과 에너지는 오로지 성공하는 데 쏟아라.

생각하건대 건강과 부의 축적, 이 두 가지는 모든 사람에게 같은 크기로, 필요한 일이 아닐까. 투자자인 당신에게 당장 필요한 일은 뭘까? 일단 그 해답은 이 책을 모두 읽은 후 생각하기 바란다. 당신이 평소 고민하고 염원하던 모든 것들에 대한 해답이나 기준이 대부분 이 책 안에 있을 것이다.

투자와 게임의 세계는 확률의 세계다. 단 1%의 확률 차이로 승패가 난다. 역사적으로 수많은 승부사들은 그 1%의 유리한 승률을 찾으려고 모든 것을 걸어왔다. 그 중에 대표적인 인물 한 사람을 알아보자. 때는 1800년대, 몬테카를로에서 발생했던 실화다. 주인공은 당시 제분사를 운영하던 제거스란 영국인이었다.

그는 매우 재능 있는 사람으로서 어떻게 하면 카지노를 상대로 승리할 수 있느냐 하는 것이 그의 고민이었다. 그러던 어느 날 카지노 측의 승률보다 자신에게 더 유리한 승률을 찾기 위해서 카지노의 룰렛판에 자기 직원들을 몰래 파견시켰다. 그리고는 특별하게 많이 떨어지는 숫자가 있을 것으로 믿고 집중적으로 조사시켰다. 그의 예상은 적중했다. 6대 중 5대의 룰렛판은 정상이었지만 나머지 한 대에 문제가 있었다. 룰렛 전체 숫자인 1~36번 중에서 집중적으로 떨어지는 숫자 9개가 발견된 것이다. 그는 그 특정 숫자에 집중해서 투자했고, 결국 단기간에 거액을 챙겼다. 훗날 그 사건은 룰렛의 작은 상처로 인한 결과로 밝혀졌지만 어쨌거나 유리한 확률이 있었던 것은 분명했다. 이는 통계적 확률을 넘어선 물리학의 승리로 봐야 하지만 유리한 확률을 찾기 위해 노력한 승부사 제거스의 완벽한 승리였다.

사실 투자의 핵심은 확률이다. 보다 유리한 확률을 찾아서 투자 대상을 옮겨 다니는 것이 투자의 핵심이다. 성공 확률이 낮은 투자 원칙은 재앙을 몰고오는 법이다. 우리 주위를 둘러보면 투자 손실의 책임을 자신의 잘못으로 인정하지 않는 투자자가 너무 많다. 자신의 투자 손실을 정부 탓, 전문가 탓, 시장 탓 등 모두 남의 탓으로 돌린다. 따지고 보면 확률을 등한시한 자신의 책임인데 말이다.

최악의 투자 습관은 손실이 확대되는 데도 불구하고 점점 더 많은 자금을 주식 투자에 쏟는 것이다. 주식 투자에서 손실이 계속 늘고 있다면 먼저 자신의 투자 원칙이 잘못되었다고 솔직히 인정해야 한다. 확률의 법칙을 무시하고 시장 추세를 전혀 인정하지 않았을 것이다. 어쩌면 초기 손실을 방관했거나 저평가란 유혹을 못 이기고 추락하고 있는 종목을 매수했을 것이 분명하다. 승률은 주가 수준이나 추세 흐름과 항상 비례한다.

혹시라도 자신이 슬럼프라는 생각이 드는가? 그렇다면 지금 당장 투자 금액을 절반으로 줄이거나, 현재 보유하고 있는 종목을 모두 정리하라. 그것이 불리한 확률을 정상으로 돌려놓는 최선의 방법이다. 그런 후 자신의 기준으로 확률을 따지면서 새롭게 종목을 뽑아야 한다. 투자 대상은 하락 가능성이 가장 낮은 종목으로 압축하는 것이 필요하고, 거래는, 수익보다는 원금 보전에 초점을 맞춰야 한다. 매매를 안정시키고 승률을 높이기 위해서 일단 분할 매수, 분할 매도를 구사하는 것도 하나의 방법이 된다. 때로는 이 방법이 가장 확률적이다. 아래 확률을 높이는 방법에 대해서 10가지를 제시한다.

### 투자 확률을 높이는 방법 10가지

1. 종목 정보의 달인이 될 것(최근 트렌드, 이슈가 겹치는 종목만 공략할 것).
2. 차트의 달인이 될 것(차트 급소를 통과하는 종목만 공략할 것).
3. 지수 떨어질 때 매수 안 하고, 지수 올라갈 때 팔지 말 것.
4. 메이저(외국인, 기관)가 살 때 팔지 말고, 팔 때 사지 말 것.
5. 강한 종목, 주도주만 공략할 것(교체 매매 생활화).
6. 최대한 많이 나누어서 사고, 나누어서 팔 것.
7. 11시~오후 2시 사이 매수를 금지할 것.
8. 미수 신용 절대 쓰지 말고, 여유 자금으로 할 것.
9. 손실은 즉각, 이익은 최대한 길게 끌고갈 것.
10. 하락장엔 주식 비중 30% 미만, 강세장엔 70% 이상 유지할 것.

주식 투자로 성공하고 싶은가? 그렇다면 오로지 승률을 높일 궁리만 하기 바란다. 운전을 하든, 식사를 하든, 심지어 화장실에 앉아서도 승률과 수익 모델만 생각하라. 매매 횟수 조절, 거래 시간 조절, 포트 종목수 조절. 매수·매도 원칙 등에 매달려라.

이 책에서 제시하는 30가지 거래 비책들도 대부분 확률과 비교 분석을 배경으로 하고 있다는 점을 밝힌다. 승률을 높이기 위해서 일단 한 가지는 확실히 말해 줄 수 있다. 지독하게 참으라는 거다. 정해진 틀 안에서 기회가 올 때까지 참고 또 참는 것이다. 그 기회는 개장 직전과 마감 직전에 있을 것이며, 최대한 참았다가 단 한 번의 급소 찌르기를 감행해야 한다. 필자가 경험한 바에 의하면 승률은 거래 횟수와 보유 종목수에 항상 반비례했다. 마지막으로 영국 최대 펀드 운용자이자, 25년 이상 연평균 20%의 복리 수익률을 거둔 안토니 볼턴의 말을 옮긴다.

"투자는 확률 게임이다. 어떤 사람도 항상 수익을 낼 수는 없다. 단지 우리는 경쟁자에 비해 실수를 줄이려고 노력할 뿐이다. 사실상 이 게임에서 성공의 열쇠는 상승하는 주식을 고르는 데 있는 것이 아니라, 하락하는 주식을 피하는 일에 달려 있다."

그는 확률을 높이기 위해서 다른 사람들이 쳐다보지 않은 바윗돌일지라도 일일이 들쳐보는 투자 지혜를 발휘했다. 이런 것들이 단순하지만 항상 시장에 통하는 투자 지혜인 것이다. 모쪼록 그의 혜안과 통찰력이 부디 여러분의 것이 되길 기대해본다.

2011년 이른 봄, 여의도 사무실에서
최승욱 배상

주식 이야기 대박 이야기

## 차례

**프롤로그** 승률을 높이려면 지독하게 참아라!

**1 장벽 이론** | 장벽은 경쟁자를 걸러내기 위해 존재한다 · 13

**2 웃돈 이론** | 명품은 항상 프리미엄이 붙는다 · 19

**3 깡통 이론** | 바닥을 치면 상승할 일만 남는다 · 24

**4 돌멩이 이론** | 위기를 기회로 활용하라 · 32

**5 징후 이론** | 큰 시세 전에는 반드시 이상 징후가 있다 · 37

**6 드라이브 이론** | 손실은 짧게 자르고, 이익은 최대한 크게 굴려라 · 46

**7 TS 매도 이론(고점 추적 매도 이론)** | 고점을 확인하기 전까지 홀딩하라 · 54

**8 고스톱 이론** | 패가 나쁘면 쉬고, 쓰리고 상황이면 절대 멈추지 말라 · 64

**9 로켓 이론** | 손실은 전량 팔고, 이익은 나누어서 팔아라 · 71

**10 치킨 게임 이론** | 승자가 시장을 독식한다 · 76

**11 독배 이론** | 주식 시장의 치명적인 유혹, 독배를 고발한다 · 82

**12 레몬 이론** | 세력들의 역정보에 휘둘리지 말라 · 90

**13 단체 줄넘기 이론** | 첫 매매가 실패하면 그 날은 매매를 접어라 · 99

**14 시나리오 매매 이론** | 각본에 의한 예측 매매가 시점별 시나리오 매매다 · 105

**15 주식수 이론** | 주식수가 줄어야 계좌 잔고가 늘어난다 · 116

16 **팬티 이론** | 급락은 급등을 부른다. 대형 악재는 매수로 대응하라 · 123

17 **궁둥이 이론** | 끊임없이 강한 종목으로 옮겨 다녀라 · 131

18 **세트 매매 이론** | 매도와 매수는 한 세트로 진행해야 한다 · 142

19 **알박기 이론** | 메이저 세력들이 건드리는, 종가에 쎈 종목을 알박기하라 · 151

20 **과녁 이론** | 급등주는 지나가는 길목이 있다 · 161

21 **상대성 이론** | 비교 분석을 통해 종목을 압축하라 · 176

22 **집중 투자 이론** | 레버리지를 활용해 집중 투자하라 · 183

23 **집중력 이론** | 모든 영역에서 고수는 집중력의 달인이다 · 192

24 **잽 이론** | 일단 데이로 접근, 이익이 나면 스윙으로 끌고가라 · 206

25 **버블 이론** | 주식 시장은 버블을 통해 성장한다 · 213

26 **냄비 이론** | 당장 오를 주식을 사라 · 224

27 **상한가 매매 이론** | 상승 초입 첫 상한가는 급등 최고의 징후다 · 237

28 **활쏘기 이론** | 상한가 매매보다는 상한가 7부 매매가 낫다 · 251

29 **낚시 이론** | 스윙은 고점 매수, 데이는 저점 매수하라 · 272

30 **마라톤 이론** | 주식 투자는 자신의 인생과 함께한다 · 282

주식 이야기
대박 이야기

# 1
## 장벽 이론:
### 장벽은 경쟁자를 걸러내기 위해 존재한다

'쪽집게 특강' 연재 이후 딱 1년 만에 첫 이야기를 시작한다. 앞으로 장시간 딱딱한 주식 이야기를 해야 할 터이니 출발은 부드럽게 영화 이야기로 시작한다. 오늘 소개할 영화는 갱스터 무비의 명작으로 꼽히는 '칼리토'다. 간략히 줄거리를 보자.

마약 판매와 살인으로 30년 형을 선고받은 칼리토(알파치노 분)는 악질 변호사 친구인 데이브(숀펜 분)의 도움으로 5년 만에 가석방된다. 오랫동안 뒷골목 갱 생활을 해왔던 칼리토의 꿈은 사랑하는 여인 게일과 함께 낙원의 섬 바하마로 가서 차임대업을 하며 여생을 보내는 것이다. 그렇게 꿈을 위해 착실한 삶을 살려고 하는 칼리토에게 데이브는 자신이 모시는 두목, 토니를 탈출시키는 데 함께 가자고 부탁한다. 평소 데이브에게 빚을 졌다고 생각하는 칼리토는 친구를 위해, 그리고 새로운 삶을 살기 위해 마지막 모험을 감행한다. 문제는 부패한 변호사인

데이브에게 있었다. 그는 자신의 두목 토니가 감방에 간 사이 그의 백만 달러를 가로챈 상태였다. 그걸 보스인 토니에게 들켜 죽임을 당할 형편이 되었고, 데이브는 보스를 탈출시켜주는 척하다가 잔인하게 죽여버린다. 이를 옆에서 지켜본 칼리토는 결국 자신이 보스를 죽이는 데 협조한 꼴이 되고 말았다는 사실에 큰 충격을 받는다. 칼리토는 자신의 친구인 데이브에게 섬뜩한 표정과 목소리로 이렇게 외친다.

"넌 변호사야! 마치 갱처럼 행동하는군. 똑똑히 들어. 네가 마치 갱이라도 된 것처럼 착각하는데, 넌 이제 죽은 목숨이야!"

격렬하게 말을 쏟아내던 칼리토는 오늘의 주제인 장벽 이론과 매우 밀접한 내용의 말을 연이어 쏟아낸다.

"이쪽 세계의 일은 학교에서 배울 수도 없고, 늦게 배울 수도 없어. 결코 쉽게 배울 수 있는 일이 아니야!"

이 대사를 뱉어내는 당시의 알 파치노를 지금껏 잊을 수가 없다. 영혼에 구멍을 내버리고 말 것 같은 그의 강렬한 눈빛과 격정적인 에코보이스의 독특한 매력 때문이기도 하거니와 '세상에 공짜는 없다'는 영화 속 삶의 철학이 그 대사에 온전히 녹아 있었기 때문이다.


"주식 공부 너무 어려워서 포기할까 봐요."

필자는 지난 10여 년 간 주식 사부로서 제법 많은 제자들을 양성했다. 그 과정에서 가장 많이 듣던 말 중 하나가 바로 '주식은 너무 어렵다'는 말이다. 필자는 의아했다. 주식은 배울수록 더욱 어렵다는 말이 영 공감가질 않았던 것이다. 필자에게 주식 공부는 마치 오락처럼 재미있고 항상 즐거웠으니 말이다.

필자는 초보 시절 황망하게도 일 년 만에 두 번이나 실패를 봤다. 이를 만회하고자 하루에 서너 시간만 자고 주식 공부에 모든 것을 쏟았다. 지금 생각해도 정말 처절할 정도였다. 아예 1,500여 개 전 종목의 차트를 통째로 외울 각오로 밤을 꼬박 샜을 정도였다. 지금 생각해보면 초보 시절 주식이 어렵다는 생각을 못했던 이유는, 아마도 당시의 처지가 너무 절박해서 주식 공부가 어렵고 힘들다는 생각을 할 겨를이 없었던 것이 아닐까 생각한다.

이제 제자를 가르치는 입장에 섰다. 그것도 벌써 십여 년 이상 지속하고 있다. 그동안 주식이 어렵다는 말을 숱하게 듣다보니 어느 날은 과연 주식 공부가 정말 그토록 어려울까 하는 의문이 들기도 했다. 그리하여 7~8년 전, 실험 삼아 주식 문외한인 아내를 앉혀놓고 주식 공부를 시켜봤다. 왕초보를 밑바닥부터 가르쳐보면 답이 딱 나올 것 같았다.

결론부터 말씀드리면 대실패였다. 왕초보가 주식을 배우는 것은 정말 어려워도 너무 어려웠다. 그 어떤 공부보다 몇 곱절은 어렵다는 것을 그때 깨달았다. 필자가 아내를 가르치다가 채 이틀을 못 넘기고 대판 싸우고는 포기했으니 말이다. 필자 입에서 "아니, 머리는 폼으로 달고 다녀?"란 말이 튀어 나오면서 서로 물고 뜯다가 끝났다. 세상에 주식 교육에서 기본 중 기본이라 여겼던 마이너스 양봉, 이걸 몇 차례나 설명해도 결국 이해시키지 못했다는 사실에 화가 났다. 나중에는 '마이너스 양봉은 없다!'고 단정 짓는 아내를 보면서 주식은 단기간에 섭렵될 영역이 결코 아니라는 사실을 깨우쳤다.

과거에 제자들이 주식 투자가 어렵다고 항변할 때마다 "주식이 뭐가 어렵다고 그래?"라고 핀잔을 줬다면 지금은 이런 말을 대신해주곤 한다.

"주식 공부, 어려워야 합니다. 쉬우면 안 되죠. 제 마누라도 주식 배워서 여러분과 경쟁할 것이고, 대학 교수며 판검사 같은 소위 똑똑한 사람들은 모두 이쪽 시장으로 뛰어들 겁니다. 우리가 과연 그들을 이길 수 있을까요? 어려워서 참 다행이다, 똑똑한 친구들이 아예 얼씬도 못하게 더욱 어려워야 한다, 이렇게 생각하세요."

그로부터 얼마 후, 책을 읽다가 한 줄의 글이 눈에 들어왔다.
'장벽은 자신을 위해 있는 것이 아니라 타인을 위해 있는 것이다!'
필자의 눈을 번쩍 뜨게 한 이 글은 당시 췌장암으로 시한부 인생을 살던 랜디 포시라는 교수가 쓴 『마지막 강의』에 나온 글이다. 평소 '진입 장벽은 자신의 보호막이다' 란 신념을 갖고 있던 필자, 주식 공부가 어려운 걸 다행으로 생각하라고 우격다짐하던 필자에게 랜디 포시의 그 '장벽 이론'은 완벽하게 주식 이론으로 다가왔다. 장벽은 나를 가로막기 위해 있는 것이 아니라 나 아닌 타인을 막기 위해서, 다른 경쟁자들이 쉽게 쫓아오지 못하도록 하는 방어벽이 된다. 나 역시 그의 이론에 절절히 공감했다.

무릇 모든 영역이 다 그렇듯이 주식 투자 또한 장벽은 항상 존재한다. 누구나 다 넘을 수 없는 장벽, 앞서 영화 '칼리토'의 대사처럼 결코 늦게 배울 수도 없고, 학교에서도 배울 수 없는 그런 장벽 말이다. 솔직히 투자자들 모두가 희망하듯이 주식 투자가 쉽다면 과연 개인 투자자들에게 유리한 건지 되묻고 싶다. 도대체 누구나 쉽게 뛰어들 수 있는 쉬운 게임에서 자기만의 독보적인 수익 모델을 확보하고 오랫동안 수익을 챙길 투자자들이 과연 몇이나 되겠는가? 그렇다면 게임은 어렵고, 장벽은 높아야 하지 않을까? 노력이 부족한 사람은 다 걸러지는 장벽, 그러나 진입은 어렵지만 한 번 진입하면 경쟁자를 막아줘서 오랫동안 독식할 수 있는 그런 튼튼한 장벽 말이다.

한편 장벽은 직접 쌓을 수도 있겠다는 생각을 해본다. 타인이 쉽사리 못 넘어올 나만의 장벽을 쌓는 것이다. 방법은 간단하다. 확률만 따지면 된다. 투자 승률을 높이기 위해서 타인보다 더 노력하고 자기만의 기준들을 여럿 확보하는 것이다. 일단 몇 가지 장벽 쌓기 방법을 알려주겠다. 먼저, 업종 대표주와 각 테마별 대장주의 차트를 몽땅 외워보는 것이다. 무척이나 미련해보이는 방법이지만 차트를 통째로 외우는 것이 최고의 장벽 쌓기라는 것이 필자의 생각이다. 사실 차트 통째 외우기는 결코 쉽지 않은 작업이다. 허나 그 정도의 노력 없이 어찌 타인을 걸러낼 장벽을 쌓겠는가. 훗날 이 글을 읽은 많은 분들이 경험하겠지만 차트를 통째로 외우는 과정에서 급등주의 급소는 물론, 매수, 매도 급소까지 자연스럽게 눈에 들어온다는 사실이다. 이는 트레이딩 영역에서 보면 그 누구도 넘어올 수 없는 독보적인 장벽임이 분명하다.
통차트 외우기 = 장벽 쌓기, 부디 이 공식에 공감하고 오랫동안 기억하기 바란다.

두 번째 장벽 쌓기는 대기업으로 피인수 되는 기업(대기업의 우회상장도 같은 맥락, 2010년 10월 말, 크레듀 참조)의 과거 주가 역사와 배경 등의 모든 조사다. 그리고 관련 재료로 첫 상한가에 들어갈 때 따라붙는 전략의 구사다. 이것이 두 번째 장벽 쌓기다. 다들 아시겠지만, 자금이 빠져 나가면 해당 기업의 주가는 떨어진다. 이것은 수급 논리상 진리이다. 반면에 자금이 들어오면 주가는 강하게 상승한다.

이 또한 진리 중의 진리이다. 특히나 부실 기업이 (주가 수준은 바닥을 기고 있을 것이 분명하다) 대기업으로부터 자금이 들어오는데, 그것도 뭉텅이 자금이 쏟아져 들어오는데 어찌 급등하지 않겠는가. 거듭 강조하지만, 피인수 기업의 분석과 집중 공략, 이것은 의심의 여지가 없는 완벽한 장벽 쌓기다.

한 가지 팁을 주면, 피인수 기업은 첫 상한가 진입 시점에 따라붙어야 한다는 사실이다. 재료의 노출 시점과 상한가 진입 시점이 달라서 선취매는 별다른 의미가 없다. 상한가 진입 전에 재료의 발견도 어렵지만, 피인수 재료는 재료의 가치가 커서 상한가 한 방에 시세가 끝나지 않기 때문이다.

이외에도 장벽을 쌓는 많은 방법들, 이를테면 1,000종목 암기, 상한가 7부 매매, 종가 알박기, 교체 매매 전략 등 많은 거래 전략들이 있지만 장벽 쌓기에 관한 소개는 이쯤에서 마칠까 한다. 장벽 이론의 본질, 즉 장벽은 나를 막기 위한 것이 아니라 나의 경쟁자를 막기 위해 존재한다는 핵심을 벗어날 소지가 있기 때문이다. 아울러 주식 공부가 어렵다고 결코 포기하지 말라는 필자의 메시지가 희석될 소지가 있어서이다. 물론 앞으로 진행될 다음 주제에서 장벽 쌓기에 대한 솔루션을 하나씩 공개할 예정이다. 모쪼록 포기하지 않는 트레이더, 승부에 강한 트레이더가 되었으면 하는 바람이다. 앞으로 트레이딩 세계를 떠나지 않는 한, 여러분 앞에는 많은 장벽들이 가로막을 것이다. 설혹 장벽에 걸려 넘어지더라도 쓰러져 있지 말고 오뚜기처럼 일어나기 바란다. 일어날 때도 그냥 빈손으로 일어나지 말고 못 쓰는 돌멩이라도 주워서 일어나겠다는 끈질김을 부디 잃지 말길 바란다. 성공적인 트레이더는 그래야 한다. 독하면 독한 만큼 성공한다는 것이 필자의 오랜 경험이다.

# 2
# 웃돈 이론:
### 명품은 항상 프리미엄이 붙는다

**웃돈은** 본래의 가격에 덧붙이는 돈을 말한다. 물건을 서로 교환할 때 물건 값이 싼 쪽에서 물건 외에 더 보태어주는 돈이기도 하다. 한마디로 웃돈은 비싸게 사는 것을 말한다. 그렇다면 왜 웃돈이 붙을까. 싸게 사는 게 미덕인 것이 우리의 정서인데 말이다. 웃돈이 붙는 이유는 간단하다. 그 물건이 더 주고 살만큼 가치가 있기 때문이다. 더 주고 사도 더 비싸게 팔 수 있을 만큼의 충분한 가치 말이다.

그동안 여러 매체를 통해 밝혔듯이 필자가 가장 닮고자 하는 주식의 멘토는 제시 리버모어이다. 그는 1900년대 초, 월가를 대표하는 최고의 트레이더였다. 당시 순수 트레이딩을 통해 우리 돈으로 무려 2조 원의 수익을 얻었다고 한다. 정말 대단하지 않은가. 이런 트레이딩계의 전설을 어찌 흠모하지 않겠는가.

그의 거래 철학은 한마디로 '강한 놈만 노린다'이다. 아무리 사고 싶은 주식이 있어도 강하지 않으면 즉, 싼 종목이면 결코 사지 않는다는 말이다. 그는 자신이 원하는 가격대를 미리 정해두고 접근하는데 특이한 점은 자신이 정해둔 가격대가 현 주가 수준보다 한참 비싼 가격대라는 점이다. 정말 아이러니하지 않은가? 자신이 정해둔 높은 가격대까지 도달하면 사고, 그렇지 않으면 결코 사지 않겠다는 얘기인데, 이는 저점 매수에 익숙한 우리의 논리로 봤을 때 상당한 모순이 아닐 수 없다.

사고 싶은 종목이라면, 어차피 살 것이라면 얼마라도 쌀 때 사는 것이 우리의 상식이다. 그러나 제시 리버모어는 확실히 달랐다. 좋은 종목은 결코 떨어지지 않으며 자신이 정한 가격대 쪽으로 상승할 것이란 믿음이다. 좋은 종목은 웃돈이 붙고, 웃돈이 붙은 종목이 결국 좋은 흐름으로 흐른다는 공식이 바로 그의 일관된 논리였다.

예를 들어 지금 주당 80달러의 종목이 있다고 가정했을 때, 좋은 종목이라면 60달러가 아니라 100달러로 갈 것이다. 그러니 지금의 80달러에 덥석 사지 말고 더 기다려 보라는 뜻이다.

"지금 80달러의 종목이 더욱 좋아지기 위해선 분명히 100달러를 돌파하는 구간이 올 것이다. 매입은 바로 그때 하는 것이다."

저평가 논리에 익숙한 우리에겐 다소 황당한 논리로 보인다. 그러나 그는 이 논리로 무려 2조 원이나 벌었다. 그러니 '강한 놈만 노린다'는 그의 웃돈 이론은 그 어떤 거래 철학보다 깊은 신뢰감을 준다.

사실 자신이 선택하고 매수하려고 작정한 종목인 만큼 80달러에도 매수 유혹이 강했을 것이다. 그는 참을성이 많았다. 이런 유혹을 뿌리치기 위해서 아예 휴가를 떠나기도 했다고 한다. 이쯤되면 반드시 100달러에 사겠다는 그의 의지가 참으로 확고해보인다. 그러나 현명한 것 같지만 어떤 측면에서는 전혀 확률이 높지 않다는 생각이 든다. 싸게 사서, 비싸게 판다는 우리의 저점 매수 논리로 봤을 때, 고점 매수라는 그의 거래 철학이 그렇다. 그러나 그가 누구인가. 월가 역사상 전업 투자자로서 가장 큰돈을 번 위대한 인물, 주식계의 전설 제시 리버모어가 아닌가.

그의 고점 매수 논리, 바로 웃돈 이론의 핵심은 지극히 단순하다. 지금 주당 200달러짜리 주식은 과거에 100달러의 가격대를 통과한 종목에서 탄생했다는 것이다. 그는 미래의 300달러, 500달러의 종목을 미리 사고 싶은 것이고, 그럴 가능성이 가장 높은 종목을 현재 100달러라는 RP(Round Price : 특별한 의미를 지니는 가격대)가격대를 통과하는 종목에서 찾는 식이다. 예를 들어 국내 시장에서 최고가 종목인 롯데제과처럼 훗날 100만 원에 이를 종목을 고가주의 길목에 있는 10만 원에 따라붙는 전략인 것이다. 이것이 바로 '웃돈 이론'이다. 참고로 최근에 (2009~2010년) 이런 웃돈 이론에 의해 집중적으로 공략한 종목이 제법 많다. LG화학(7만 원부터 많이 강조했다), 현대모비스, 현대차, 삼성전기, 삼성SDI, LG이노텍 등등. 비싸게 산 종목에서 대박이 난다는 논리, 제시 리버모어는 이런 웃돈 이론으로 지금껏 월가 역사상 최고의 수익률을 올렸던 것이다.

사실, 우리가 미래의 황제주를 일찌감치 선취매하고 세월을 기다린다는 것이 어디 가당하기나 한 얘긴가. 과연 어떤 기준으로 미래의 황제주를 뽑아서는 미리 사둔 채 오랫동안 묻어둘 수 있겠는가 말이다. 그런데 제시 리버모어는 이런 문제를 너무도 가볍게 풀어버린다. 순전히 웃돈 이론으로 말이다.

앞서 이야기했듯이 그의 웃돈 이론의 핵심은 현재 강한 종목, 저항 가격대를 막 돌파한 소위 '쎈' 종목만 웃돈을 주고 사두면 미래의 황제주는 몽땅 잡을 수 있다는 얘기다. 참으로 일리 있는 논리가 아닐 수 없다. 이제 우리도 그의 철학대로 웃돈 이론을 적용해보는 것이다. 그가 100달러짜리 종목을 잡아서 훗날 1,000달러 종목으로 불렸듯이, 1만 원을 막 돌파하는 종목을 사거나 10만 원의 의미 있는 가격대를 돌파한 종목만 사는 것이다. 단언컨대 이렇게 더 주고 산 종목에서 미래의 삼성전자, 미래의 LG화학이 탄생할 것이라 확신한다.

한편 개인 투자자들은 약한 종목을 다루면서 서서히 가난해진다. 삼성전자나 셀트리온과 같은 황제주들과 반대 개념의 종목, 즉 시장에서 완전히 소외된, 소위 잘나가지 못하는 종목들이다. 개미들은 본능적으로 떨어지고 있는 종목, 낙폭과대주에 손이 간다. 인간 내면에 존재하는 바겐세일 심리 때문이다. 이것은 분명히 인정하고 극복해야 할 심리다. 싼 종목이 많이 오른다는 근거는 어디에도 없는데 예나 지금이나 개미들은 싼 종목을 좋아한다. 사실 동일한 금액으로 계좌에 주식수를 많이 담으면 잠시나마 뿌듯한 마음은 들 것이다. 주식수가 많다보니 마치 부자라도 된 것 같은 느낌말이다. 그러나 자동차나 전자제품처럼 동일한 가치를 지녔다면 모를까, 제각각의 가치를 지닌 주식 시장에서 주식수의 증가가 무슨 의미가 있을까. 오히려 주식수의 증가는 가장 경계해야 할 징후이다. 약한 종목으로 물량 흐름이 진행되고 있다는 뜻이기 때문이다. 인정하기 싫겠지만 주식 시장에서 가장 위험한 심리는 분명 바겐세일 심리이다. '싼 게 비지떡'이란 말, 주식 시장을 두고 하는 말이다.

몇 가지 웃돈을 붙여서 사야 할 종목의 기준을 제시하면 아래와 같다.

웃돈 종목은 의미 있는 가격대인 1만 원과 10만 원에 근접한 종목이다.

웃돈 종목은 바닥을 다지면서 거래량이 터지는 종목이다.

웃돈 종목은 20일선이나 박스권 상단을 강하게 돌파하는 종목이다.

웃돈 종목은 20일선을 계단식으로 타면서 고점과 저점을 높이는 종목이다.

웃돈 종목은 5일선과 20일선, 60일선을 수렴하거나 동시에 상승하는 종목이다.

웃돈 종목은 하락장에 지수보다 덜 밀리고 상승장에 더 많이 오르는 종목이다.

웃돈 종목은 상승 초입 구간에서 상한가가 툭툭 터지는 종목이다.

웃돈 종목은 메이저들(외국인, 기관)이 매수를 강화하는 종목이다.

웃돈 종목은 정부 정책과 부합하는 재료를 갖고 있는 종목이다.

웃돈 종목은 피인수, 경영권 분쟁 등 지분 변동이 긍정적으로 진행되고 있는 종목이다.

웃돈 종목은 양음 패턴의 흐름이 부드럽게 이어지면서 다음 흐름의 예측이 쉬운 종목이다.

(관련 업종이나 테마와 부자연스럽게 움직이는 종목은 특정 세력이 건드리는 종목이어서 다음 흐름의 예측이 어렵다. 웃돈 종목에 해당되더라도 다루지 않는 게 좋고, 만약 다루더라도 5일선 이탈 시 반드시 잘라줘야 한다.)

참고로, '베블런 효과'(Veblen effect)란 것이 있다. 미국의 사회학자인 소스타인 베블런이 만든 이론으로서 명품은 값이 비쌀수록 가치가 커진다는 '과시적 소비' 개념을 의미한다. 좋은 물건은 웃돈을 얹어도 몰리는 경향이 있다는 뜻이다. 이런 '베블런 효과'는 인간의 속성에 대한 중요한 통찰이며, 이는 주식 시장은 물론 사회 전반적인 수급 논리에 중요한 해답을 제시한다.

# 3

# 깡통 이론:
### 바닥을 치면 상승할 일만 남는다

**무슨 일을** 하든지 바닥까지 떨어지지 않아야 한다. 인생이든 사업이든 주식 투자든 마찬가지다. 바닥까지 떨어진 사람은 극단적인 선택을 할 가능성이 매우 높다. 특히 주식 투자자의 경우 더욱 그렇다. 단기간에 겪는 상실감이 워낙 크기 때문이다. 사실 계좌에 단돈 100만 원이라도 남아 있으면 아직 바닥의 처참함을 모른다. 여전히 주문을 넣을 수 있다는 사실에 얼마간의 여유가 있기 때문이다. 그러나 반대 매매를 맞고 계좌에 잔고가 모두 사라지면 그땐 사정이 달라진다. 더 이상 주문을 넣을 수 없는 단계, 바로 깡통의 단계에 이르면 인생이나 사물의 관점이 180도 바뀐다. 완전한 깡통은 처절함 그 자체다. 길을 걸어도 발이 땅에 닿는 느낌이 없다. 몸과 마음이 공중에 붕 떠서 현실 감각이 전혀 없어진다. 누군가 시비를 붙여주길 원하고, 쌩쌩 달리는 차가 무섭지 않다. 심적 고통이 너무 크다보니 시퍼런 한강물이 무섭기는커녕 편안해보인다. 한 해에 주식 투자 실패로 많은 사람들이 한강에 뛰어드는 이유가 다 여기에 있다.

어떤 경우든 바닥까지 떨어지지 않아야 한다. 극단적인 행동을 할까봐 걱정이 돼서 그런다. 고작 깡통에 극단적인 행동? 이렇게 의심되거든 깡통을 차보라. 100% 공감할 것이다. 사실 극단적인 행동을 하고, 안 하고의 차이는 불과 종이 한 장 차이다. 이건 필자가 잘 안다. 초보 시절 두 번의 깡통을 차고 필자도 위험한 시도를 한 차례 했으니 말이다.

만약에 바닥을 쳤다면 그땐 차라리 기뻐하라. 세상 모든 이치가 다 그렇듯, 바닥을 치고 나면 위로 올라갈 일만 남는다. 그건 당신에게도 예외가 아니다. 바닥을 친 자신에게도 조만간 좋은 일이 생길 것이라 믿어야 한다. 인생 역전의 롤 모델, 오프라 윈프리를 보자. 토크쇼의 여왕이자 여성 최고의 갑부인 오프라 윈프리는 '항상 기뻐하라'고 주장한다. 그녀도 젊은 시절에는 마약 복용에다 유부남과의 사랑, 원치 않는 임신 등 바닥까지 떨어져봤기 때문에 아는 것이다. 최악의 상황에서 자신의 정신 세계가 성숙했고, 여러 다양한 경험들이 토크쇼의 여왕 자리를 얻을 수 있는 배경이 된 것이다. 그녀는 바닥으로 추락할 때의 경험이 상승의 원동력이 된다는 것을 알기 때문에 항상 기뻐하는 것이다.

여기서 핵심 한 가지를 말하면, '항상'이란 단어에 주목해야 한다는 점이다. 그녀는 결코 좋을 때만 기뻐한 것이 아니라 좋지 않을 때도 항상 기뻐했다는 점이다. 이것이 핵심이다. 추측이지만 그녀라면, 깡통을 맞고도 빙긋 웃었을 것 같다. 깡통 다음엔 대박이 있을 거라 믿기 때문이다.

혹시라도 매매가 꼬여 바닥을 치거든, 조만간 좋은 일이 있겠구나 하고 느긋하게 생각하자. 오프라 윈프리처럼 크게 성공하고 싶거든 말이다. 바닥까지 떨어졌다면 이제 더 잃을 것이 없는데 무엇이 걱정인가. 설령 실패를 걱정한들 무슨 소용이 있겠는가. 욕심을 버리고 무리하지 않으면서 그냥 버티기만 하자. 더 이상 떨어질 곳이 없으면 언젠가는 바닥을 다지고 위로 올라갈 것이다.

중앙일보 정진홍 논설위원은 2008년 여름, 한 사설에서 '정부, 그리고 투자자들에게 더 바닥을 치라'고 강력하게 주문했다. 그는 사설에서 '깨끗하게 바닥을 쳐야 한다. 바닥을 치면 무서울 게 없다. 세상에서 가장 센 사람은 바로 바닥을 친 사람이다'라고 했다.

그렇다. 바닥을 쳐서 모든 것을 잃었는데 두려운 것이 무엇이겠는가. 절대 포기하지 말고 뚝심 있게 버텨라. 버티다보면 반드시 기회가 온다. 이건 필자가 보장한다. 필자도 지금껏 주식판에서 두 번의 바닥을 쳤다. 그러나 포기하지 않았다. 바닥에서 꿋꿋이 버티다보니 어느 순간 지금의 위치에 올라와 있었다. 부디 이 글을 읽는 독자가 혹시 바닥까지 떨어졌더라도 굳건히 견뎌내라는 말을 전하고 싶다. 빌 게이츠의 '내일은 분명 내게 좋은 일이 있을 것이다'라는 철학을 곱씹으면서 말이다.

극과 극은 통한다고 하지 않던가. 깡통은 대박과 거기서 거기다. 바닥을 친 사람은 실패의 원인을 누구보다 잘 알기 때문에 대박을 치는 것도 금방이다. 실패를 거듭하는 과정에서 이미 정상으로 치고 올라가는 요령을 자연히 깨우쳤을 것이다. 그렇다면 깡통의 상황을 당당하게 받아들여야 하는 것 아닌가? 조만간 대박이 열릴 것이니 말이다.

참고로, 수익률 게임에서 우승한 사람들 대부분이 과거 한두 차례 깡통을 찬 경험을 밝히고 있다. 믿지 못하겠다고? 믿어라. 그들이 직접 밝힌 내용들이다.

무릇 고수의 경지는 다양한 경험이 없이는 결코 도달할 수 없는 영역이다. 특히 패배의 원인을 모르고 결코 성공의 비밀을 찾을 수 없는 게 투자의 세계다. 그렇기에 깡통의 경험은 때로 보약이 되기도 한다. 깡통을 경험한 사람만이 느끼는 절박함과 그로 인한 준비성이 결국 그들을 강하게 만드는 법이다. 앞의 장벽 쌓기에서 밝혔던 '통차트 암기' 같은 그런 무모함, 증권 서적이란 서적을 몽땅 섭렵하는 그런 지독함이 깡통을 경험하지 않은 이에게는 결코 생길 수 없다. 깡통을 맞지 않는 노하우를 몇 가지 알아보자. 일명 '깡통 탈출 노하우'다.

## ① 가치보다는 수급을 따져라

손해가 나더라도 보유 종목에 미련이 없어야 매도를 한다. 그런데 가치주 관점에서 매수한 종목은 떨어지면 미련이 크게 남는다. 나름대로 저평가 종목이란 판단에서 매수했기 때문이다. 반면에 수급을 우선시한 종목은 떨어지면 팔기가 쉽다. 깊게 분석한 것도 아니고, 저평가 관점에서 매수한 것도 아니어서 아깝지가 않은 것이다. 추세를 인정하고 팔기가 훨씬 편하다. '가치보다 추세' 이것이 깡통 예방의 기본이다.

추세만 따지면 들어갈 때와 나올 때의 신호가 분명하다. 2003년, 2005년, 2007년, 2009년은 추세가 살아 있었다. 들어갔어야 했다. 그러나 2006년은 추세가 없었고, 2008년은 추세가 무너졌다. 당연히 나왔어야 했다. 추세만 봤다면 그랬을 것이다. 이 얼마나 명쾌한가. 그런데 가치쪽으로 접근한 투자자들은 전자의 구간에는 비싸서 못 들어갔을 것이고, 후자의 구간에는 싸서 못 나왔을 것이다. 빠져 나오기는커녕 어쩌면 물타기로 물량을 늘렸을지 모를 일이다. 참으로 우습지 않은가. 상승장에 현금 보유, 하락장에 주식 보유, 그것도 모자라 물타기 대응. 그런데 이게 또 이해가 된다. 떨어질수록 가치주 관점에서 보면 더욱 좋은 종목이 되는데 왜 안 그러겠는가. 저평가 논리는 이론적으로 그럴 듯해 보이지만 수익과는 항상 거리가 멀다.

상승 흐름에서도 기준에 따른 차이는 그대로 나타난다. 가치적 관점에선 주가가 상승하면 PER(주가가 그 회사 1주당 수익의 몇 배가 되는가를 나타내는 지표) 함께 올라간다. 고평가 종목이 되는 것이다. 이론적으론 매수보다는 매도가 맞다. 그렇게 배웠으니 어쩌겠는가. 2007년, 55만 원까지 간 현대중공업을 불과 1년 전인 2006년에 10만 원대에 파는 사람이 나오는 이유가 다 여기에 있다. 사실 이런 종목을 끝까지 보유해야 대박을 맞지만 이게 말처럼 쉽지가 않다. 결국 해결책은 추세를 기준으로 타이밍을 잡는 방법 외에 답이 없다. 상승하는 종목은 매도를 자제하며 이익을 최대한 키우는 것, 이것도 수급의 핵심 논리다.

### ② 매매 횟수, 매매 금액을 3분의 1로 줄여라

깡통을 찰 지경이면 극심한 슬럼프다. 슬럼프에는 버는 전략보다는 잃지 않는 전략이 최고다. 잃더라도 손실 폭을 평소의 3분의 1로 줄이겠다는 각오로 접근해야 한다. 다들 경험했겠지만 시장은 수익을 내고 싶다고 쉽게 낼 수 있는 곳이 아니다. 실수를 줄이고 절제된 매매를 통해 내 몫을 챙기는 것이 성공의 공식이다. 그런데 깡통을 찰 지경에 있는 사람이 과연 평정심이 있겠는가. 분명 무리한 매매, 같은 실수를 반복해서 저지를 것이다. 이때 극약 처방은 매매를 잠시나마 접는 것인데 이것은 비만 환자에게 밥 굶으라는 처방과 같다. 매매 중독증에 걸린 트레이더에게 사실상 하나마나한 처방이다. 그렇다면 차라리 매매 횟수를 줄이고, 매매 시 거래 금액을 대폭 줄이는 것이 최선이지 않을까. 다이어트도 단식보다는 소식으로 접근하는 것이 훨씬 낫듯이 말이다.

### ③ 미수, 신용은 무조건 금한다

미수와 신용은 투자자들에게 마지막 독배다. 깡통 계좌의 대부분은 미수와 신용에서 발생한다. 대부분 물린 종목에 미수와 신용이 들어가고, 그것이 하락장에서 남발되기 때문이다. 지수가 30% 상승하는 장에 개인 투자자들은 5% 수익을 얻고, 지수가 5% 조정받는 장에 30%를 날리는 게 개미들이다. 그 이유가 다 미수와 신용에 있다. 평소에 필자가 입버릇처럼 말하는 게 있다. 미수와 신용을 써서 성공한 투자자가 있다면 손에 장을 지지겠다고. 자신의 보유 종목이 올라가면 팔고, 떨어지면 팔지 않는 이런 인간 심리가 지배하는 한, 미수와 신용으로 돈을 번다는 것은 사실상 불가능하다.

### ④ 현금은 길게, 주식은 짧게 보유하라

현금보다 주식이 위험한 것은 이론의 여지가 없다. 주식은 현금에 비해서 분명 위험 자산이다. 그렇다면 위험 자산인 주식은 최대한 짧게 가져가는 게 정답이다. 그런데도 모두들 위험한 주식을 보유하려고 안간힘을 쓴다. 비록 주식은 위험하지만 자신은 그 위험을 피해갈 수 있다고 믿는 모양이다. 특히나 주식은 보유 기간이 길면 길수록 리스크도 함께 높아진다. 그런데도 주식은 장기간 보유해야 한다고 믿고 있다. 그래야 돈을 번다고 주위에 억지를 부린다. 장기 보유에는 2008년 같은 폭락장도 포함되는데 말이다. 주식은 이익을 주는 구간에서만 장기 보유다. 2009년 이후, 자동차 업종이나 디스플레이 업종을 보면 된다. 그 외의 구간에는 현금이 최고다. 현금 보유를 불안해하고 주식 보유에 만족하는 이유, 다 욕심 탓이다. 아래의 두 가지만 기억하면 된다.

현금은 길게, 주식은 짧게.

현금도 주식이다.

### ⑤ 본업에 충실하라

바둑이나 장기에서 보면 옆에 있는 훈수꾼이 최고수다. 승부에서 한 발 떨어져 있다보니 평정심을 유지하기 쉽고, 전개 상황을 객관적으로 판단할 수 있기 때문이다. 한마디로 판세는 훈수꾼이 가장 잘 읽는다. 간혹 본업을 버리고 트레이딩 세계에 뛰어들려는 투자자를 만난다. 그들 대부분은 주식 투자에 전념하면 승률이 크게 올라갈 것으로 믿는다. 과연 그럴까. 주식 투자는 심리 게임이자 기다림의 미학이다. 그런데 생활비까지 트레이딩으로 벌어야 하는 상황에서 과연 평정심을 잃지 않고 절제된 매매를 할 수 있을까. 유리한 게임에서 승부하기 위해 참고 또 참을 수 있을까. 아니라고 본다. 마음이 급하기 때문에 분명 무리한 매매를 일삼을 것이다. 트레이딩을 통해 반드시 수익을 얻어야 하는 전업 트레이더의 중압감은 부업 트레이더의 중압감과는 차원이 다르다. 어쨌거나 훈수꾼이 시장 흐름을 가장 잘 읽는 것은 분명하다. 그렇다면 본업을 유지하면서 훈수꾼의 마인드로 거래를 할 수 있도록 방법을 찾아야 하지 않을까. 무조건 전업만 고집하지 말고 말이다.

최소한 본업을 버리지는 마라!

깡통으로 고통을 겪고 있을 투자자에게 도움이 될까 싶어 한 가지 팁을 준다. 영국의 세계적인 역사학자인 아놀드 토인비는 『도전과 응전』에서 이렇게 주장했다. '역사적으로 도전과 시련을 많이 겪은 나라일수록 더욱 강성해진다' 라고 말이다. 실제 유대인은 역사적으로 가장 많은 수난을 겪은 나라다. 2천 년 동안 나라 없이 세계를 떠돌며 시련을 겪었으며 히틀러에 의해서 무려 600만 명의 유대인이 학살당하기도 했다. 그런 시련 속에서도 유대인은 후손들의 교육에 모든 것을 바쳤으며 지금껏 노벨상 수상자의 30%를 배출(인구는 세계 0.3%에 불과)하는 쾌거를 이뤘다. 아울러 유대인은 2차 세계대전이 끝나고 미국에서 내준 최악의 땅, 허드슨 강변(당시 일 년에 몇 차례씩 범람하는 불모지)을 일궈 지금의 월가를 세우고 전 세계 금융을 장악했다. 그들은 2천 년을 나라 없이 치욕과 고통 속에 살면서도 결코 포기하지 않았기에 오늘의 영광을 누리는 것이다.

포기하지 않으면 기회는 반드시 온다.

어려울수록 실수를 줄이고, 얼음 같은 냉정함을 유지하면서 기회를 엿보라. 그러면 어느 순간 기적처럼 기회가 찾아올 것이다. 장담하건대 혹시라도 깡통을 맞았다면 당신은 그 경험으로 대박을 잡을 것이다. 깡통보다 더 독한 백신은 없는 법, 당신은 이미 백신을 맞지 않았는가.

· **주식 시장에서 깡통의 지름길**
㉠ 미수, 신용 사용
㉡ 하락장 물타기
㉢ 장대음봉 홀딩
㉣ 10종목 이상 보유

상기 조건에 2가지 이상 포함되면, 깡통 확률 50%!
상기 조건에 4가지 모두 포함되면, 깡통 확률 100%!

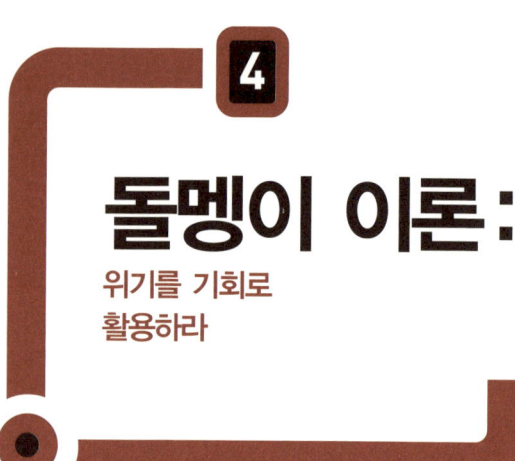

# 돌멩이 이론:
### 위기를 기회로 활용하라

**돌멩이 이론은** 미 증시가 급락한 날, 필자가 종종 강조하는 이론이다. 필자는 제자들에게 길에서 쓰러졌을 경우, 그냥 일어나지 말고 못 쓰는 돌멩이라도 들고 일어나라고 강조한다. 같은 맥락에서 미국 시장이 200P이상 급락한 경우 자포자기 심정으로 물량을 팔기보다는 오히려 저가 매수의 기회로 활용하라고 강조한다. 사실 이것이 돌멩이 이론의 핵심이다.

만약 길을 가다가 넘어지면서 약간 다쳤을 때, 여러분들은 어떻게 하는가. 아무 일도 없었던 것처럼 훌훌 털고 가던 길을 마저 가든지, 병원으로 가든지 할 것이다. 어쩌면 다쳤다는 생각에 그대로 쓰러져 있는 사람도 있을 것이다. 넘어지면 훌훌 털고 일어나면 그만이다. 이때 빈손으로 일어나지 말고 옆에 있던 돌, 못 쓰는 돌이라도 쥐고 일어나야 한다. 이것이 필자의 평소 지론이다. 쉽사리 포기하지 말고 독해지라는 말이다. 어차피 넘어진 것 바닥에서 무엇이라도 챙기면 좋지 않겠는가. 만약 물에 빠져 옷이 흠뻑 젖었다면 억울해하지 말고 빠진 김에 아예 목욕까지 하고 나오란 뜻이다. 이렇듯 어려움에 처했을 때, 자포자기 말고 끝까지 실리를 챙기라는 의미에서 만든 것이 바로 돌멩이 이론이다.

특히 전일 미 증시가 급락한 날은 어김없이 돌멩이 이론을 들먹인다. 이런 날의 아침에는 좌절한 투자자들의 실망 매물이 가장 많이 쏟아지기 때문이다. 이것을 주워담아야 한다. 평소 물량 확보가 쉽지 않은 주도주나 급등주는 이런 기회를 이용해야 한다. 넘어졌으니 돌멩이를 주워드는 것처럼 미국장의 급락으로 크게 빠져서 출발하는 주도주나 급등주를 잡으라는 것이다. 이것이 핵심이다.

앞서 돌멩이 이론은 급락장, 특히 전일 미 증시가 급락한 이후에 적용하기 가장 좋은 이론이라고 했다. 이 이론을 교육하던 2010년 2월 5일의 경우도 돌멩이 이론이 신기할 정도로 딱 맞아 떨어진 날이다. 잠시 그날의 상황을 보자. 전일 유럽발 악재가 터졌다. 평소 재정 위기에 시달리던 그리스에 이어 스페인, 포르투갈로 재정 위기가 확산되면서 유럽 증시가 3% 이상 급락 마감했다. 이어서 마감된 미국의 다우지수 또한 270P나 폭락하면서 마감했다. 언론은 유럽발 국가 부도설을 아침부터 대서특필했고 투자자들은 극도의 패닉 상태로 개장을 맞았다. 이런 극도의 불안감은 개장 동시호가부터 물량을 팔게 만드는데 실제 2월 5일 국내 증시는 출발부터 코스피는 3%, 코스닥은 무려 4%나 폭락해서 출발했다. 마침 국내 증시는 추세적으로 단기 하락세여서 미국의 급락은 투자 심리를 더욱 얼어붙게 만들었고 결국 국내 증시는 큰 폭의 갭하락을 맞고 말았다. 이날, 대부분의 투자자들이 물량을 팔 때 필자와 제자들은 동시호가에 매수를 감행했다. 위험을 기회로 삼으라는 돌멩이 이론을 상기하면서 말이다.

사실 이런 날은 좌절하기보다는 오히려 기회로 삼고 바닥에서 뭔가를 잡으려고 노력해야 한다. 그러나 아침부터 물량을 판 사람, 컴퓨터를 끄고 아예 시장을 벗어난 사람 등등 공포심에 빠져 기회를 날린 투자자들이 참 많았을 것이다. 물론 또 다른 한편에선 아침부터 공격적으로 갭하락 종목을 매수해서 크게 수익이 난 트레이더들도 상당수였다. 자랑 같지만 그날 아침, 쪽집게 회원들은 동시호가부터 적극적으로 매수 주문을 넣었다. 그날 아침 동시호가에 공략한 종목을 보면 자동차 관련주인 기아차, 한일이화 그리고 전기 자전거 수혜주인 코디에스 이렇게 3종목이었다. 그 중 한일이화의 경우, 동시호가 5천 원에 매수되자마자 불과 20분 만에 5,400원까지 급등하면서 8%의 수익을 줬다.

정말 아까운 것은 전일 상한가 종목이었던 에이모션을 동시호가에 공략하지 못하고 관련 테마인 코디에스를 매수한 것이다. 물론 코디에스도 12,650원에서 13,400원으로 약 6% 상승했지만 에이모션의 경우 920원에서 1,100원까지 무려 20%나 급등했기 때문이다. 막상 에이모션이 급등했으니 그 결과 때문에 후회하냐고? 그건 아니다. 미 증시 하락으로 갭하락하는 경우 공략해야 할 1순위가 바로 전일 상한가 종목이기 때문이다. 그날 동시호가 공략 1순위는 코디에스가 아니라 에이모션이었던 것이다.

그로부터 정확히 3개월 뒤인 5월 6일, 전일이 어린이날로 국내 증시는 휴장했고 그때 미 증시는 이틀 동안 무려 300p나 빠졌다. 앞서 2월 5일 금융 위기의 재발이었다. 스페인은 이미 신용등급이 떨어졌고, 이날 포르투갈의 신용등급까지 떨어질 것이란 소식이 전해진 탓에 글로벌 시장 전체가 무너졌던 것이다. 5월 6일 국내 증시는 동시호가부터 얼어붙었고 무려 38p나 폭락해서 출발했다. 우리는 어떻게 했을까. 또 자랑 같지만 쪽집게 제자들과 돌멩이 이론을 바로 실천했다. 대상은 코스닥 개별주였다. 이미 개장 전 역외환율이 30원이나 급등한 상태여서 외국인들의 포지션은 매도를 예상했다. 그렇다면 코스피 종목은 아니었다. 실제로 그날 외국인들은 무려 7천억 원이나 팔았다. 예상대로였다. 사실 트레이더에게 이런 감각은 매우 중요하다. 어쨌거나 우리의 예상은 적중했고, 동시호가에 잡은 게임하이는 피인수 재료까지 겹치면서 상한가로 마감했다. 또 한 번 아쉬웠던 것은 전일 상한가 종목을 이번에도 준비하지 못했다는 점이다. 물론 결과는 좋았지만 말이다.

상한가 종목은 당일 거래한 세력들의 평균 매집 단가가 가장 비싼 종목이다. 상한가 가격대에서 가장 많은 거래가 터지기 때문이다. 그러한 종목이 미 증시 급락 여파로 개장과 동시에 큰 폭으로 갭하락하는 것이다. 바로 세력도 함께 물리게 되는 것이다. 이건 빅뉴스가 아닐 수 없다. 세력들의 몸부림은 반드시 있을 것이고, 최소 한 차례는 강한 반등을 시도할 것이니 말이다.

이제 전략을 밝힌다. 전일 상한가 종목을 모두 관심 종목에 올려둔다. 전일 미 증시가 급락한 경우(2% 이상 하락) 이들 중에 -3% 이하에서 출발하는 종목만 골라서 동시에 2~3개를 잡는다. 이건 쉬워도 너무 쉽다. 만약 매수가 된 경우, 평균 매수가 대비 3% 정도에 매도를 걸어두면 거의 대부분 팔린다. 그것도 눈 깜짝할 사이에 말이다.

참고로, 전일 상한가 종목이 갭하락으로 출발하지 않는 경우는 음봉 공략으로 전략을 바꿔야 한다. 만약 전일 상한가 종목이 갭상승 출발해서 그대로 급등하면 포기하는 것이 좋지만 조정 음봉이 들어오면 장중 저점을 공략해야 한다. 통상적으로 전일 거래량의 30% 미만, 갭상승 폭 3% 미만, 음봉 길이 5% 정도면 적당하다. 이것은 세력이 물린 음봉인데 흔히 속임수 음봉 혹은 아군의 음봉으로 부른다. 단기 트레이더에게는 급소 중의 급소다.

돌멩이 이론을 적용해야 할 두 번째 대상은 전일 1등 테마와 2등 테마 중 장대양봉이 나온 종목이다. 이런 강한 테마와 종목은 대부분 주포가 있으며 덩어리로 움직이는 경향이 있다. 자연히 갭하락에서 끝나지 않는다. 이것이 중요하다. 특히 강한 양봉은 테마 내에 대장일 가능성이 크다. 세력의 이탈로 급락한 것이 아니기 때문에 반드시 한 번은 꿈틀거린다고 봐야 한다. 이때 갭하락 폭이 크면 클수록 반등 폭도 크기 때문에 놓치지 않도록 동시호가에 집중해야 한다.

2010년 2월 5일로 다시 돌아가보면, 그 전날 그러니까 2월 4일, 1등 테마와 2등 테마는 바로 자동차 업종과 자전거 테마였다. 그리하여 그날 동시호가에 자동차 업종인 기아차와 한일이화를 공략했고, 기아차는 소박, 한일이화는 중박이 난 것이다. 자전거 테마에선 에이모션을 놓치고 코디에스를 공략, 소박으로 만족해야 했다.

돌멩이 이론을 다시 한 번 정리하면 이렇다. 쓰러지더라도 돌멩이를 주워서 일어나는 심정으로 위기는 반드시 기회로 삼아야 한다. 특히나 직업적인 트레이더는 공허한 희망도 문제지만 대외 변수에 의한 과도한 공포는 더욱 문제다.

트레이더에게는 그저 대응만이 있을 뿐이란 사실을 기억해야 한다. 특히 미 증시의 급락으로 인한 국내 증시의 갭하락은 강력한 모멘텀으로 작용한다. 주도주나 대장주를 싸게 살 수 있는 최고의 기회로 삼아야 한다.

이때 주워야 할 돌멩이는 전일 상한가 종목 중에 당일 갭하락으로 출발하는 종목이다. 아울러 전일 1등 테마 중에 대장주이면서 갭하락으로 출발하는 종목도 놓쳐서는 안 될 돌멩이다.

# 5 징후 이론:
## 큰 시세 전에는 반드시 이상 징후가 있다

'방귀 잦으면 똥 싼다'는 속담이 있다. 다들 알겠지만 방귀는 대장에 가스가 많이 찼을 때 나온다. 가스는 소화가 잘 안 되거나, 변이 많이 쌓였을 때 생기므로 방귀가 잦다는 말은 조만간 변이 나올 징후라는 얘기다. 이 속담은 선문(先聞·먼저 도는 소문)이 있으면 반드시 그 일이 일어난다는 의미로 옛 어른들이 가장 많이 쓰는 말이다.

같은 의미로 '제비가 낮게 날면 비가 온다'는 속담도 있다. 제비가 낮게 나는 이유는 먹이인 잠자리가 낮게 날기 때문이고, 잠자리가 낮게 나는 이유는 공기 중의 습도가 높아 날개가 젖기 때문이다. 잠자리는 잘 보이지 않지만 제비가 낮게 나는 것은 쉽게 목격할 수 있기 때문에 제비가 낮게 날면 비가 온다고 하는 것이다.

세상의 많은 일들은 이처럼 징후를 앞세우며 다가온다. 그리고는 뚜렷한 현상을 남기고 사라진다. 재난이나 대형 사고도 다 그렇다. 사건이 클수록 어느 순간

갑자기 그리고 한꺼번에 터지지 않는다. 일정 기간 동안 대형 사고가 임박했음을 알리는 시그널을 다양한 형태로 보낸다. 실제 큰 재난이 터지기 전에 평균 29건의 경미한 재난과 300건의 이상 징후들이 나타난다는 이론이 있다. 이 이론은 1929년, 미국의 보험사 직원인 하인리히가 자신의 논문에서 '1대 29대 300법칙'으로 명명한 이론으로서 흔히 '하인리히 법칙'이라고 한다.

'하인리히 법칙'의 핵심은 큰 사고는 예측하지 못하는 한 순간에 갑자기 오는 것이 아니라, 수많은 경고성 징후를 보내고, 그것을 무시하는 인간들의 '안전 불감증'으로부터 비롯된다는 것이다. 결론적으로 큰 재앙을 피해가기 위해선 사전에 나타나는 몇몇의 징후를 꼼꼼히 분석해야 한다는 것이다.

주식 시장에서도 '하인리히 법칙'은 그대로 적용된다. 일례로 지난 2008년에 터진 '리먼 브라더스' 사태를 보자. 다들 알다시피 리먼 브라더스 사태로 글로벌 증시 전체가 폭락한 것은 지난 2008년 9월과 10월이었다. 그러나 그 이전부터 다양한 형태의 징후들은 곳곳에서 포착되었다. 2008년 1월부터 나타난 징후만 보자.

먼저 서브프라임 부실이 글로벌 시장으로 확산되던 1월 21일, 코스피지수는 무려 4.4%나 폭락했다. 같은 날 아시아 시장도 동반 폭락하면서 '블랙먼데이'의 징후를 나타냈다.

3월 15일, 미국 내 투자은행 5위인 베어스턴스가 구제금융을 신청하더니 이틀 뒤 JP모건에 주당 2달러에 팔려갔다. 실로 믿기지 않는 사태였다. 글로벌 시장의 급락이 임박했음을 알리는 중요한 징후였다.

6월 들어서는 국제 유가가 폭등했고 글로벌 증시는 크게 휘청거렸다. 국제 유가는 배럴당 무려 150달러로 급등했고, 이는 각국의 인플레이션 우려를 크게 심화시켰다. 결국 코스피지수는 두 달 간 무려 15%나 급락하면서 폭락의 징후를 여실히 드러냈다.

8월부터 본격적으로 금융 위기 징후들이 나타나기 시작했고, 시장에는 9월 위기설이 팽배해졌다. 대규모 달러 이탈로 환율과 금리가 급등하면서 국내 금융 시장이 패닉에 빠지게 될 것이라는 '9월 위기설'은 투자자들 모두를 공포에 떨게 만들었다. 다시 지수는 추가로 10% 가량 더 추락했다.

결국 2008년 9월, 미국의 모기지업체인 패니매와 프레디맥이 무참히 쓰러졌고, 15일에는 리먼 브라더스가 파산을 신청하는, 정말이지 믿기지 않는 금융 사고가 터졌다. 이날 코스피지수는 단 하루 만에 무려 6% 이상 폭락하면서 그동안의 이상 징후들을 모두 사실로 입증했다. 아울러 이상 징후를 무시했던 투자자들을 지독한 고통 속으로 몰아넣었다. 악몽 같은 그 해 10월, '하인리히 법칙'의 위대성을 재삼 확인시켜주며 시장은 결국 지수 900P의 붕괴를 맞았다.

결론적으로 나쁜 징후를 보고도 인정하지 않으려는 인간 본성 때문에 2008년 폭락장에 대부분의 투자자들은 깡통을 차고 시장을 떠났던 것이다.

'사람들은 보고 싶지 않은 것을 보지 않으려는 본성 때문에 큰 실패에 대비하지 못한다.'

일본 도쿄대 공대 하타무라 요타로(畑村洋太郎)교수의 이 말이 참으로 의미심장하다. 글로벌 금융 경색이 터지기 전에 숱하게 많은 징후들이 나타났건만 투자자들은 보고 싶지 않고, 믿고 싶지 않은 것은 쉽사리 인정하지 않으려는 본성에 빠졌던 것이다. 대형 사건에 앞서 반드시 나타나는 다양한 징후들을 가볍게 넘겼던 안전 불감증 때문에 결국 대형 참사를 맞고 만 것이다.

한편, 기술적인 측면에서 '하인리히 법칙'은 더욱 높은 신뢰도를 보인다.

소나기가 쏟아지기 전에 천둥과 번개가 치듯이, 상승하던 지수는 무너지기 직전에 다양한 징후들을 기술적 지표인 일봉차트에 나타낸다. 그 중 가장 눈에 띄는 징후는 일봉 캔들의 길이 변화다. 평소와 비교해서 최고점 직전에는 지수 일봉의 길이가 크게 길어지는 경향이 있다. 일봉의 모습이 변동성 확대로 인해 단봉에서 장대봉으로 길쭉하게 변하는 것이다. 특히 장대음봉과 장대역망치형, 피뢰침음봉 등 매물 폭탄 패턴이 연속해서 탄생한다. 다들 알다시피 장대역망치형이나 피뢰침음봉은 몸통 위쪽에 긴 꼬리가 붙은 패턴이다. 도대체 상승장에 이런 패턴이 왜 나오겠는가. 우습게도 이런 패턴을 보고 세력이 흔든다며 절대 팔면 안 된다고 주장하는 투자자들은 왜 그렇게 많은지. 거듭 강조하지만 장대음봉과 피뢰침음봉은 고점에서 매물 폭탄을 맞지 않고는 절대 나올 수 없는 패턴이다. 명백한 최고점 징후다. 이제 심리와 수급은 균형을 잃을 것이고, 지수는 급격히 추락하고 말 것이다. 장담하건대 최고점 징후에 팔지 못한 당신은 바닥까지 확실하게 동행하게 될 것이다. 과거 2000년, 2002년도가 그랬고 최근의 2007년, 2008년에도 그랬다. 그때, 이런 징후들을 경험하면서 당신은 어떻게 했는가. 물량을 팔았는가, 아니면 일시 조정이라 생각하고 물량을 더 늘렸는가. 아마도 팔지는 못했을 것이고, 그나마 물량이라도 줄였다면 참 다행이다.

여기서 한 가지 다짐을 받고 넘어가자. 만약 자신의 종목이 급등 중에 캔들의 길이가 길어지면서 위에 긴 꼬리가 붙기 시작하면 즉각 물량을 줄이기 바란다. 장중에는 방치했더라도 최소한 종가에는 팔고 나와야 한다. 이게 추세 전환의 강력한 징후이기 때문이다. 어떠한 망설임도 가질 필요가 없다. 특히 20일선으로부터 이격 20% 이상에서 대량 거래를 수반한 피뢰침음봉은 대표적인 폭락 징후다.

어떤 경우도 홀딩해서는 안 되며 종가에 가격 불문하고 처분해야 한다.

잠시 폭락의 절대 징후인 피뢰침음봉과 장대음봉의 차이에 대해서 알아보자.

통상적으로 위에 긴 꼬리가 붙은 장대음봉을 피뢰침음봉이라고 부른다. 이것이 급락 징후로서는 가장 신뢰도가 높다. 몸통 위에 긴 꼬리가 붙은 패턴의 모습이 마치 피뢰침을 닮았다 해서 피뢰침음봉이라 부르지만, 필자는 번개를 불러오듯 급락을 불러온다 하여 피뢰침음봉으로 부른다.

먼저 장대음봉의 탄생 배경을 보자.

특정 종목에 지배력이 강한 세력이 매도할 때가 되었다고 가정하자. 만약 아침부터 대기 매수 물량이 많으면 이건 세력이 물량을 정리하기 쉽다. 물량이 풍부해서 한 방에 팔 수 있다. 이런 종목은 동시호가에 허매수로 받치고 개장 직전에 몽땅 팔면 된다. 시초가가 최고가가 되는 것이다. 단 한 번의 거래로 세력은 완전하게 이탈하고, 이때 장대음봉이 탄생한다.

급등 중에 탄생한 장대음봉은 변동성이 엄청 크다. 허매수를 동원했기 때문에 대부분 상한가로 출발하고 주포의 대량 매물로 순식간에 하한가로 박힌다. 그러다보니 장대음봉의 길이가 무려 30%에 달하는 경우가 많다. 이렇듯 장대음봉은 세력이 완전하게 이탈한 패턴으로서 대표적인 최고점 징후이다. 하한가에 박히기 전에 반드시 빠져나와야 하는 이유다.

장대음봉이 대표적인 최고점 징후지만 피뢰침음봉에 비하면 위험도가 낮다. 장대음봉은 대기 매수세가 풍부한 상황에서 나온 패턴이다. 세력이 쉽게 빠져나온 패턴이라 다시 한 번 세력이 붙는 경우가 많다. 반면에 피뢰침음봉은 대기 매수세가 붙지 않을 때 나오는 패턴이다. 장대음봉보다 더욱 위험한 패턴으로 조정

기간이 상당히 길다.

그러면 피뢰침음봉의 탄생 배경을 보자.

피뢰침음봉은 세력이 이탈할 즈음에 대기 매수세가 약하거나 또 다른 매도세가 등장한 경우이다. 세력이 허매수 트릭을 썼을 때 따라붙는 물량이 많아야 쉽게 빠져나올 텐데 매수가 붙지 않으면 세력이 고민이다. 매수세가 매우 약한 경우, 세력은 물량을 팔지도 못하고 꼼짝없이 물리게 된다. 자신의 물량으로 주가는 폭락하고 말기 때문에 다른 방법을 찾는다. 가장 좋은 방법은 마지막 총알을 동원, 물량을 사면서 올리는 것이다. 물론 매수세가 약하다는 것을 인지한 상태라 오래 가져갈 마음은 추호도 없다. 매수세가 가장 많이 붙는 지점까지 끌어올리고는 물량을 팔 계획이다. 목표는 개인들의 매수세가 가장 많이 붙는 지점인 상한가까지이다.

세력이 어렵사리 상한가까지 끌고가면 개인들의 매수세가 대량으로 따라붙는다. 세력들은 이때를 노려 자신의 물량을 몽땅 정리한다. 이때 나타나는 패턴이 바로 피뢰침음봉이다(대기 매수세가 풍부하면 갭상승 폭이 커서 피뢰침음봉은 절대 탄생할 수가 없다). 특히 20일선과 이격이 20% 이상 크게 벌어진 고점에서 피뢰침음봉이 탄생했다면 그 신뢰도는 더욱 높아진다. 만약에 피뢰침음봉을 맞게 된 경우, 하한가 직전에는 이유 불문하고 나와야 한다. 피뢰침음봉의 홀딩은 한동안 죽음이다. 다음 날 점하한가도 각오해야 한다. 만약 이런 상황에서 거래량까지 평소의 200% 이상 터졌다면 급락의 징후로서 신뢰도 99%이다. 목숨 걸고 빠져나와야 한다.

사담이지만, 산 정상에 서서는 멀리 봐야 한다. 그래야 자신이 서 있는 곳이 얼마나 높은지, 또한 골이 얼마나 깊은지 알게 된다. 배를 타도 멀리 수평선을 봐야 한다. 가까이 보면 볼 것도 없고 멀미부터 한다. 삶도 그렇다. 높을수록, 빠를수록 멀리 봐야 한다. 주식도 같다. 상승 중에 출현하는 피뢰침음봉과 장대음봉은 전형적인 최고점 징후이다. 산으로 치면 정상인 셈이다. 산 정상에서 멀리 봐야 하듯이 최고점을 맞으면 멀리 봐야 한다. 산 정상 다음에 깊은 골짜기가 있듯이 최고점 다음에 있을 오랜 하락 구간을 봐야 한다. 모쪼록 날이 저물기 전에 산 정상에서 내려오듯이 최고점을 맞으면 추세가 급락하기 전에 탈출해야 한다. 머뭇거리다간 깊은 골짜기에 갇혀서 굶어죽고 말 것이다.

이제 '하인리히 법칙'을 매수 관점에서 보자.

대부분의 급등주는 급등 전에 반드시 통과하는 길목이 있다. 길목을 통과하면서 여러 가지 징후들을 나타내는데 이를 적절히 포착해서 따라붙을 수 있어야 한다. 가장 대표적인 징후가 양봉 밀집 패턴의 출현이다. 양봉이 밀집하는 이유는 매수세가 매도세를 압도하는 기간이 확대되고 있기 때문인데, 이는 지속적으로 해당 종목을 매집하는 누군가가 있음을 말해준다. 물론 그 누군가가 외국인이나 기관들이면 금상첨화일 것이다. 이때 양봉이 연속적으로 출현하다보니 일봉차트가 마치 단풍이 든 것처럼 붉게 물들어 보인다.

### 단풍차트를 찾아라!

차트 교육할 때 필자의 첫 마디는 단풍이 물든 것 같은 붉은 차트를 찾으라는 것이다. 경험적으로 단풍차트, 즉 붉은 색으로 치장한 차트에서 급등주가 가장 많이 탄생했다. 소위 대박주라는 종목치고 단풍차트가 아닌 차트는 거의 없을 정도다. 그렇다면 단풍차트가 급등의 징후란 얘기가 된다. 방귀가 잦으면 일 본다고, 누군가 계속 사 모으다보면 어느 순간 급등하는 것이 바로 수급의 법칙이다. 그것이 단풍차트로 나타난다.

한 가지 주의할 점이 있다. 5일선이 상승하지 않으면서 양봉이 연속해서 나오는 패턴, 즉 양봉이 옆으로 길게 늘어선 패턴이 베스트다. 5일선이 상승하는 경우, 이미 급등 중인 종목이어서 징후의 개념을 적용할 필요가 없기 때문이다. 특정 가격대에서 물량을 계속 확보해 들어가면 주가는 옆으로 서는 패턴이 되는데 이것이 진짜 단풍차트인 것이다.

참고로, 캔들 몸통 아래에 붙은 꼬리, 즉 밑꼬리가 연속해서 나오는 패턴은 비록 음봉 몸통이 섞여 있어도 양봉 밀집 패턴의 한 유형으로 봐야 한다. 양봉 밀집 패턴은 시초가부터 물량을 확보한 반면, 밑꼬리 패턴은 장중 저점을 노려서 잡았다는 차이가 있을 뿐이다. 그러나 물량을 지속적으로 확보했다는 측면에서는 전혀 차이가 없다고 봐야 한다.

### 강풍이 불면 큰 파도가 일어난다

단풍차트 이외에도 매수 관점에서 '하인리히 법칙'은 이평선 밀집, 상한가 수시 출현, 거래량 급증 등의 다양한 형태로 징후를 나타낸다. 이 중에서 거래량 급증은 주가가 급등하기 전에 나타나는 가장 대표적인 징후로 볼 수 있다. 파도는 바람으로 생기는 법, 마치 강풍이 불고난 후 큰 파도가 생기는 식이다. 만약 특별한 재료가 없는데도 거래량이 터진다면 조만간 재료를 발표한다고 보면 거의 맞다. 피인수 재료가 터지거나 100% 무상증자 공시가 뜨거나 한다. 대규모 수주 공시나 피인수 혹은 지분 변동 같은 공시는 임의로 만들기가 쉽지 않다. 그러나 100% 무상증자 공시는 비교적 만들기가 쉬운 편이다. 그렇기 때문에 세력과 결탁해서 100% 무상증자를 만드는 예는 많다. 아무튼 재료가 없는 상태에서 거래량 증가는 대부분 세력이 개입한 경우로 보면 거의 맞다. 사전에 해당 기업의 대주주와 자사주를 넘기거나 호재 날려주기로 물밑 교섭이 어느 정도 끝났다는 뜻이 된다.

"우리가 주가를 올려줄 테니 한 달 후에 100% 무상증자 공시나 신사업 진출 등을 결의해주라"는 식이다. 사실 재료 발표 전에 급등한 종목은 다 조사해야 한다. 급등 배경을 파헤치고 들어가면 광의 개념에서 거의 다 작전 아니면 내부자 정보 유출이다. 물론 이 글을 읽는 독자들이야 급등 배경에 대해서 조사하는 것에 반대할 것이다. 이유 없이 거래량이 급증하는 종목에서 대박이 터진다는 것을 이제는 다 알 터이니 말이다.

# 6 드라이브 이론:
### 손실은 짧게 자르고, 이익은 최대한 크게 굴려라

"운전 참 잘하시네요."

운전을 하다보면 종종 듣는 얘기 중에 하나다. 일반적으로 운전을 잘한다는 의미는 뭘까? 차를 빠르게 몬다는 의미일까, 아니면 늦더라도 안전하게 운전한다는 의미일까. 필자 생각에는 둘 다 아닌 것 같다. 운전에 관한 필자의 평소 지론은 '운전은 영악하고, 융통성 있게 해야 한다'는 것이다. 운전은 차를 빨리 몰아간다고 해서, 혹은 무조건 안전하게 운행한다고 해서 능사는 아니다. 최대한 영악하고 융통성 있게 모는 것, 이것이 운전의 최고 경지다. 길이 뻥 뚫렸을 땐 확실하게 밟아주고, 길이 험하면 주변 눈치 안 보고 속도를 대폭 낮추는 융통성 말이다. 이런 융통성과 영악함이 목숨을 담보로 한 운전에서 효율과 안전을 동시에 만족시켜 준다.

커브길은 위험 구간이다. 결코 허세를 부려서는 안 되는 위험 구간인 것이다. 커브가 심하면 심할수록 저속으로 운전하는 겸손함이 필요하다. 뒤에서 빵빵거리며 재촉한다고 침착함을 잃고 과속하지 말아야 한다. 위험 구간에선 누가 뭐라 하든지 자신이 제어할 수 있는 속도를 끝까지 유지할 수 있는 침착함과 담대함이 필요하다.

커브길에선 첫째도 안전, 둘째도 안전, 그 이외에 중요한 것은 단 하나도 없다. 안타까운 것은 일부 초보 운전자의 경우, 자신의 안전보다는 전체 차 흐름을 고려해서 자신이 감당할 수 없을 정도의 속도를 유지한다는 사실이다. 뒤차를 의식해서 속도를 전혀 낮추지 않는 것이다. 그러다보면 중앙선을 넘기도 하고, 가드레일을 아슬아슬하게 스쳐가기도 할 것이다. 결국 '하인리히 법칙'대로 대형 사고의 확률은 서서히 상승한다.

거듭 강조하지만 커브길은 위험 구간이다. 위험 구간에서 영악한 운전은 자신이 감당할 수 있을 정도의 속도를 끝까지 유지하는 것이다. 어떤 경우에도 다른 운전자들의 압박이나 지배를 받지 않아야 한다. 이걸 극복하지 못하면 무리하게 가속하고, 언젠가는 반대편 차선의 차와 충돌하거나 가드레일을 박고 말 것이다.

한편 운전을 영악하게 하기 위해선 두둑한 배포가 필요하다. 주변의 눈치나 상황에 못 이겨 가속 페달을 밝는 소심함은 당장 버려야 한다. 대형 사고를 당하지 않으려면 말이다. 여기서 한 가지 짚고 넘어갈 것이 있다. 배려심과 소심함은 확실히 구분되어야 한다는 것이다. 타인을 배려해서 속도를 올리는 것과 소심한 나머지 주변의 흐름에 방해를 주지 않기 위해 속도를 올리는 것은 전혀 다른 행위이다. 위험 구간에서 타인을 의식해서 속도를 올리는 행위는 자신의 소심함 때문이지 결코 타인에 대한 배려가 아니라는 점이다. 어떻게 타인을 위해 자신이 위험을 안는 행위를 배려라고 할 수 있겠는가. 아무튼 커브길에서 과속은 허세 아니면 소심함, 이 둘 중에 하나가 분명하다. 이들 두 가지 모두, 사고의 지름길이란 점도 분명하다.

  결론적으로 커브길 같은 절대 위험 구간에서는 최대한 속도를 줄여서 안전하게 통과하는 것이 최선이다. 이것이 바로 영악하고 융통성 있게 운전하는 것이다. 특히 중앙선을 넘어 앞차를 추월하는 등의 허세는 결코 부려서는 안 된다. 주변의 성화에 못 이겨 속도를 올려서도 안 된다. 커브길 같은 위험 구간에서는 오로지 위험 회피 외에는 그 어떤 것도 자신의 안전을 보장할 수 없다는 점을 꼭 명심해야 한다.

  그렇다면 직선 도로에서 영악한 운전은 과연 뭘까?

  직선 구간은 뻥 뚫린 길이다. 거칠 것이 없다. 그렇다면 허용 범위 내에서 최대한 속도를 높여야 하지 않을까. 만약 위험 구간을 벗어났는데도 커브길에서처럼 굼벵이 운전을 하다가는 도로는 온통 주름잡기 효과(교통량의 밀도 때문에 생기는 현상. 고속도로에서 자동차가 많을 때 누군가 평균 속도에 비해 크게 낮은 속도로 운전하면 뒤의 차 속도도 느려지고 이런 현상이 연달아 이어지면 한참 뒤에서 달리던 차에까지 영향을 주는 현상. 이런 원인을 제공한 차 앞에는 정반대의 현상이 생기는데 잡힌 주름이 쫙쫙 펴지는 효과가 나타남)로 몸살을 앓을 것이다. 최대한 속도를 높여 뒤차와의 간격을 벌려주거나 일정 간격을 유지해야 한다.

  이런 적극적인 운전 습관은 교통 흐름을 좋게 할 뿐만 아니라 자신의 주행 시간도 훨씬 단축시켜준다. 게다가 뒤차의 추월을 막는 효과도 커 자신의 안전까지 보장받을 수 있다. 고속도로는 말 그대로 고속으로 달리라는 도로다. 역설적으로 천천히 달려서는 안 되는 도로이기도 하다. 그런데도 실제 고속도로를 달려보면 오로지 조심조심, 심지어 1차선에서도 자신의 안전만 고려해서 저속으로 운전하는 차들이 참 많다. 졸음 운전하기 딱 좋을 속도로 말이다. 주변의 흐름을 고려하지 않는 이런 융통성 없는 운전자는 고속도로에 가면 꼭 있다. 아무튼 직선 도로에서는 도로가 허용하는 만큼의 속도로 시원하게 뽑아주는 것이 정말 잘하는 운전이다. 도로 정체를 막아줘서 효율적이기도 하지만 안전 운전이랍시고 천천히 모는 것보다 훨씬 안전하다.

주식 투자의 영역도 운전과 같다. 그저 영악해야 한다. 위험 구간에서 자동차의 속도를 대폭 떨어뜨려야 하듯이 주식 시장이 하락 추세면 배팅을 자제하고 관망해야 한다. 외국인이 5일 연속 집중적으로 팔거나 코스피지수가 20일선과 60일선을 동시에 하회하면 위험 구간으로 간주하고 물량을 줄여야 한다. 보유 종목의 손실이 5%를 넘어섰거나 20일선을 강하게 이탈하면 따지지 말고 깨끗이 정리해야 한다. 직업적인 트레이더라면 특히 더 그래야 한다. 수급이 무너졌는데 뭘 더 망설인단 말인가. 사고가 나는 것보다 늦더라도 속도를 완벽하게 줄여주는 것이 좋듯이, 더 큰 손실로 이어지기 전에 차라리 작은 손실로 끊어주는 게 훨씬 좋다. 훗날에 다음 기회를 노려야 한다.

상승장은 배포가 생명이다. 안전 구간에서 속도를 최대한 높여야 하듯이 상승장에서는 강한 배팅력을 절대적으로 요구한다. 장세가 좋을 땐 주식 보유 기간을 최대한 길게 잡으란 뜻이다. 이것이 상승장의 성공 공식이다. 배포를 부릴 땐 확실하게 부릴 줄도 알아야 큰 승부에 이기는 법이다. 빠르게 달리려고 만든 고속도로에서 천천히 가는 행위나, 이익이 한참 나고 있는 종목을 중간에 팔고 나오는 행위는 확률을 전혀 고려하지 않은 가장 아마추어적인 행동이다. 거듭 강조하지만 직선 도로에서는 허용된 범위 안에서 최대한 속도를 높여야 한다. 이것이 효율이다. 마찬가지로 상승장에선 포지션을 최대한 길게 끌면서 이익을 극대화해야 한다. 이것이 가장 확률적인 거래 전략이다.

결론적으로 시장이 불안하면 위험 구간으로 간주하고 즉각 손절하거나 배팅 액수를 대폭 줄여야 한다. 위험 구간에선 고집도 허세도 모두 통하지 않으니 말이다. 그러나 강세장이면 안전 구간으로 간주하고 배팅을 대폭 확대해야 한다. 투자의 세계에서 성공의 비밀은 적게 잃고 수익을 낼 수 있을 때 확실하게 챙기는 통 큰 거래 전략이다. 이것이 필자가 주장하는 '드라이브 이론'의 핵심이다.

강세장에선 배팅력이 강해야 크게 번다. 그러려면 포지션 진입이나 보유 기간의 조절에 있어 담대함이 요구된다. 잠시 질문 하나 하자. 만약 담대한 투자자와 소심한 투자자가 주식 투자를 했을 때 부자가 될 확률이 어느 쪽이 더 높을까? 질문 의도가 뻔해서 다들 담대한 투자자로 짐작들 할 것 같다. 그렇다. 흔히들 담대한 투자자들이 돈을 못 벌 것 같지만 실상은 반대다. 소심한 투자자들은 부자의 근방에도 못 간다. 무엇 때문에 그러한지 아는가. 소심할수록 본전회복심리와 이익확정심리, 이 두개의 심리에 휘둘리기 때문이다. 떨어지면 본전 올 때까지 버티고 조금만 오르면 이익을 확정해버리는 소심한 심리 말이다.

담대한 투자자들은 간혹 무리한 매매로 인해 손실을 보는 경우가 많기는 하다. 그러나 수익을 챙길 때 또 확실하게 챙긴다. 바로 2003년부터 2007년까지 이어진 초강세장 같은 경우다. 역설적이지만 객장에서 쿨쿨 주무시는 어르신들이 오히려 이에 해당된다. 그들을 결코 무시하면 안 된다. 강세장에 최고수는 객장에서 주무시는 어르신들이다.

소심한 투자자들은 의외로 전업 투자자 중에 많다. 그날그날 이익을 확정하는 습관이 붙어서 작은 이익에 만족하기 때문이다. 그나마 박스권 장세는 수익이 조금 낫다. 한 번씩 들어갈 타이밍을 주니까. 그러나 상승장은 지수 상승만큼 절대 수익을 내지 못한다. 소심한 투자자들은 주가가 조금만 오르면 못 들어가기 때문이다. 너무 올랐다는 생각에 떨어지기만 기다리니 어떻게 물량을 잡겠는가. 다들 경험하다시피 기다리는 조정은 생각처럼 쉬이 오지 않는 법, 싸게 사려는 소심한 투자자들은 상승장에 그저 손가락만 빨 뿐이다.

반대로 하락장은 보유 물량이 너무 많다. 아까워서 못 팔다보니 종목수만 늘어나는 것이다. 빈번히 본전과 멀어지니 물타기는 열심히 한다. 잃을 때 크게 잃는 이유가 다 여기에 있다. 그렇다고 수익을 올릴 때 크게 벌지도 못한다. 이익이 나면 빨리 이익을 확정 짓고 싶은 심리 탓에 서둘러 팔아버리기 때문이다. 특히 하락장에 잃은 물량은 반등장에 거의 팔아버리기 때문에 막상 강세장이 오면 그땐 반등을 주지 않은 일부 내수주와 현금밖에 없다. 수익이 항상 푼돈밖에 안 되는 이유다.

소심한 투자자들은 잃기도 크게 잃지만 대박주도 거의 놓친다. 사실 하락장엔 대박주도 크게 물렸던 종목이다. 그러다보니 반등장에 손실이 조금이라도 줄면 잽싸게 팔고 만다. 상승장에 대박주가 손에 없는 이유다. 다시 떨어질까봐 불안해서 갖고 있질 못한다. 실제로 떨어지던 종목이 반등하면서 본전의 절반이라도 건져봐라. 오늘이 '마지막 매도 기회'란 생각에 자신도 모르게 손이 나갈 것이다. 하락장엔 왕창 잃고 상승장엔 주식이 없고, 이것이 소심한 투자자의 거래 사이클이다. 평생 이런 사이클이 반복되는데 소심한 투자자들이 어떻게 돈을 번단 말인가.

물론 담대함이 무조건 좋다는 뜻은 아니다. 둘을 놓고 비교했을 때 그렇다는 얘기다. 소심한 투자를 할 바에는 차라리 과감한 투자를 하는 것이 훨씬 확률이 높다는 말을 하는 것이다. 참고로 실제 필자가 배출한 제자 중에 성공한 사람을 보면 소심한 투자자들은 거의 없다. 손절 못해서 항상 끙끙대는 투자자가 성공한 예는 찾아보기 힘들다. 반면에 담대한 투자자들은 주식 경력이 짧은데도 불구하고 성공한 경우가 많다. 실제로 필자의 제자 중에 투자 경력 2년차인 부산의 캡틴 박의 경우, 2006년부터 STX조선과 LG화학에 집중 투자해서 꿈에 그리던 선주가 되었다. 서울의 박필수 씨의 경우 2008년 12월부터 농우바이오와 현대모비스를 매수해서 지금껏 보유하고 있다. 수익은 거의 400%를 넘고 있다. 이미 언론을 통해서 유명세를 치른 필자의 지인, 표형식 씨의 경우 일성신약 한 종목으로 한때 100억 원의 수익을 얻기도 했다. 사실 이들의 성공 비밀은 특별한 게 없다. 이익을 중간에 끊지 않았다는 점, 팔고 싶은 마음을 끝까지 참아내는 배포가 있었다는 점이다.

사실 대박은 결코 적은 이익의 합산이 아니다. 한 번씩 찾아오는 큰 장에서 얼마나 크게 챙겼느냐 여기에 달렸다. 그러려면 주도 업종, 주도주를 과감히 공략하는 배포, 이익이 날 때 이익을 끝까지 굴리는 담대함이 절대적으로 요구된다. 바로 드라이브 이론대로 말이다. 주도 업종은 단기 테마와 달리 상승폭이 제한적이지 않다. 2009년과 2010년, 자동차 업종과 IT 업종만 봐도 그렇다. 지수가 강세 흐름을 보이자 이들 업종의 핵심주인 기아차는 8,000원에서 50,000원으로, 삼성전기는 30,000원에서 150,000원으로 투자자들의 예상치를 훨씬 뛰어넘는 급등을 보여줬다. 우리가 주목할 할 점은, 이런 수익의 대부분은 메이저를 제외하고는 담대한 투자자들이 모두 차지했다는 사실이다.

한편 투자 성향이 소심한 투자자는 당시의 상승장에서도 별로 수익이 없었을 것이다. 상승폭이 큰 자동차나 IT 업종을 피하고 만만한 증권 업종이나 건설 업종, 아니면 유틸리티 업종을 주로 다뤘기 때문이다. 어쩌면 연초부터 지수가 급등하자 지수 조정만 기다리며 2009년과 2010년을 허망하게 보냈을지도 모르겠다. 담대한 투자자들이 주도 업종 공략을 통해 이익을 극대화할 때 말이다.

이제 드라이브 이론의 마지막 문제가 하나 남았다.

직선 도로에서 안전 구간을 어디까지로 잡을 것인지, 어디부터 위험 구간으로 정할지 이것이 문제다. 이 점은 한껏 올린 속도를 어디서 낮춰야 할지에 대한 기준, 즉 트레이딩 관점에서 이익 확대를 멈추는 시점이 된다. 바로 이익을 확정하는 매도 시점이 되기 때문에 매우 중요하다. 이점에 대해선 다음 장의 주제인 TS 매도(고점 추적 매도) 이론에서 보다 구체적으로 다루도록 하겠다.

## 7

# TS 매도 이론 (고점 추적 매도 이론):
### 고점을 확인하기 전까지 홀딩하라

**작은 이익도** 확정 짓고 싶은 것이 사람의 본성이다. 그런데 이익이 나는 종목을 팔지 않고 이익을 극대화한다는 것은 정말이지 어렵다. 오르면 팔고 싶은 유혹, 이건 어떤 성향의 투자자이든 가장 극복하기 어려운 심리이다. 대부분의 투자자는 이러한 인간 심리를 극복하지 못하고 목표 가격 도달에 상관없이 주가가 오르면 판다. 실제로 목표 가격을 한참 높게 정하고 장기 보유를 목적으로 매수하려는 투자자들이 많지만 사실상 이런 거래 전략은 무의미하다. 모두들 목표 가격만 높게 잡았을 뿐 실제 매도는 한참 아래서 하기 때문이다. 오르면 팔고 싶은 심리, 이건 초보든 고수든 다 마찬가지다.

대부분의 장기 투자자는 매수한 종목의 목표 가격을 높게 잡는다. 말로는 기대 수익이 은행 이자만 넘으면 된다고 하면서 막상 목표가는 매수한 가격의 50% 이상으로 엄청 높게 잡는다. 이런 경향은 투자자들이 목표가를 정할 때 명확한 기준이나 가치적 근거보다는 자신의 희망 가격을 반영시키기 때문이다. 게다가 전문가들이 추천하는 소위 대박 종목만 눈에 들어오니 기대 수익이 클 수밖에 없는 것이다. 조금 심하다 싶을 만큼 모두들 목표가를 높게 잡는다. 그러나 목표가를 높게 잡은들 이것이 무슨 소용이 있겠는가. 막상 자신의 보유 종목이 10%만 올라도 애초에 정한 목표가는 모두 잊은 채 팔고 싶어서 애를 태울 테니 말이다. 결론적으로 매수 시점에 목표가를 설정하는 것은 실전에서 별로 도움이 안 된다는 사실이다. 보유 종목은 반드시 이익 국면이 있을 것이고, 이때를 참지 못하고 파는 것이 바로 투자자들의 심리가 아닌가.

필자는 평소에 지수든 종목이든 상승 구간이 분명히 존재하는 한 진정한 의미의 장기 투자는 없다고 주장한다. 이익 구간에서 매도 욕구를 참고 버틸 수 있는 투자자는 극소수에 불과하기 때문이다. 횡보나 하락 구간에선 그들의 목적, 즉 장기 투자는 분명 성공한다. 잃으면 팔지 않는 것 또한 인간의 본성이니 말이다. 반면에 상승 구간에선 오래 보유할 수가 없다. 팔고 싶어서 손이 무척이나 근질근질하다.

정말 안타까운 것은, 열심히 오르고 있는 종목은 가만히 둬야 하는데도 불구하고 왜 상승하는지 그 이유를 찾는다는 것이다. 이런 노력, 즉 상승의 배경이 무엇인지를 밝히려는 노력은 매도의 구실을 찾는 것과 같아서 결국은 판다. 사담이지만, 상승하는 종목은 전문가에게 매도 시점을 묻거나, 주담에게 호재가 있는지 결코 묻지 말아야 한다. 이미 많이 오른 종목이 아닌가. 전문가들은 과매수를 걱정하며 매도를 권할 것이고, 주담들은 특별한 호재가 없다고 발뺌을 할 것이다. 결국 묻는 순간 "그럼 그렇지"하고는 팔게 되는 것이다.

급등 종목에 대한 전문가들의 진단은 특히 들어볼 것도 없다. 매도밖에 없기 때문이다. 이건 매우 중요한 메시지이다. 이익을 주고 있는 종목은 결코 묻지 말라는 얘기이다. 정말 이해가 안 되는 것은 잘 올라가고 있는 종목을 왜 전문가에게 상담을 하느냐는 것이다. 급등하고 있는 종목을 보유하라고 자신 있게 주장할 전문가가 어디에 있다고 매도 시점을 그들에게 묻는가 말이다. 도대체 전문가에게 어떤 대답을 기대하는가. 그들의 답은 물량을 축소하거나 매도하라는 말밖에 할 게 없는데 말이다. 분명히 말하지만, 날아가는 종목은 전문가를 포함한 그 누구에게도 상담하면 안 된다. 상담을 의뢰받은 대부분의 전문가는 훗날 떨어질 것을 대비해서 분명 면피성 발언으로 일관할 것이기 때문이다. 참고로 그들이 가장 많이 쓰는 면피성 발언은 아래와 같다.

"적정 주가를 넘어섰네요. 위험하니까 일단 정리하시는 것이……."

물론 그들의 분석이나 진단이 틀린 것은 아니다. 많이 올랐으니까 PER은 이미 형편없을 테고, 급등주의 특성이 다 그렇듯이 전문가들이 보는 견해에서 소위 우량주와는 거리가 다소 있을 것이니 말이다. 게다가 그들의 대답은 시간이 흐르면 항상 맞는다는 사실이다. 급등하는 종목은 시간이 흘러 언젠가는 떨어지니 말이다. 사실 급등하는 종목은 추가로 얼마까지 더 상승하고 떨어지느냐, 고점의 위치가 어디냐, 이것이 핵심인데, 이것은 상담자에게 무시되기 일쑤다.

거듭 강조하지만 많이 올랐으니까 매도해야 된다는 전문가들의 의견은 한마디로 '쓰리고' 들어갈 패를 고돌이 5점 먹고 멈추라고 하는 것과 같은, 정말 하나마나한 조언이다. 사담이지만, 급등하는 종목의 상담은 필자가 전문이다. 만약 이 글을 읽는 여러분도 이익을 크게 주는 종목이 있어 필자에게 종목 상담을 하게 된다면 이런 대답을 듣게 될 것이다.

"축하드립니다. 5일선 이탈하기 전까지 버티세요. 화이팅!"

급등주를 잡은 투자자에게 이렇게 용기를 심어주고 홀딩을 주장하는 전문가가 앞으로 더 많이 나왔으면 좋겠다. 아울러 매도 기준을 정확히 알려줘서 고민하지 않도록 확실하게 도와줬으면 한다. 예를 들어 '급등주는 5일선 이탈하기 전까지, 주도주는 20일선 이탈하기 전까지 최대한 버티라.' 는 식으로 말이다. 혹시 왕대박주를 잡아서 그들의 인생이 바뀔지도 모르는 것 아닌가.

참고로 2009년의 현대모비스와 삼성전기, 2010년의 기아차나 풍산, 금호석유의 차트를 보면서 필자의 주장에 부디 공감하길 빈다. 당시에 이들 종목은 필자의 제자들인 쪽집게 회원들과 함께 실제 이익을 극대화했던 종목이란 점 거짓 없이 밝힌다. 당시에 20일선 이탈할 때까지 모두들 끝까지 잘 버텼다는 점도 역시 밝힌다.


인간의 심리는 이익이 나면 다시 토해낼 것을 두려워한다. 앞서 이것이 이익을 빨리 확정 짓고 싶어 하는 가장 중요한 이유라고 말했다. 아울러 장기 투자자가 성공하기 어려운 결정적인 이유이기도 하다. 장기 투자자의 계좌에 이익이 난 종목의 비중이 낮은 이유도 다 여기에 있다. 물론 자신의 보유 종목이 하락하면 그 때 자신의 투자 성향에 맞게 장기 투자로 가져간다. 사실 이런 경우는 엄밀히 말하면 물린 것인데 본인은 장기 투자라고 고집을 부린다.

한편 목표 가격을 매수가 대비 +50% 이상으로 다소 높게 잡았다고 해도 개인적으로 불만이다. 이익 구간에서 이익 목표를 미리 설정하고 매도한다는 것이 영 마음에 들지 않기 때문이다. 만약 자신의 예상대로 보유 종목이 50% 가량 이익이 났다면 상당 기간 강세 흐름을 유지한 최고의 종목이 아닌가. 어쩌면 대박주일 가능성도 높다. 이런 좋은 흐름의 급등주는 팔기보다는 오히려 물량을 늘려야 하지 않을까. 앞으로 수백, 수천 퍼센트 수익을 안겨줄지도 모를 대박주 1순위인데 말이다.

앞서 개인 투자자들이 주식 투자를 통해 부자가 될 수 있는 유일한 길은 수익을 올릴 수 있을 때 크게 버는 길밖에 없다고 했다. 그런데 자신의 인생을 바꿀지도 모를 대박주를 잡고도 난순히 목표 가격에 도달했다고 팔다니 이게 말이 되는가. 그 목표 가격이란 것도 도대체 무슨 기준에 의해서 정했는지, 과연 계산법이 적정한지도 모르고서 말이다.

잠시 앞 장의 '드라이브 이론'으로 돌아가 보자.

앞서 직선 도로에서 안전 구간을 어디까지로 잡을 것인지 이것이 문제라고 했다. 한껏 올린 속도를 어디서 낮춰야 할지에 대한 기준, 즉 트레이딩 관점에서 이익 확대를 멈추는 시점을 어디로 잡느냐의 문제 말이다. 일단 드라이브 이론으로 접근하면 속도를 감속해야 하는 이유는 커브길이나 과속방지턱 같은 위험 구간이 출현했기 때문이라고 했다. 장애물이나 위험 구간이 출현하지 않았는데 속도를 미리 떨어뜨릴 이유는 전혀 없다. 그렇다면 안전 구간의 기준은 커브길이나 과속방지턱이 나타날 때까지, 이것이 결론이다. 직선 구간도 언젠가는 커브길이나 과속방지턱이 나올 것이고 가속 구간은 그때까지로 잡으면 될 것이다.

자 이제 트레이딩 관점에서 드라이브 이론을 적용해보자. 직선 도로에서 위험 구간의 시작점은 커브길이나 과속방지턱이 나타난 지점이라고 했다. 그렇다면 트레이딩 관점에서 손실의 시작점은 과연 어디가 적당할까. 이익을 최대한 굴리는 것까지는 좋은데 어디에서 매도하느냐 이것을 정하자는 것이다.

TS는 Trailing Stop의 약자이다. 번역하면 '고점 추적 매도'가 된다.

'TS 매도 이론'은 추세 추종을 기반으로 한 매도 이론으로서 드라이브 이론의 핵심이다. 손실은 즉시 끊어주고, 이익은 끝까지 굴리는 데 가장 적합한 매도 전략이다. 고점을 확인한 후 매도 시점을 잡기 때문에 이미 확보된 이익은 최대한 지켜준다. 이로 인해 이익을 최대한 키우는 데는 최고의 이론으로 꼽힌다. 현재 선물 시스템 매매에서 가장 많이 적용되기도 한다.

필자와 제자들은 TS 매도를 통상 '고추 매도'라고 약칭해서 부른다. 고점 추적 매도를 기억하기 좋으라고 고추 매도라고 줄여서 부른다. 실전에서 당일 상종가나 급등주를 공략할 때는 거의 대부분 고추 매도를 활용한다. 고점을 반드시 확인한 후 매도하는 시스템이다보니 급등주를 끝까지 잡을 수 있기 때문이다. 물론 상한가로 마감하면 매도되지 않기 때문에 다음 날로 넘길 수도 있다. 이 점도 좋다.

매도는 트레이더에게 가장 어려운 영역이다. 추측건대 매수에 비해 최소 10배는 힘들다. 대부분의 투자자들이 깡통을 차는 이유도 따지고 보면 다 매도 실패에 기인한다. 매도가 쉬우면 떨어지는 종목을 계좌에 보유할 이유도 없을 테니 말이다. 사실 프로와 아마추어의 결정적인 차이도 매도 시점과 결단력에 달려 있다. 삼성전자만 보더라도 그렇다. IMF때 3만 원에 사서 지금껏 보유한 투자자도 있을 것이고, 2010년 1월 말, 85만 원에 사서 2월 초 75만 원에 판 투자자도 있을 것이다. 이렇듯 최고의 우량주를 거래하면서도 매번 이익을 내는 사람과 손해가 나는 사람으로 갈리는 법이다. 매도 기준과 시점이 투자자들마다 다르기 때문이다.

당신이 크게 잃어서 고통을 받을 때, 모니터 너머의 누군가는 당신의 손실을 행복해할지도 모른다. 만약 그렇다면 그는 당신보다 탁월한 매도 감각의 소유자,

바로 매도 고수인 것이다. 주식 시장에서 오랫동안 승자로 남고 싶은가? 그렇다면 매도 고수가 되라. 손절매는 물론 이익 실현까지 정해진 규칙대로 정확하게 거래하는 그런 매도 고수 말이다. 물론 그 이론적 근거는 TS 매도, 즉 고점 추적 매도가 될 것이다.

이제 TS 매도 이론에 입각해서 매도 기준을 정해 보자. 앞서 드라이브 이론에서 손실 구간 시작점을 커브길이나 과속방지턱을 기준으로 정했듯이 직전 고점을 기준으로 이익 구간의 끝을 정해야 한다. 쉽게 말하자면 최고점에서 일정 폭 떨어지면 상승 탄력이 떨어졌다 판단하고 처분하는 전략이다.

예를 들어, 어떤 종목이 1만 원에서 2만 원까지 급등한 후 꺾였다면 고점인 2만 원을 기준해서 일정 폭 하락하면 매도하는 것이다. 꺾인 시점의 최고점이 기준이 된다.

만약 고추 매도 자리를 10%로 설정했다면, 2만 원의 10%인 2천 원 가량 하락한 지점이 매도 자리가 된다. 바로 1만 8천 원에 TS 매도가 적용되는 것이다. 그러나 1만 8천 원까지 밀리지 않고 줄곧 상승하면 이때는 TS 매도가 작동되지 않는다. 이익 구간이기 때문에 매도 조건이 성립되지 않기 때문이다. 이땐 이익이 커진다.

이렇듯 TS 매도 이론은 안전 구간에서는 결코 속도를 낮춰서는 안 된다는 드라이브 이론을 충실하게 따른다. 앞서 직선 구간에서 커브길이나 과속방지턱이 나오지 않았는데 속도를 낮춰서는 안 된다고 했다. 이는 주당 2~3만 원을 충분히 남길 수 있는 급등주를 1천 원, 혹은 2천 원만 남기고 매도하는 것과 전혀 다를 바가 없는 것이다.

거듭 강조하지만 트레이딩을 통해 부자가 될 수 있는 최선의 길은, 목표 가격을 정하지 않고 이익을 최대한 불리는 방법이다. 그러려면 매도 가격은 매수 당시에는 몰라야 하며 정해서도 안 된다. 매도 가격은 해당 종목이 스스로 알려줄 것이다. 고점을 확인한 후에 말이다. 매수자는 고점을 찍고 몇 퍼센트 꺾였을 때라는 매도 기준만 정하고 자동으로 매도되게 시스템 설정만 바꾸면 된다. 바로 TS 매도 이론대로 말이다.

떨어지는 종목은 즉각적인 매도 외에 최선이란 없다. 첫 손실에서 머뭇거리거나 작은 손실에서 과감하게 자르지 못하면 나중에는 반 토막이 나도 팔지를 못한다. 이것이 매도 기준이 절대적으로 필요한 이유이다. 통상 당일 거래자의 경우 3% 정도 하락하면 잘라야 한다. 이때도 손실 기준을 매수가 대비 하락폭으로 정하기보다는 고점 대비 하락폭, 즉 TS 매도로 정하는 것이 훨씬 효과적이다. 그 이유는 TS 매도 기준으로 3%를 설정했더라도 반드시 3%를 잃는 것이 아니기 때문이다. 잃더라도 반등 강도에 따라 1%, 혹은 2%를 잃을 수 있는 것이다.

상승 탄력이 강한 종목은 매수와 동시에 고점이 올라가면서 손절 라인도 함께 올라간다. 하락할 때를 대비한 TS 매도 3%이지만 이익도 동시에 고려한 매도 기준이란 얘기다. TS 매도는 하나의 매도 기준으로 이렇듯 손실과 이익을 동시에 만족시킨다. 만약 TS 매도 3%를 설정했을 경우, 반등이 강해서 한 번이라도 매수 가격 대비 3%를 넘으면 이제 손실은 결코 발생할 수 없다.

TS 매도의 이런 장점 즉, 주가의 탄력이 강하면 매수와 동시에 주가도 올라가고 자연히 매도 기준도 올라간다는 장점은 실전에서 매우 중요하게 활용된다. 매수와 동시에 TS 매도 기준이 올라갈 종목, 즉 가장 강한 종목을 매수 대상으로 삼아야 한다는 뜻이다. 매수와 동시에 당장 오를 주식 말이다. 이런 강한 종목은 상승 탄력(출렁거림)에 의해서 고점이 순간적으로 1~2% 올라가는 경향이 있어 TS가 걸려도 거의 잃지 않는다.

결론적으로 손절과 이익 실현, 이 둘을 동시에 만족하는 매도 이론은 TS 매도가 유일하다. 고점 대비 하락폭을 기준으로 하기 때문에 자신이 정해 놓은 손실 폭 이상으로 잃을 수 없도록 자동으로 제어된다. 이런 장점은 자신이 설정해둔 TS 매도 기준(폭) 미만의 조정으로 상승세를 이어갈 때 더욱 위력을 발휘한다. 이땐 정말이지 얼마의 수익을 낼지 그 누구도 알 수 없을 정도로 이익이 극대화된다.

마지막으로 TS 매도 대상 종목을 살펴보자. 결론부터 말하면 TS 매도는 변동성이 크면서 상승 탄력이 좋은 종목을 대상으로 거는 것이 좋다. 소위 급등주가 가장 이상적이란 얘기다. 장대양봉, 점평양봉, 1등 테마 대장주 등등 당일 혹은 익일 상한가가 예상되는 종목이 최상이다. 참고로 평소 변동성이 낮고 움직임이 무거운 종목은 박스권 움직임이 많다. 이런 종목에 TS 매도를 적용하면 매매 타이밍을 자주 잡는데 거래 비용을 감안하면 비효율적이다. 이런 종목은 TS 매도를 이용하기보다는 이평선을 기준해서 수동으로 매도하는 것이 훨씬 유리하다.

이상적인 TS 매도 장세는 강세장이다. 강세장은 주가가 20일선, 60일선을 동시에 지지받고 상승하는 경우를 말한다. 이런 장세는 상한가 출현이 많아서 다소 공격적으로 거래할 필요가 있다. 통상적으로 TS 매도 폭은 2.5~3.5%가 적당하다.

### · TS 매도 대상

① **세력 음봉**: 전일 상한가 출현 종목 중에 금일 거래량이 감소한 음봉이 출현하면 그 대상이다. 흔히 이런 음봉을 세력이 물린 음봉, 아군의 음봉으로 부른다.

세력이 아직 이탈하기 전인 경우가 많아서 당일 저가 매수세가 활발하게 유입되는 패턴이다. 금일의 강한 반등은 물론 내일의 양봉까지 기대가 가능한 급등의 한 유형이다. 추가 하락 가능성도 낮고 그 폭도 크지 않기 때문에 TS 3% 정도 설정하고 공략 가능하다.

②역망치형: 역망치형 종목은 장 중 한때 장대양봉이 출현했을 정도로 강했던 종목이다. 비록 고점에서 크게 밀린 패턴이지만 위꼬리가 나온 배경이 세력의 이탈이 아니라 지수 하락에 의한 것이라면 지수 반등 시 재차 장대양봉으로 바뀔 공산이 크다. 지수 터닝점을 노려 눌림목 매수로 접근해야 한다. 만약 역망치형에서 그대로 마감할 경우, 익일 위꼬리 부근에 점핑양봉이 출현하면서 급등 패턴의 완성이 나올 가능성이 크다.

③상한가 7부: 상한가를 향해 달려가는 종목으로 상한가 예상 1순위의 종목이다. 상한가라는 목표가 있기 때문에 3% 정도의 손실은 각오하고 배팅해야 한다. 만약 시초가에 2~5% 정도 갭상승으로 출발해서 현재 10%를 통과하는 종목이라면 TS 매도를 걸고 배팅하기에 딱 좋다. 만약 TS 매도 대상 중에 가장 좋은 종목을 하나 꼽으라면, +10%를 막 넘은 종목을 꼽겠다. 이 종목이 바로 상한가 7부 대상이다.

④첫 상한가: 개장 후 1시간 이내에 첫 상한가 진입하는 종목은 TS 매도를 걸고 매수할 만하다. 특히 개장 후 30분 이내에 첫 상한가 진입하는 종목은 급등주일 가능성이 매우 높다. 상한가 진입 시점을 노려 적극적으로 따라붙어야 한다.

물론 TS 매도로 손실 폭을 제어한 후 매수해야 한다. 상한가 종목은 상한가가 무너진 경우 TS폭을 5% 정도 다소 깊게 주는데, 이 정도의 손실은 충분히 감수할 수 있을 정도로 재상한가에 진입할 확률이 높기 때문이다.

# 8

# 고스톱 이론:
## 패가 나쁘면 쉬고, 쓰리고 상황이면 절대 멈추지 말라

**혹시** 고스톱을 순전히 운이라고 생각하는가? 물론 운이 크게 작용하는 것은 사실이다. 뒷패가 무엇이 나올지는 순전히 운의 문제이니 그렇다. 그러나 돈을 잃고 따는 것은 뒷패에 달린 것이 아니다. 게임을 계속할지 멈출지, 멈춘다면 어디서 멈출지 여기에 달렸다. 운이 아니라 확률과 결단력이 좌우한다는 말이다.

고스톱을 쳐보면 초보자들은 3점에 스톱하기 바쁘다. 당연히 쓰리고를 들어가도 좋을 최고의 패를 갖고도 말이다. 다 마음이 불안하기 때문이다. 반면에 당할 때는 쓰리고에 피박으로 왕창 두들겨 맞는다. 노련한 상대편은 본인처럼 3점에 결코 멈추지 않는다. 필자가 경험한 바에 의하면, 고스톱 판에서 초보자가 운 좋게 돈을 따는 경우는 있어도 (초보자의 행운) 소심한 사람이 돈을 따는 경우는 드물다. 초보라도 쓰리고를 아무렇지 않게 들어가는 배포 큰 사람은 돈을 땄지만 소심한 사람은 거의 예외 없이 잃었다. 배팅력이 약하니까 조금 먹고 크게 잃었다. 딸 땐 3점 따고, 잃을 땐 쓰리고에 피박을 쓰는 식이다.

주식 투자는 고스톱과 매우 흡사하다. 증시 주변 상황이 여의치 않으면 쉬는 것이나 패가 나쁘면 죽는 것이나 맥락이 같다. 강세장이 오면 끝까지 홀딩하면서 이익을 극대화하는 것은 고스톱에서 쓰리고에 피박을 씌우는 것과 같다. 고스톱 판에서 소심한 사람이 결국 다 잃고 말듯이, 주식 판에서도 소심한 투자자는 매매 횟수에 비례해서 돈을 잃는다. 많이 잃고 적게 버는, 소심한 거래의 결과는 고스톱이든 주식이든 다 같게 마련이다. 앞서도 잠시 언급했지만 개인이 성공하지 못하는 이유는 딱 2가지 심리 때문이다. 상승하면 빨리 팔게 만드는 이익확정심리, 그리고 하락하면 홀딩하게 만드는 본전회복심리. 이들 모두 쪽박을 차기에 딱 좋은 심리다.

먼저 본전회복심리를 보자. 이 심리를 필자는 '고래힘줄심리'라고 부른다. 주가가 하락할 때 나타나는 심리다. 미국의 행동경제학자 마이어 스탯먼은 이런 현상을 '본전을 찾으려는 기질적 성향'에서 나온 '기질 효과'라고 부른다. 기질 효과 때문에 투자자들은 손실 종목을 잘라주지 못하는 것이다. 손실은 이익과 달리 무척 고통스럽고, 한편 잃은 주식은 무척이나 아깝게 여겨진다. 본전 가격대 밑에서는 절대 팔지 못하는 이유가 여기에 있다. 그러나 기억해야 할 것은 주식 시장은 투자자들의 이런 감정에 아무런 관심을 보이지 않는다는 사실이다. 본인만 애가 탈 뿐 시장은 항상 추세를 이어가려 한다.

재미있는 사실은 본전회복심리가 심하게 작용하는 종목은 대개가 가치주 관점에서 접근한 종목이다. 가치주 관점에서 매수한 종목은 대부분 저평가된 종목이다. 문제는 저평가 종목은 떨어지면 더욱더 저평가 종목이 된다는 사실이다. 매수와 동시에 잃더라도 완전하게 바닥을 찍기 전까지 결코 팔 수 없는 것이다. 하여 필자는 손해보고는 절대 팔지 않는다는 의미에서 고래힘줄심리라고 부른다. 그러나 본전 가격대에 이르면 고래힘줄은 고무줄보다 부드러워진다. 대량 매물이 쏟아진다. 그래서 매물벽이란 것이 생기는 것이다. 참고로 매물벽은 본전회복심리가 모여서 만들어진 벽이다. 본전에 이르렀기 때문에 매물이 쏟아지는 것이고, 주가는 그 벽을 넘지 못한다. 2009년과 2010년, 지수가 1700P에만 다다르면 펀드 환매가 쏟아지는 이유도 같은 맥락이다.

이익확정심리는 소심함으로부터 비롯된 심리다. 이 심리를 필자는 '냄비심리'라고 한다. 주가가 상승하면 즉시 나타나는 심리로서 언제 떨어질지 몰라서 무척이나 조급해한다. 이익을 굳히고 싶은데 다시 토해낼까봐 전전긍긍이다. 작은 이익에 만족하고는 물량을 팔고 마는 이유다. 앞서 드라이브 이론에서 배웠다시피 소위 대박은 결코 작은 이익의 합산이 아니다. 한 번씩 찾아오는 큰 장에서 얼마나 크게 챙겼느냐, 여기에 달렸는데 이익확정심리 때문에 매번 적은 수익을 내고 만다. 2005년 현대중공업을 잡고도, 2009년 기아차를 잡고도 10~20%밖에 수익을 못 내고 나오는 이유가 바로 이 냄비심리 탓이다. 이건 전략의 실패이자 거래철학의 부재다.

본전회복심리는 고스톱으로 비유하면 소위 '열고(열 받아서 무조건 고~를 외치는 상태)'를 외치며 판을 못 접는 상태다. 모든 게임이 그렇듯이 많이 잃었을 경우 속도를 조절하거나 아예 판을 접기도 해야 한다. 고스톱 한 번치고 말 것이 아니지 않는가. 뭔가 잘못되고 있을 땐 멈출 줄 알아야 선수다. 패가 안 좋으면 죽어야 하고, 죽을 수 없는 상황이면 피해를 줄여야 한다. 그런데 돈을 잃으면 그저

열 받아서 고만 외칠 뿐이다. 그것이 본전회복심리다.

이익확정심리는 고스톱으로 비유하면 3점 따고 만족해서 스톱하는 심리와 같다. 쓰리고가 가능할 정도로 압도적인 판인데도 싹쓸이 당할까, 설사 당할까 혼자서 고민고민이다. 이건 경험 미숙도 있지만 확률에 약하고 배팅력이 약하기 때문이다. 모든 게임이 다 그렇지만 게임의 목적은 승리에 있다. 이기기 위해서는 확률에 강해야 하고 강한 배포가 필요하다. 10번의 3점을 주더라도 단 한 번의 기회에서 쓰리고에 피박을 씌울 수 있는 그러한 배포 말이다. 이익을 확정짓는 게 아니라 끝까지 굴리는 배포, 이것이 진정한 배팅력이다.

결론적으로 주식 투자 성공의 비밀은 아래와 같다.

이익 확정 금지! 이익은 중간에 멈추지 말고 최대한 굴려라!(이익 유지)
본전 회복 포기! 본전 가격대 기다리지 말고 추세를 이탈하면 즉각 팔아라!(손실 확정)

참고로, 고스톱이든 주식 투자든 모든 승부는 다 같다.

적게 잃고 많이 버는 것, 이것이 트레이딩의 궁극적인 목표이다. 그러기 위해서는 의심나면 진입하지 않고, 수익이 나면 멈추지 않는다는 나름의 거래 철학이 있어야 한다. 불필요한 거래, 완전하지 않는 확률에서 거래를 최대한 자제해서 실수를 최소화해야 한다. 이와 같은 위험 관리의 중요성과 트레이딩 심리는 포커 게임에서도 잘 나타나고 있다. 잠시 프로겜블러인 이윤희 씨가 『웃고 가는 포커, 울고 가는 포커』에서 주장한 포커 철학 몇 가지를 들여다보며 주식 투자와 연관성을 짚어보자.

① 탐욕은 패배자의 벗이다. 탐욕이 승자를 패배자로 바꾼다. 따고 일어날 줄 아는 사람이 훌륭한 겜블러이지만, 잃고도 홀연히 일어날 줄 아는 사람이 더욱 훌륭한 겜블러이다: 주식 투자에서 욕심은 이성을 마비시킨다. 큰 것 '한 방'을 위해 미수를 동원해 풀배팅을 하거나 빚을 내어 물타기를 감행한다면 트레이더로서의 생명은 조만간 끝이 난다. 롱런을 위해선 절제를 배워야 한다. 아울러 담백한 승부를 즐겨야 한다. 수익이 넘치면 계좌에서 자금을 인출, 스스로 자금 관리도 해야 하고, 손실이 발생하면 즉각적인 손절매를 통해 손실을 최소화해야 한다. 그리고 다음 기회를 노려야 한다. 이것이 고수 마인드다.

② 포커 제1원칙은 인내다. 가장 많이 죽는 사람이 이긴다: '충분히 참았다고 생각한 데서 다시 한 번 더 참아라' 이것이 트레이딩 심리 교육을 할 때 필자가 종종 쓰는 말이다. 자신이 정한 규칙에 딱 들어맞는 시점이 오기 전까지, 어떠한 의심도 없는 완전한 타이밍이 탄생하기 전까지 참고 또 참아야 한다. 고스톱도 패가 안 좋으면 죽는 게 상수 아닌가. 트레이딩도 마찬가지다. 참는 만큼 실수도 줄어든다. 승산 없는 거래는 안 한다는 그런 각오, 이것이 승자의 법칙이다.

③ 안 되는 날, 일찍 포기할 수 있는 사람이 최고수다: 두 번 연속 거래에 실패하면 그날은 매매를 접어야 한다. 이런 날은 마음의 평정을 잃고 복수심이 개입된 거래로 흐르기 십상이다. 소위 '열고'를 외치는 단계가 된 것이다. 이 단계가 되면 손실 만회에 대한 욕심으로 무리한 포지션만 고집한다. 자연히 '손절매' 기준이 사라진다. 내일은 내일의 태양이 뜨는 법, 시장 또한 내일도, 모레도 쉬지 않고 열린다. 주식 투자 평생한다는 마음으로 손실 포지션을 과감히 정리, 손실을 확정지어야 한다.

④ 자존심 때문에 끝까지 따라가서 2등으로 지는 것이 최악이다: 자신

의 실수는 즉시, 그리고 완벽하게 인정해야 한다. 주식 투자뿐만 아니라 어떠한 업을 하든지 최고가 되기 위해선 그래야 한다. 시장이 잘못된 것이 아니라 자신의 견해나 포지션이 잘못된 것이다. 남 탓, 시장 탓할 필요가 없다. 자신만 인정하고 빠져 나오면 그만이다. 모름지기 트레이더는 스스로에게 배신을 잘해야 한다. 자신의 견해나 포지션을 끝까지 고집하기보다는 과감하게 뒤집을 수 있어야 한다. 포지션을 접지 못하고 고집을 부리다가 손실을 키우는 것이 최악이다. 내키진 않겠지만 시장은 항상 옳다고 믿어라.

⑤ **상대가 강자라는 걸 알면 싸움은 일단 피해라**: '내 상대편의 포지션도 옳다'라는 유연한 마인드가 필요하다. 특히 외국인이나 기관의 포지션은 절대적으로 옳다고 믿어라. 그리고 그들과 포지션을 맞춰라. 그들이 시장의 주인이다. 간혹 이걸 인정하지 않으려는 전문가나 트레이더가 있다. 자신만의 이론으로 무장하면 그들을 이길 수 있다고 큰소리를 뻥뻥 친다. 참으로 가소로운 얘기다. 외국인과 기관들은 시장의 주도 세력이다. 시장의 주인인 것이다. 무슨 기법이나 정보로 이길 수 있는 대상이 아니다. 그들의 견해나 포지션을 파헤치거나 비판하지 말고 그냥 따르는 게 상책이다. 아울러 시장의 방향이 내 포지션과 반대인 경우도 피해야 한다. 시장은 결대로 들어가야 한다. 파도를 타듯 부드럽게 흐름을 타야 한다.

포커와 트레이딩은 서로 다른 영역이다. 그러나 해당 영역에서 고수의 경지는 서로 통하는 모양이다. 아마도 '다양한 경험'의 축적과 '확률'에 근거한 배팅을 해왔기 때문이리라. 포커 고수들은 트레이더들과 마찬가지로 철저히 확률에 따른다. 확률에 따라 배팅 시점과 배팅액을 조절한다. 확률이 높은 쪽에 승부를 걸고, 원치 않는 흐름으로 진행되면 승부를 즉시 접는다. 이것이 고수들의 생존 마인드다. 희망과 행운은 아예 기대도 않는다. 여기에 기대고 승산 없는 게임을 하는 아마추어와는 승부에 대한 철학부터 다르다. 고수가 되고 싶은가. 그렇다면 지금이라도 대단한 결심 몇 가지를 제안한다.

폼만 잡는 트레이더가 되지 않겠다는 결심!
자신만의 수익 모델을 꼭 만들겠다는 결심!
불리한 확률에서 절대 배팅하지 않겠다는 결심!
이익이 났을 때 중간에 절대 판을 접지 않겠다는 결심!

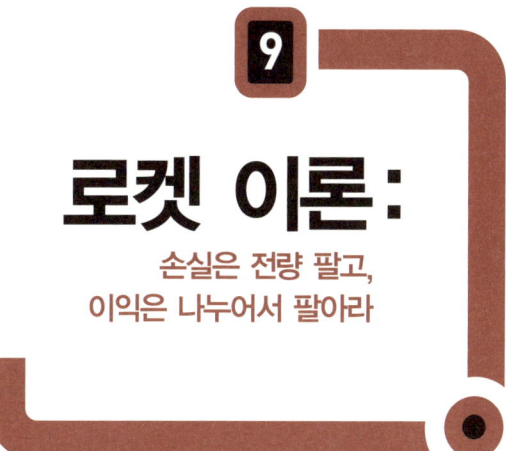

# 로켓 이론:
### 손실은 전량 팔고, 이익은 나누어서 팔아라

로켓 이론을 만든 배경은 이익확정심리 때문이다. 앞서 이익확정심리는 주가가 상승하면 나타나는 심리로서 소심함으로부터 비롯하는 심리라고 했다. 마음이 불안하니까 상승을 즐기지 못하고 팔게 되는 것이다. 문제는 이익을 다시 토해낼까봐 전전긍긍하다가 보유 물량의 전량을 팔고 만다는 것이다. 추세가 살아 있는 종목의 끝을 보지 못하고 물량의 일부도 아닌 전량을 매도한다는 것이 사실 얼마나 아까운가. 조금만 더 참았으면, 아니 물량의 절반이라도 갖고 있었으면 하는 후회를 훗날 분명 한다.

항상 급한 불은 끄고 봐야 한다. 배가 몹시 고플 땐 식사 전에 과일을 한 쪽 먹는 게 좋다. 과일이 없다면 냉수라도 마셔서 허기를 달래주는 것이 좋다. 이것이 급한 불을 끄는 요령이다. 안 그러면 음식에 대한 욕구가 워낙 강해서 폭식하고, 결국 위를 다친다. 급한 불을 꺼야 하는 것은 주식 투자에도 해당되는 이야기다.

자신의 보유 종목이 크게 상승하면 매도 욕구를 강하게 느낀다. 바로 이익확정심리가 머리를 들고 이것이 급한 불이 된다. 중간에 이런 심리에 휘둘리면 거의 대부분 팔고 만다. 그것도 전량을 말이다. 이익이 났을 땐 무조건 버티라고 해보지만 매도의 욕구가 워낙 강해서 소용이 없다. 그렇다면 이런 강렬한 욕구를 약간은 희석시켜줄 필요가 있지 않을까. 배가 고플 때 약간의 수분을 섭취해서 배고픔을 희석시켜주듯이 주가가 상승하면 약간씩 나누어서 매도하는 식으로 말이다.

간혹 언론을 통해서 로켓 발사 장면을 본적이 있을 것이다. 발사 직전 로켓의 위용은 실로 대단하다. 북한의 대포동 2호의 경우 길이가 무려 32미터에 육박한다. 그러나 정작 로켓의 핵심인 머리 부분의 탄두는 3미터, 전체 로켓 길이의 십분의 일에 불과하다. 3미터의 탄두를 목표물까지 보내기 위해서 29미터나 되는 연료통이 필요한 것이다.

로켓이 연료통을 하나씩 벗으면서 빠른 속도로 날아가는 모습을 보면 필자는 주식을 떠올린다. 이상적인 주식, 소위 급등주는 로켓과 같은 흐름, 즉 덩치를 줄이면서 급등해야 한다는 생각이다.

로켓은 이륙 시점에 연료통의 에너지 중 가장 많은 양을 쓴다. 급등주 또한 상승 초입에 가장 큰 자금을 소요한다. 대개의 급등주들이 상승 초입에 거래량이 급증하는 이유다. 만약 로켓이 이륙과 동시에 꼬리에 붙은 연료통을 버리지 않으면 어떻게 될까. 과연 목표물까지 장거리 비행을 하거나 대기권을 벗어날 수 있을까. 아마도 무거운 덩치로 인해서 대기권을 벗어나기도 전에, 목표물에 채 도달하기도 전에 추락하고 말 것이다. 멀리가기 위해서 덩치를 줄이는 것은 선택이 아니라 필수다.

주식 투자에서 급등주를 끝까지 보유하려면 로켓과 같아야 한다. 급등주를 온전히 먹기 위해선 로켓처럼 무거운 꼬리를 조금씩 떼어내면서 끝까지 들고 가야 한다. 상승폭에 비례해 물량을 줄여 나가야 오랫동안 주식을 보유할 수 있고 상승의 끝을 볼 수 있다.

필자는 지금껏 분할 매도를 강조할 때마다 로켓 이론을 예로 든다. 특히 이익이 난 종목은 더욱 그렇다. 손실이 발생한 경우에는 전량 매도를 하는 것이 정석이지만 이익은 무조건 나누어 팔아야 한다. 한 번 이익이 난 종목은 얼마나 더 상승할지 그 끝을 알 수 없기 때문이다. 사실 아마와 프로의 차이는 여기서 결정난다. 장담하건대 한 방에 사고 한 방에 파는 스타일의 투자자, 고수 같고 멋있긴 해도 돈은 절대 못 번다.

다들 경험해서 알다시피 대개 개인 투자자들은 매도 타이밍이 정말 빠르다. 특히 이익 구간에서 그러한 경향은 더욱 두드러진다. 물론 추세가 무너진 종목, 메이저들이 집중적으로 던지는 종목은 그래야 한다. 그러나 이런 종목은 또 매도가 늦다. 주가가 떨어지고 있어서 본전회복심리가 작용하기 때문이다. 아이러니가 아닐 수 없다. 사실 모든 종목을 의무적으로 빨리 팔 필요는 없다. 그런데도 빨리 팔 수 밖에 없는 이유가 있다. 그것이 뭘까? 혹시 다른 사람이 자신보다 먼저 팔까봐 두려운 것이 아닐까?

실제 트레이딩을 해보면 작은 이익이라도 챙겨야 되겠다는 생각이 들 때가 많다. 순환매가 빠른 장세에서 욕심을 부렸다가 이익폭을 모두 토해낼 땐 더욱 그렇다. 그러나 문제는 이런 작은 거래 전략으로는 수익이 결코 안 난다는 사실이다. 예기치 않은 급락 구간에서 개장과 동시에 크게 잃는 날은 숱하게 많고, 한 달 간 수익을 잘 올리다가 매매가 꼬이면서 하루 만에 그동안의 수익을 몽땅 토해내는 경우도 부지기수인 것이 바로 트레이딩 시장이다. 반복해서 강조하지만 적게 벌고 많이 잃어서는 하나마나한 게임이 주식 투자다. 싸움에 이기기 위해선 작은 매를 맞더라도 큰 주먹을 날릴 수 있어야 한다. 역설적으로 한 번씩 크게 수익을 낼 수 있으면 작은 손실은 감내해야 한다.

사실 이익을 적당한 선에서 잘 챙기는 것도 트레이더의 역할이다. 그런데 그것이 생각처럼 쉽지 않다. 간혹 이익을 챙긴 종목이 팔고 난 이후에 급등해서 사람 속을 박박 긁기도 한다. 그런데 곰곰이 생각해보면 이런 결과는 수급적으로 당연한 것이 아닐까. 자신에게 수익을 준 종목치고 어디 나쁜 종목이 있었던가. 이런 종목이 대부분 강한 종목이고 크게 벌었어야 할 종목이 아닌가.

결국 크게 승부해야 할 종목은 고작 2% 얻고 나오고, 반드시 잘라줬어야 할 종목은 10% 이상 크게 잃는다. 이런 결과는 모두 다 매도의 차이에서 비롯한다. 조금 벌고 왕창 깨지는, 이런 고질적인 문제점은 진즉부터 분할 매도에서 해결책을 찾았어야 했다.

매수도 그렇지만 이익 실현도 나누어서 파는 것이 정답이다. 이유는 앞서 언급했듯이 불안감 해소에 있다. 얼마라도 챙겼으니 나머지 물량은 갈 때까지 가보자 하는 배포가 생긴다. 이런 배포에서 대박이 터진다. 실제로 대박은 마지막 보유 물량에서 터진다. 물량 전체를 들고는 절대 맛보지 못할 급등을 통째로 잡는 것이다. 이것이 다 분할 매도를 통해 갈증을 해소했기 때문이다.

로켓은 꼬리에 붙은 연료통을 버려야 이륙은 물론 목표물까지 날아갈 수 있다. 같은 맥락에서 급등주는 보유 물량을 줄여야 급등의 끝을 볼 수 있다. 정말 그런지 궁금하면 내일 당장 보유 종목에 이익이 생기면(10% 이상) 30%만 이익을 챙기고 봐라. 불안했던 심리가 이익을 얼마 챙겼다는 생각에 즉시 안정을 찾을 것이다. 남은 물량은 '까짓것, 갈 때까지 가보지 뭐!' 하는 배짱이 생길 것이다.

결론적으로 로켓이 목표물을 향해 멀리 날아가려면 꼭대기에 있는 머리 부분만 날아가듯이, 여러분의 계좌엔 이익을 크게 주고 있는 종목의 일부 물량은 반드시 남아 있어야 한다. 나중에 '잽 이론'에서 다시 거론하겠지만 데이로 접근했다가 이익이 난 종목은 스윙으로 자연스럽게 전환해야 한다. 이때 로켓 이론이 필요한 것이다. 간단하지만 이것이 대박의 비결이다.

한편 데이 관점에서 매도 타이밍은 대략 여섯 가지 정도다.

먼저, 관련 테마나 업종의 대장이 꺾였을 때, 그리고 코스피지수가 꺾였을 때, 메이저들의 매물이 나왔을 때, 상승 탄력이 떨어지면서 고점 대비 3% 정도 밀렸을 때, 시초가를 이탈했을 때, 마지막으로 3~5% 이익이 났을 때 기계적으로 이익을 챙기는 것이다. 이때 분할 매도 회수는 통상 2~3회가 적당하지만 잘게 나누는 데 소질이 있는 트레이더의 경우 3~5회도 무방하다. 한 가지 주의할 점은 앞에서도 밝혔듯이 이익 실현은 분할 매도지만 손해가 난 경우는 전량 매도로 확실하게 끊어줘야 한다는 점이다. 자신이 정한 손절 라인에 도달한 경우, 본전회복심리를 버리고 전량을 팔아야 한다. 물론 손실도 나누어서 팔다보면 전량을 매도했을 때보다 결과가 좋을 때가 있다.

# 치킨 게임 이론:
**승자가 시장을 독식한다**

**치킨 게임이란** 1950년대 미국 갱단 사이에서 유행하던 게임 이름이다.

간혹 미국 영화나 TV를 보다보면 좁은 길에서 자동차 2대가 서로를 향해 격렬하게 달리며 담력을 겨루는 게임이 있는데 그것이 바로 치킨 게임이다. 이때 겁이 나서 운전대를 먼저 꺾는 사람이 진다. 물론 두 사람 모두 끝까지 핸들을 꺾지 않으면 충돌로 이어진다. 그땐 게임을 벌인 두 사람이 모두 죽고 서로에게 최악의 게임이 된다.

대개의 경우, 충돌 직전에 누군가는 핸들을 꺾고 그는 패자가 된다. 물론 패자는 그 지역을 떠나야 한다. 대신 승자는 포기한 패자의 지역과 권리를 함께 차지한다. 치킨 게임은 이렇듯 승자와 패자가 분명히 갈리는 가장 잔인한 게임이자 생존을 건 단 한 번의 승부다.

기업 간 치킨 게임도 갱들의 치킨 게임과 별반 다르지 않다. 기업의 생존을 건

치열한 전쟁으로 패자는 시장의 모두를 빼앗긴다는 측면에서 가장 잔인한 승부이다. 최근의 기업들은 가혹한 환경에서 살아남기 위해 거의 매일 전쟁을 벌인다. 특히나 시장이 크고 기업 환경이 악화될수록 치킨 게임은 분초를 다툴 정도로 더욱 치열해진다. 자연히 패자는 나올 것이고 패한 기업은 시장에서 완전히 도태되고 만다. 물론 생존 경쟁에서 살아남은 승자는 패자의 시장까지 합한 큰 시장을 독식할 수 있다. 아울러 경쟁에서 탈락한 기업을 헐값에 사드리는 덤도 누린다.

국내 시장에서 본격적으로 치킨 게임이 알려진 계기는 미국의 서브프라임 사태 이후 반도체 시장의 싸움에서 비롯한다. 2007년 서브프라임으로 촉발된 금융위기가 2008년 리먼 브라더스 사태로 이어지자 고사 직전에 있던 반도체 기업 간에 치킨 게임이 치열하게 벌어졌다. 2009년에 접어들어 시장 점유율 10%로 반도체 서열 5위였던 독인의 키몬 사가 파산하고, 잇따라 점유율 3~4%대였던 대만의 프로모스와 파워칩이 휘청거렸다. 시장은 줄어들고 경쟁은 치열해지다보니 손해를 보면서라도 경쟁에서 살아남으려고 애를 쓰다 결국은 못 버티고 치킨 게임의 탈락자들이 되고 만 것이다. 그러자 이틈을 노려 삼성전자와 하이닉스가 시설 투자에 올인했고 세계 D램 반도체 시장을 사실상 장악했다. 그들은 국가 간의 글로벌 공조를 믿었고 저금리 기조 이후 반도체 시장의 미래를 읽었던 것이다. 그리고는 치킨 게임에 모든 것을 걸었다. 당시에 우려도 많았지만 지금 생각해보면 참으로 멋진 승부였다.

서브프라임 이후 세계 반도체 시장은 치킨 게임에 올인한 삼성전자와 하이닉스의 예상대로 흘러갔다. 2009년 하반기부터 세계 경기는 풍부한 유동성과 저금리 기조 덕분으로 급속히 회복되었다. 삼성전자와 하이닉스는 치킨 게임의 승자가 되었고 2010년 상반기에 두 기업 모두 반도체 분야 사상 최대 실적을 거뒀다. 아울러 D램 반도체 시장 점유율도 크게 상승해서 삼성전자 40%, 하이닉스 20%로 12%대에 머문 일본의 엘피다와 미국의 마이크론을 크게 상회했다. 삼성전자는 여기에 만족하지 않고 다시 한 번 치킨 게임을 벌일 태세다. 2011년까지 반도체, LCD에 무려 26조를 투입, 사상 최대 투자를 단행한다고 발표했다. 삼성전자는 치킨 게임에서 지금껏 승자였다. 이미 시장을 선점한 상태라 이번에도 그럴 것으로 믿는다. 그렇다면 관련 수혜주인 케이씨텍(세정장비인 CMP 생산), DMS(드라이 에처), 그리고 아이피에스와 합병한 아토 등에 대한 관심이 그 어느 때보다 필요한 시점이다.

잠시 선물 시장 이야기를 해보자. 치킨 게임을 매일 구경하고 싶으면 선물 시장을 보면 된다. 선물 시장은 힘의 균형이 매우 중요하다. 시장의 방향성이 불확실한 경우, 선물 세력들은 매수 매도 간 힘의 균형을 유지하려 애쓴다. 한마디로 무리하지 않는다. 그러나 이런 상태로 장시간 끌고가면 서로에게 득이 없다. 선물은 장기 투자를 하는 곳이 아니지 않은가. 게다가 제로섬 게임이라서 참여자 모두가 행복을 얻는 시장이 아니다. 웃는 자의 숫자만큼 우는 자가 나와야 성립하는 시장이다. 결론적으로 반드시 자신의 포지션과 반대의 포지션을 굴복시켜야만 거기서 수익이 나오는 것이다. 어느 시점엔가 합의를 깨고 치킨 게임을 벌려야 한다. 힘의 논리로 상대편을 굴복시켜서 포지션을 접게 만드는, 즉 청산을 이끌어 내야만 목적을 달성하는 것이다.

선물 세력은 합의와 배신을 밥 먹듯이 한다. 비추세 구간에선 힘의 균형을 유지하려 애쓴다. 방향성이 모호한 경우 소위 눈치 장세를 펼치는 것이다. 암묵적인 합의다. 그러나 비추세 구간의 평화는 오래가지 못한다. 반드시 평화를 깨는 세력이 나오기 때문이다.

개인 선물 세력은 개장 시점에 비추세 구간을 만드는 경향이 있다. 무슨 말이냐 하면, 미 증시 마감 결과와 반대로 포지션을 잡아서 국내 지수를 박스권으로 만드는 것이다. 예를 들어 미 증시가 상승으로 마감하면 동시호가부터 매도로 포지션을 잡아 코스피지수를 누른다. 지수 음봉이 나오면서 비추세 구간인 박스권이 잠깐 만들어지는 것이다. 미 증시가 하락으로 마감하면 이땐 출발부터 매수로 포지션을 잡는다. 박스권의 저점이 만들어지는 것이다. 이런 시나리오 전략은 시장 참여자들의 심리와 잘 맞아 떨어져서 오전장 선물 시장에서 수익률은 개인 투자자들이 가장 높은 편이다.

이런 박스권 전략은 오전장에는 대략 잘 맞는다. 우리가 현물 투자를 미 증시 마감 결과와 반대 포지션으로 잡아야 하는 이유도 다 여기에 있다. 개인 선물 세력들은 부지런하고 단타 성향이 강해서 개장 동시호가부터 대량 주문을 넣는다. 외국인과 기관에 비해서 포지션 진입이 적극적이고 시원시원하다. 수익률도 나쁘지 않다. 의외로 박스권 전략의 성공률이 높기 때문에 이런 현상은 계속 이어질 것으로 본다. 사실 개인 세력들만큼 개장 시점에 응집력이 강한 세력은 없다. 초단타에 네이키드 매매만 하기 때문이다. 아무튼 개장 시점의 포지션 신뢰도는 개인 세력이 가장 높다. 주식 투자자들도 개장 무렵은 개인 선물 세력의 포지션을 보고 매매 타이밍을 잡을 필요가 있다.

개인 세력들의 한계점은 오후장에 잘 드러난다. 주로 외국인과 맞상대를 많이 하는데 뒷심 부족으로 굴복당하는 경우가 많다(기관은 경험적으로 봤을 때, 매번 포지션이 형편없다. 기관과 반대 포지션으로 가면 거의 승리한다는 것이 필자의 견해다. 선물 투자든 현물 투자든 기관들의 선물 포지션과 반대로 잡기 바란다). 만약 힘의 균형이 무너지고 추세가 만들어지는 경우 역포지션에 걸린 세력은 큰 피해를 입는다. 특히 장 막판에 추세가 만들어지는 경우, 로스컷 물량이 겹치면서 추세는 더욱 가파르게 진행된다. 치킨 게임의 피해가 심각하게 나타나는 것이다. 부디 2시 30분 이후 장 막판 추세는 인정하고 자신의 포지션을 선물 추세와 맞추기 바란다.

확률적으로 장 막판에 추세대로 진입한 세력이 치킨 게임의 승자가 될 가능성이 높다. 대박은 거의 이들의 몫이다. 장 막판, 추세 방향으로 로스컷 물량이 합쳐지면서 각도가 한층 가파르게 진행하기 때문이다. 이때 끝까지 상대편을 굴복시키고, 손절 물량을 쏟아내게 한 반대편 세력이 치킨 게임의 최종 승자가 된다. 결론적으로 오전장 치킨 게임 승자는 개인 투자자가 차지하는 경우가 많고, 오후장의 치킨 게임 승자는 외국인이 차지하는 경우가 많다. 이런 사실은 지수 흐름을 예측하는 데 매우 중요한 자료이다.

이런 경험을 토대로 트레이더에게 한 마디하면, 종목 흐름보다 지수 흐름을 더 중요하게 생각하기 바란다. 특히 장 막판 추세는 무조건 추종해야 한다. 아울러 지수 하락 추세에는 매수가 없어야 하고, 지수 상승 추세에는 매도가 없어야 한다. 이것만 지켜도 승률은 크게 올라간다. 거의 절대 법칙이라 보면 맞다. 거듭 강조하지만 모든 매매 타이밍은 지수 흐름이 항상 우선이다.

참고로 장 중에 지수 흐름은 아래 지표들이 만든다. 매매 타이밍에 결정적인 지표들인 만큼 종목을 매수하거나 매도하기 전에 아래 변수들을 반드시 체크해야 한다.

① 실시간 니케이지수(국내 지수보다 이격이 +0.5% 이상 높으면 매도 자제)

② 실시간 중국 상해지수(10시 반 개장, 4시 폐장. 조선, 기계, 화학주 직접 영향)

③ 미 나스닥 선물지수(-10P 이하면 매수 자제. +10P 이상이면 매도 자제)

④ 원달러 환율 및 NDF 역외환율(환율 상승하면 매수 자제, 환율 하락하면 매도 자제)

⑤ 외국인 현물 포지션(3일 연속 매수하면 매도 자제, 3일 연속 매도하면 매수 자제)

⑥ 외국인 선물 포지션(5천 계약 이상 매수하면 매도 자제, 반대의 경우 매수 자제)

⑦ 개인 선물 포지션(개장 이후 -3,000계약 넘으면 매수 자제, 그 반대면 매도 자제)

⑧ 기관들 프로그램 물량(차익 물량은 추세를 형성하기 때문에 방향성이 중요)

⑨ 코스피 분차트, 코스닥 분차트(상승 추세에선 매도 자제, 하락 추세에선 매수 자제)

# 독배 이론:
## 주식 시장의 치명적인 유혹, 독배를 고발한다

### 독배① : 편법적인 우회상장

상장은 기업공개(IPO)를 통하는 것이 보통이지만 이런 절차를 피하고 우회적으로 상장하는 방식이 있는데 이것이 우회상장이다. 우회상장은 상장사와 합병이나 주식 스와핑(교환)을 통한 우회상장이 있고, 3자배정 유상증자를 받아서 경영권을 인수하는 방식도 있다. 이런 식의 정상적인 우회상장은 대부분 주가 상승으로 이어진다. 특히 아사 직전의 상장사에 우량한 장외 기업이 우회상장하는 경우, 주가는 급등으로 이어지는 예가 많다. 자금난에 허덕이던 기업에 대규모 자금이 들어오기 때문이다.

우회상장을 받아들이는 기존 상장사의 대부분은 자금 사정이 심각하게 쪼들린 상태다. 우회상장 외에는 기업 회생의 길이 없는 경우가 대부분이어서 시장에는 큰 호재로 받아들인다. 실제로 2009년 주식 시장에서 최고의 황금알은 우회상장이었다. 2009년 상반기 기준, 200% 이상 급등했던 7위권 내 6개 기업이 바로 우회상장 기업이었다. 특히 우회상장의 신화로 꼽히는 인터리츠(현 나노트로닉스)의 경우, 상반기 동안에만 무려 680%나 급등, 상승률 1위를 기록했다. 이렇듯 정상적인 우회상장은 독배가 아니라 축배다.

문제는 유보금이 없는 장외 기업이 3자배정 유상증자를 받아 우회상장을 시도하는 경우이다. 우회상장은 자금을 조달하는 것이 아니라 자금을 지출하는 것인데 유보금이 없다보니 자금 조달을 위해서 편법이 동원되는 것이다. 비상장사가 우량한 경우라면 자체 유보금으로 인수 자금을 조달하기 때문에 편법의 여지가 없다. 문제는 무자본으로 기업을 인수하려고 시도할 때. 명동의 사채시장 등에서 단기 자금을 대여해서 3자배정 유상증자에 참여하게 되는 경우 등이 이에 해당된다. 이런 경우 단기 채무를 갚지 못해 주식을 싼 값에 되팔아야 하는 경우가 발생하기도 하고, 자금 마련을 위해서 무리하게 유상증자를 실시하기도 한다. 이들 모두 주가 급락의 요인이다.

편법적인 자금 조달은 합병 방식을 통한 우회상장에도 나타난다. 상장사가 기존 사업을 물적 분할한 후(스핀오프) 분할한 사업을 통해 비상장사와 합병시키고, 비상장사의 신사업을 영위하는 방식이다. 이때 비상장사가 자금이 부족한 경우, 자신의 신사업 영역을 무기로 유상증자를 실시하고 여기서 거둬들인 자금을 관계사 대여 등의 방식으로 상장사 대주주에게 넘긴다. 사실상 경영권 인수 대금이다. 그런데 이런 자금 집행은 알다시피 불법이다. 신사업 투자를 목적으로 모은 자금을 목적과 다르게 사용해서 회사에 큰 손실을 입혔기 때문에 업무상 '배임'에 해당한다. 만약 허위 투자였다면 '횡령'에도 해당하는 중대 범죄행위다.

합병 시 합병 비율을 유리하게 하기 위한 트릭도 문제다. 만약 비상장사가 상장사의 자회사라면, 게다가 상장사 대주주가 비상장사 지분의 대부분을 보유하고 있다면 문제가 심각하다. 합병 시 최대 수혜주는 기존 상장사의 대주주가 되기 때문이다. 모럴해저드(도덕적 해이)에 빠진 일부 대주주의 경우 합병에 앞서 비상장사인 자회사의 실직을 부풀리고 상장사 실적을 낮춘다. 방법은 간단하다. 자회사를 하나 만들고 그쪽으로 판매 실적을 잡으면 된다. 판매는 비상장사에서 발생하고 상장사는 비상장사에 납품한 대금만 받는다. 자연스럽게 상장사 매출은 감소하고 비상장사 매출은 크게 늘어난다. 합병 시 상장 기업은 기준시가법을 적용하지만 비상장 기업은 자산 가치와 수익 가치를 평균한 본질 가치법을 적용받는다. 자연히 수익 가치를 부풀려서 비상장사 주식의 합병 비율을 유리하게 가져감으로써 최대주주가 단단히 한몫 챙기는 것이다.

위의 경우처럼 만약 우회상장이 계열사끼리의 합병 방식이라면 대주주 지분이 많은지 여부는 반드시 챙겨야 한다. 아울러 실적 부풀리기와 축소가 개입했는지 여부도 챙겨야 한다. 이런 우회상장은 대주주가 자신만을 위한 모럴해저드로써 독배 중의 독배다. 그럼에도 불구하고 우회상장 종목은 무조건 매수하고 본다는 투자자들은 단기 급등 이후, 오랫동안 하락 구간을 각오해야 한다. 어쩌면 상장폐지까지의 추락도 각오해야 할지 모를 일이다.

우회상장의 허점을 노린 '폭탄CB'도 치명적인 독배이다. '폭탄CB'는 합병 전에 비상장사가 대량 CB(전환사채)를 그것도 파격적으로 할인해서 발행하는 것을 말한다. 비상장사가 발행한 CB에는 사모로 발행해도 보호 예수가 없다. 합병 완료 즉시 차익을 실현할 수 있다는 얘기다. 그렇다면 전환 가격을 터무니없이 낮은 상태로 발행한 CB는 합병 이후 즉시 매물로 쏟아질 것이 분명하다. 선량한 주주들이 막대한 피해를 볼 것은 불문가지다.

2010년 3월에 합병을 발표한 CT&T와 CMS의 사례를 보자. 전기차 생산으로 시장에 주목을 받던 장외 기업 CT&T는 CMS와 합병을 발표하기 1년 전부터 4차례에 걸쳐 CB와 BW(신주인수권부사채)를 무려 316억 원어치나 발행했다. 3개월 전에 발행한 CB 규모만 무려 200억 원에 이르렀다. 물량의 규모도 엄청났지만 문제는 전환 가격에 있었다. 합병 발표 당시 산정한 CT&T 평가 금액은 주당 50,900원, 발행한 CB는 주당 20,000원, BW 60억 원은 이보다도 싼 주당 12,500원에 불과했다. 주당 853원으로 평가된 CMS와의 합병 비율 1대 60을 적용하면 CB 전환가와 BW 행사가는 각각 334원, 211원까지 크게 떨어진다. 합병 당시 CMS 주가 수준인 1,835원에 판다고 가정하면 400~600%의 초고 수익이 떨어진다. CB와 BW 투자자들의 특혜를 충분히 의심할 수 있는 대목이다. 이런 이유를 근거로 금감원은 2010년 5월, CT&T와 CMS의 합병 승인을 3차례나 거부했다.

아무튼 위의 사례와 같이 우회상장의 허점을 노린 '폭탄CB'는 독배 중의 독배다. 언젠가는 이런 폐단과 음모를 막기 위해 우회상장 요건이 대폭 강화될 것이라 믿는다. '걸려도 남는 장사'라는 생각으로 선량한 소액 투자자들의 피를 빨아먹는 거머리 같은 증권 범죄자들이 더 이상 발을 못 붙이는 그런 날이 반드시 오리라 믿는다. 그러나 당장은 아니다. 지금 당장 우리가 고민해야 할 것은 우회상장을 진행하는 장외 업체가 고의적으로 전환 가격이 낮은 CB를 발행했을 경우, 과연 슬기롭게 피해갈 것이냐 하는 것이다.

### 독배② : 블록딜의 음모

블록딜은 자사주를 많이 보유한 기업이 한꺼번에 자신의 보유 지분을 넘기는 것을 말한다. 통상적으로 블록딜의 대상은 장기 투자를 선호하는 국내외 기관이 된다. 그들은 주가의 변동 없이 한꺼번에 지분을 살 수 있다는 장점 때문에 평소 거래 수단으로서 블록딜을 선호한다. 장중 거래를 통해 특정 주식을 대량 매집하는 경우 중소형주라면 주가 급등을 불러올 수 있기 때문에 은밀한 블록딜을 선호하는 것이다.

거래 시간은 주로 시간외 거래 방식이나 후장 동시호가를 택한다. 만약 관심 종목의 외인 지분이나 기관 지분이 하루 만에 대폭 늘었다면 차트를 통해서 거래 시점을 찍어봐야 한다. 블록딜일 가능성이 매우 높다. 정상적인 목적의 블록딜인 경우, 장기 투자를 목적으로 한 거래이기 때문에 주가 상승에 크게 도움 된다. 특히 하락 추세에서 대량 블록딜이 일어날 경우, 주가가 바닥일 가능성이 매우 높다. 평소 메이저 동향이 표시된 차트를 통해 대량 블록딜이 일어난 종목을 잡아내야 한다.

기업이 약세장에 확보한 자사주를 시장에 내다파는 것보다 블록딜로 메이저들에게 일괄적으로 넘기는 것이 훨씬 긍정적이다. 그렇기 때문에 대개의 정상적인 블록딜은 크게 걱정할 필요가 없다. 오히려 주가 상승도 기대해 볼 수 있다. 수급적, 심리적 관점에서 주가 하락 요인보다는 상승 요인이 더 많다. 물론 무상으로 주주들에게 환원하는 것보다 낫지는 않겠지만 말이다.

문제는 블록딜에 모종의 음모가 있는 경우이다. 기업의 대주주들이 기관과 짜고 거래를 한 경우이다. 선량한 주주들에겐 심각한 배신 행위지만 목적을 위해

가끔씩 이상한 뒷거래가 있어 왔던 것이 시장이다. 2009년 다날의 블록딜이 한 예다.

　다날은 그해 9월 17일, 외국계 펀드에 100만 주를 시간외 거래로 팔았다고 공시했다. 주당 17,000원에 팔았으니 대략 170억 원을 회수한 셈이다. 문제는 블록딜 이후에 외국인 지분율이 오히려 감소했다는 점이다. 정말 이상하지 않은가. 아무튼 회사 측은 블록딜이 정상적으로 이루어졌으며 다른 외국인이 팔아서 그랬을 것이라고 밝혔다. 그렇다면 다른 외국인은 무려 100만 주 이상을 팔았다는 얘기가 된다. 같은 시기에 말이다. 참으로 이상하지 않은가. 어쨌거나 그들은 100만 주를 주고받았고, 시장은 귀신 같아서 다음 날 다날의 주가는 9%나 크게 빠졌다. 그리고 이틀 뒤인 21일, 다날은 하한가로 급락했다. 미국 휴대폰 결제 시장 진출이 당초 일정보다 늦어졌다고 밝힌 게 표면적인 이유였다(훗날 다날은 정상적으로 미국 이통사 버라이즌에 진출했다). 주가 급락 전에 170억 원이나 회수한 회사와 100만 주 이상 판 외국인들은 귀신같은 타이밍으로 빠져나왔다. 결국 가장 큰 피해자는 블록딜 공시를 믿고 독배를 마신 개미들이 되고 말았다.

　또 다른 블록딜의 음모를 보자.
　사실 블록딜은 기업과 이를 받는 기관들끼리 매매 가격이나 수량을 정한다. 게다가 블록딜의 상대방이 누구인지 밝히지 않는다. 이는 형평성 논리로 봤을 때 불공정 거래에 해당한다. 물론 시장 원리에 어긋나더라도 법으로 보장받고 있기 때문에 합법적이다. 그렇기에 블록딜을 악용하는 사례가 발생한다. 특히 매매가격이 법으로 정한 것이 없기 때문에 자사주의 덤핑 거래가 가능하다는 게 문제다. 자사주는 통상적으로 주가 약세장에서 주가 방어 목적으로 매집하는데 이를 되파는 게 항상 문제다. 쌀 때 사뒀다가 비쌀 때 파는 게 맞지만 주주들의 비난을 받는다. 이를 피할 요량으로 국내외 기관들에게 10% 가량 덤핑으로 팔아넘기는 것이다. 그리고 이를 받은 기관들은 그날 물량의 전부를 시장에 되팔아버린다. 물량이 풀리면서 주가가 떨어져도 워낙 할인폭이 커서 최소한 5% 떼기는 가능하다. 블록딜을 진행한 매매 주체만 좋다. 물론 독배를 마신 쪽은 이를 모르는 개미들이다. 강세장에 이런 블록딜 알선 영업이 성행한다고 하니 이런 음모를 모르고 독배를 마실 개미들을 생각하면 개탄스럽기 짝이 없다.

### 독배③ : 보호 예수의 허점

보호 예수는 최대 주주나 증자에 참여한 기관들, 특정 지인들 등이 일정한 기간 동안 보유 주식을 팔지 못하게 제한하는 제도이다. 특히 3자배정의 경우 지인들이나 특정 세력이 증자에 참여했다가 단기간에 물량을 팔 것을 우려해 1년 간 묶어둔 것이다. 모든 제도가 다 그렇듯이 보호 예수 또한 좋기만 한 제도는 아니다. 해당 기업의 소액 주주들의 입장에서야 참로 반길 일이지만 증자에 참여하려는 세력들이나 지인들의 경우 환금성의 제한으로 곤욕스럽다. 변동성이 가장 큰 주식 시장에 1년을 선뜻 묵혀둘 투자자들이 얼마나 되겠는가. 결국 보호 예수라는 장벽으로 인해 3자배정이 무위로 그치는 예가 실제 많이 발생한다. 사정이 이렇다보니 이런 벽을 깨고 싶은 누군가 제도의 허점을 발견하는 것이다.

바로 주주 배정 유상증자 후 실권주 3자배정 유상증자라는 허점이 그것이다. 실권주에 대한 3자배정 유상증자는 보호 예수가 없다. 보호 예수를 통해 기관들의 대량 매물을 막으려는 취지에서 본다면 이것은 대단한 허점이 아닐 수 없다. 주주 배정을 할 때 할인율을 주지 않으면서 실권주를 의도적으로 만들 수 있으니 말이다.

유상증자는 3가지 형태로 분류한다. 일반 공모 유상증자, 주주 배정 유상증자, 제3자배정 유상증자 이렇게 나뉜다. 유상증자에는 가격 메리트를 주는 것이 일반적인데 일반 공모 증자의 경우 기준가 대비(5거래일 전 주가) 30%까지 할인이 되고, 제3자배정 유상증자는 지인들에게 임의 배정 방식이어서 10%까지만 할인이 가능하다. 주주 배정 유상증자는 2009년 자동법 시행 후 기존 주주에게 부담을 주는 만큼 가격 할인율을 이사회에서 자율적으로 결정할 수 있도록 했다. 즉 유상 가격을 액면가까지 낮출 수도 있고, 할인을 전혀 하지 않을 수도 있다. 여기에서 보호 예수라는 빗장을 풀 해답이 있는 것이다. 주주 배정을 1차로 시도해서 이때 할인율을 주지 않으면서 자연스럽게 실권주를 만드는 것이다. 그 다음 실권주를 3자배정 유상증자를 실시하면 3자배정에 참여한 지인들은 보호 예수라는 빗장 없이 곧바로 처분할 수 있다. 땅 짚고 헤엄치기가 바로 이것이 아닐까.

증자를 성공시키기 위해 남발한 호재를 믿고 고점에서 뛰어든 개미들은 결국 독배를 마신 꼴이 되고 만다. 증자에 참여한 지인들은 주식이 올라갈 때마다 물량을 팔 것이 분명하기 때문이다. 개인들은 증자 물량이 보호 예수로 묶여 있는 줄 알고 호재가 뜰 때마다 마음놓고 따라붙는다. 제도의 맹점을 이용한 세력들이 이미 보호 예수의 빗장을 해체한지도 모르고 말이다.

## 12 레몬 이론:
### 세력들의 역정보에 휘둘리지 말라

'악화(惡貨)가 양화(良貨)를 구축한다.'

이 말은 16세기 영국의 금융가인 토머스 그레셤이 제창한 학설로서 '그레셤의 법칙'이라고 한다. 그는 당시 영국의 여왕 엘리자베스 1세에게 실질 가치가 서로 다른 금화나 은화, 동화를 액면 가치가 동일하게 시중에 유통시킬 경우, 실질 가치가 높은 양화(금화, 은화)는 사라지고 악화(동화)만 남을 것이라고 주장했다. 영국 국부를 늘리기 위해서 실질 가치가 낮은 동화를 이용해 외환 시장을 장악하자는 것이 그 주장의 요지였다. 이 법칙은 이후 화폐뿐만 아니라 사회 현상을 증명하는 데 다양하게 응용되어 왔다. 최근에 '그레셤의 법칙'은 서로 경쟁을 벌이는 것들의 정보가 충분하지 않으면 나쁜 것이 좋은 것을 서서히 밀어 내어 시장에는 결국 나쁜 것만 남는다는 뜻으로 사용한다.

경제학은 물론 사회학에서도 이 점은 심각한 문제다. 화폐 문제는 목적을 가진

정부의 의도적인 정책이 빚은 결과이므로 별개로 치더라도, 자유 경쟁 시장에서 나쁜 물건들이 좋은 물건을 밀어 내고 시장을 장악한다는 것은 심각한 문제가 아닐 수 없다.

이런 문제의 심각성을 따져보기 위해서 미국의 경제학자인 조지 애컬로프가 쓴 논문 「레몬시장」을 통해 정보의 비대칭 그리고 역선택 이론에 대해서 알아보자.

그는 자신의 논문에서 좋은 상품은 맛이 좋은 복숭아로, 겉만 멀쩡한 부실 상품은 쓴맛의 대명사인 레몬이라고 지칭했다. 유명한 관광지에 좋은 음식점이 없는 이유에 대해서, 관광객들은 나쁜 음식점과 좋은 음식점을 가려낼 정보가 부족하기 때문이라고 그의 논문은 말한다. 결국 관광지에는 값비싼 재료를 쓰는 좋은 음식점이 비싼 임대료를 내고 들어설 이유가 없으며, 서서히 뜨내기 여행객의 호주머니를 노리는 나쁜 음식점들만 레몬 냄새를 풍기며 남는다. 달콤한 복숭아는 서서히 자취를 감추고 마는 것이다.

한편 그는 중고자동차 시장에서 가격 대비 쓸 만한 차가 없는 이유에 대해서도 레몬 이론으로 설명한다. 중고차를 파는 사람은 사는 사람에 비해 그 차에 대해서 더 많은 정보를 갖고 있다. 만약 팔 차량이 매우 뛰어나면 중고차 시세대로 팔 이유가 없으므로 특별한 고객에게 팔거나 나중에 돈을 더 받으려고 감춘다. 그 결과 역시 향긋한 냄새의 레몬만 매장에 남는다.

정보의 불균형으로 인한 또 다른 2차 장애는 이른바 '모럴해저드'의 문제이다. 모럴해저드란, 손실에 대해서 자신이 부담하는 것이 아니라 타인이 보상해준다면 당사자들은 스스로 책임지는 일에 소홀해진다는 것을 의미한다. 화재 보험을 든 사람이 화재 예방에 소홀해지고, 자동차 보험에 든 사람이 안전 운전에 소홀해지는 이유가 다 여기에 있다.

사실 같은 업무에 종사하는 입장에서 이런 얘기를 하기가 불편하지만, 이 업계에서 모럴해저드가 가장 심각한 사람들은 타인의 돈을 굴리는 사람들, 바로 운용 인력들이다. 특히 부티크(사설 펀드) 운영자들의 모럴해저드는 가장 심각하다.

거대 자금(타인의 돈)을 운용하는 트레이더들의 가장 큰 문제는 그들이 자신의 계좌를 직접 운용해본 경험이 거의 없다는 사실이다. 대부분 관련 학과를 마치고 바로 증권사에 입사했기 때문에 자신의 계좌를 통해 수익을 내본 적이 없는 것이다. 아, 사설 펀드 운영자들은 예외로 하겠다. 그들은 매매 경험은 풍부하다. 그러나 그들도 매매 경험만 풍부했지 직접 투자를 통해 수익을 낼 자신은 없다는 것이 필자의 생각이다. 직접 투자에 자신이 있다면 굳이 타인의 계좌나 관리하고 있겠는가. 자신의 계좌로 수익 내기도 바쁠 텐데 말이다.

솔직히 자신의 돈을 굴려 달라고 타인에게 자신의 계좌를 맡긴다는 사실, 정말 심각하지 않은가. 자신의 계좌로 매매를 하지 않는 전문가, 훈수를 두는 것이 직업인 애널리스트들에게 전업 투자자가 돈을 맡긴다는 것이 도대체 말이 되는가.

지나간 일이지만 2005~2007년, 조선 업종 급등 배후에는 펀드매니저들의 모럴해저드가 짙게 깔렸다는 것이 필자의 생각이다. 물론 당시 중국 시장이 부글부글 끓으면서 조선 업황이 크게 호전된 것은 인정한다. 그러나 펀드매니저들의 모럴해저드가 심각하지 않았다면(자기 계좌라면) 아무리 업황이 좋았다고는 하지만 거대 업종인 조선 업종 전체가 불과 1년 만에 500% 이상 급등한다는 것이 가능했겠는가. 과연 5만 원에서 출발한 현대중공업이 불과 2년 만에 무려 55만 원으로 솟구칠 정도였는가 말이다.

필자는 이런 급등의 배후는 다 모럴해저드가 개입해 있기 때문이라고 믿는다.

내 돈이 아니니 마치 폰지 게임 같은 거래를 태연하게 할 수 있었던 것이다. 아무튼 모럴해저드의 늪에 빠져 고객의 돈을 물 쓰듯 낭비하는 펀드매니저들과 부티크 운영자들, 이들은 분명 주식 시장의 레몬들이다. 법적으로 보장을 받고 있거나 주식 전문가로 포장을 한 고약한 레몬 말이다. 문제는 이들 레몬들이 구조적으로 주식 시장에서 사라질 수 없다는 사실이다. 아울러 선의의 투자자들인 우리와 공존할 수밖에 없다는 사실이다.

늦었지만 지금부터라도 이들 레몬들을 신뢰하기보다는 경계하는 것이 어떨까.

당장, 이들 레몬들이 제시하는 시장 전망이나 추천 종목을 액면대로 믿지 말고 비틀어서 생각해봐야 한다. 그들의 시장 전망과 추천주에 어떤 목적이 있을 것이라 짐작하고 뒤집어서 생각해보자는 것이다. 혹시나 물량을 확보하기 위해서 의도적으로 매도 추천을 하는 것은 아닌지, 자신의 물량을 털기 위해서 매수 추천을 남발하는 것은 아닌지 말이다. 그들을 믿고 방심하는 순간, 그들 레몬들은 여러분들에게 신맛을 제대로 보여줄 것이다.

한 가지 분명한 것은 여러분들이 그렇게 신뢰하고 있는 증권 전문가들이나 애널리스트들이 생각처럼 소신이 있거나 철학적이지 않다는 사실이다. 시장이 상승세일 때에는 너무나도 낙관적이고, 반대로 시장이 하락세일 때에는 대단히 비관적이 되어버리기 때문이다. 시장이 꿈틀거리기 시작하면 관련 리포트도 마구 쏟아내며 대중보다 더욱 흥분한다. 그들이 흥분하기 시작했다는 사실은 마치 곧 12시가 되어 신데렐라의 마차가 호박으로 바뀔 시간이 되었다고 외치는 것과 같다. 필자는 그들이 흥분할 때 현금화를 주장한다. 그들은 우리들의 보호자가 아니라 우리를 상대로 영업을 하는 장사꾼이다.

트레이더들은 극단적인 견해의 시황이 판을 칠 때, 제왕 같은 전문가가 지수

1,000P 붕괴나 3,000P 폭등을 외칠 때, 그들의 논리와 반대 방향으로(시황이든 종목이든 마찬가지다) 용감하게 맞서야 한다. 큰 돈은 그때 얻는다.

2001년 9·11 테러 사건이 터졌을 때가 한 예가 될 것이다. 사건 당일에 쏟아져 나온 전문가들의 견해는 최소한 6개월은 글로벌 증시가 참담할 것이란 견해였다. 그러나 당시에 조정은 단 3일에 불과했고, 이후 국내 시장은 반년 만에 무려 100%나 폭등했다.

2007년 여름, 폭등장의 정점에서 나온 견해도 주목해볼 필요가 있다. 당시에 국내 시장은 중국 시장의 폭등으로 인해 유례없는 급등장이 펼쳐지고 있었다. 그러자 극단적인 시황관, 예를 들어 연내에 코스피지수가 2,500P를 돌파한다느니 현대중공업이 70만 원을 돌파한다느니 하는 견해가 줄을 이었다. 이런 사례는 자신의 목적을 위해 현 상황을 크게 부각시키는 일부 전문가들의 문제점, 바로 모럴해저드의 심각성을 말해준다. 극단적인 시황관으로 시장을 교란시키는 이들이 바로 냄새만 풍기고 마는 레몬이다(참고로 2007년 당시 지수는 모든 전문가의 예상과 달리 2,050P를 끝으로 급락했다. 그 다음 해 10월, 900P가 무너졌다).

주식판에 기생하고 있는 레몬의 전형, 모럴해저드에 대해서 깊은 이야기를 해보자. 예전부터 여의도와 강남 일대 곳곳에는 다양한 형태의 부티크가 존재해왔다. 주로 명성 있는 재야의 증권 전문가 혹은 증권사 브로커 출신들이 대부분이다. 평소 증권 전문가로 활동하면서 관리하던 회원들의 돈을 한데 묶거나(간혹 빌리는 형태를 취하기도 함) 큰손 한두 명의 돈을 받아서 관리하기도 한다. 문제는 운용하는 전문가의 경험과 심리에 있다. 결론부터 말하면, 일임 매매는 출발하는 순간 실패할 확률이 90%다. 확실한 수익 모델을 갖춘 실력 있는 전문가들은 정말이지 바쁘다. 제도권에 있다면 고액의 연봉을 받고 펀드매니저 생활을 하고 있을 것이고, 재야권에 있다면 자신의 돈을 운용하기에도 빠듯할 것이다. 타인의 돈을 운용할 정도의 시간적 여유가 도대체 어디 있겠는가. 만약 타인의 계좌를 쉽게 맡는 전문가라면 십중팔구 자기 계좌는 진즉에 깡통을 찬 상태일 것이다. 어쩌면 자기 계좌로 거래를 해본 적이 없는, 경력 2~3년 정도의 신참 애널리스트(전문가 밑에 연구원)일 가능성이 높다.

결론적으로 달콤한 복숭아는 누군가의 필요에 의해 특별 대우를 받고 있을 것이다. 일임 매매 시장은 반듯하지만 시디신 레몬만 남아서 판을 치고 있을 것이고. 다들 알다시피 세상에 공짜는 없는 법이다. 맡기는 사람이나 맡는 사람이나 인생에 지름길을 택하고자 하지만 세상이 어디 그리 만만한가. 인생도 주식 투자도 모두 '스텝 바이 스텝'이다. 일임 매매는 항상 참담한 실패로 막을 내린다는 사실, 꼭 기억하기 바란다.


앞서 언급했듯이 대리전을 치르는 사설 펀드나 일임 매매 선수들의 가장 큰 문제는 현재 운용하고 있는 자금이 자기 것이 아니라는 사실이다. 정말 심각한 문제다. 모럴해저드가 100% 발생할 수밖에 없다. 물론 운용을 잘해서 인센티브를 많이 챙겨야지 하는 초기의 순수한 마음이야 왜 없겠는가. 문제는 운용하는 과정에서 서서히 모럴해저드에 빠져든다는 사실이다. 운용 실적이 엉망이 되면서 내 계좌가 아니란 사실이 고개를 드는 것이다. 한 방에 만회할 요량으로 '모 아니면 도' 식으로 막 벌이게 된다. 물론 이런 방식으로 거래하다가 운 좋게 실수를 만회하는 경우도 많았을 것이다. 정말 심각한 문제는 자신의 계좌에 있는 종목을 급등시키기 위해서 고객의 계좌를 총알로 사용하는 경우다. 이건 최악의 모럴해저드이자 범법 행위에 속한다.

　잠시 모럴해저드의 극치를 보여주는 사례를 소개한다. 레몬 이론의 핵심 내용이기도 하다. 과거에 어떤 사기꾼은 모 유명 사이트에서 선물 옵션 투자의 고수 행세를 하며 회원을 모았다. 선물 투자를 통해 큰 돈을 벌게 해줄 것이리며 유혹했다. 상호 계약은 간단했다. 자신이 창안한 독창성인 기법으로 시장 방향성을 제시하고 회원들은 그에 따라서 매매하는 방식이었다. 이익이 나면 반씩 나누는 것이고, 부득이 손해가 나는 경우는 회원들이 각자 알아서 감수하는 쪽으로 정했다. 이것이 가능했던 것은 전문가가 나름대로 지명도가 있는 데다가 자신보다는 거래를 잘할 것으로 모두들 믿었기 때문이다. 게다가 전문가도 수익을 챙기기 위해서는 나름대로 최선을 다해 수익을 내 줄 것으로 믿었기 때문에 회원들은 손해 부분에 대해선 책임을 묻지 않겠다고 한 것이다. 설마 선수가 잃겠냐는 마음이었을 것이다.

　문제는 그가 사기꾼이었다는 사실이다. 전문가를 가장한 사기꾼은 당시에 회원들에게 선물 포지션을 제시할 때 일대일로 만나서 관리했다. 이점이 영악했다. 여기서 모럴해저드가 가능했던 것이다. 회원을 자신의 계획표에 두 그룹으로 정해놓고 한 그룹은 선물 매도, 또 다른 그룹은 선물 매수를 시켰다. 회원은 결국 양쪽으로 모두 포지션이 걸린 상태라 잃은 사람, 딴 사람은 정확히 반반으로 나올 수밖에 없었다. 당시 지수는 크게 하락했고, 운 나쁘게 그의 지시로 매수 쪽으로 포지션을 건 사람들은 돈을 크게 잃었다.

　잃은 사람에게 이렇게 말했다.

　"이번에 워낙 경기가 좋고 저금리 기조라 지수가 날아갈 것으로 예상하고 배팅

했는데 정말 면목 없게 되었습니다. 죄송합니다."

 이것으로 끝이다. 돈을 직접 가져간 것도 아니고 투자 조언만 했는데 죽일 놈 살릴 놈 할 사람도 없고, 그렇다 한들 법적 책임은 애당초 없는 거라서 그것으로 끝이다.

 반면에 매도 포지션에 걸었던 사람들에게는 큰소리를 치며 수익금의 절반을 챙겼다. 회원의 절반이나 매도에 걸었으니 운 좋게 수익을 챙긴 사람도 딱 절반이었다. 그는 막대한 수익금을 챙겼다.

 "어떻습니까. 제가 뭐라 그랬습니까. 이번에 글로벌 금융 불안으로 지수는 폭락한다고 말씀드렸죠. 이번에 이익금의 절반은 약속대로 확실하게 챙겨주시고, 다음에 한 판 더 크게 하시죠. 이번에 정치권에서 흘러나온 폭탄 같은 정보가 있습니다. 대신 다음 번엔 20%만 받겠습니다."

 다음에 또 다시 수익을 내고 싶은 욕심에 이익이 난 회원들 대부분은 수익금의 절반을 챙겨줬다고 한다. 정말 황당하고 어이없지만 상기 내용은 실제로 있었던 사실이다. 당시의 피해자가 훗날 필자의 회원이 되었기 때문에 그를 통해 자세히 들을 수 있었다. 그런데 과연 지금은 이런 레몬 같은 사기꾼이 없을까. 천만에 말씀이다. 사기의 형태는 바뀌었지만 사기를 목적으로 회원들에게 접근하는 사람들이 지천에 깔렸다. 4년 전에 터진 루보 사태만 보더라도 알 수 있지 않은가. 주식판은 돈이 몰린 곳이다. 먹을 것엔 파리가 몰리는 법, 레몬 같은 인간들은 도처에 우글거릴 수밖에 없다. 항상 영민함을 발휘해서 레몬에 속지 말고 자신의 재산은 자신이 지켜야 한다. 이것이 이번 주제의 핵심 메시지이다.


 정보의 불균형과 역선택이 지속되면 시장은 언젠가는 붕괴되고 만다. 이제 관광지의 음식점이나 중고차 시장의 경우는 인터넷의 발달 덕분에 정보의 불균형이 상당 부분 해소되었다. 그러나 안타깝게도 인터넷이 발달했다고 해서 사람들의 선택이, 특히 투자자들의 선택이 더 합리적이 되었다는 증거는 많지 않다. 오히려 방대한 정보의 홍수 속에 허둥대거나, 은밀한 세력들의 역정보에 휘둘리며 더욱 혼란을 겪고 있는 실정이다. 결국 몇 가지 단순한 정보에 의해 의사를 결정하면서 정보의 불균형을 그대로 받아들이는 결과가 되고 만다. 본능에 충실하면서 자신의 직관을 믿는 과거의 방식을 그대로 답습하는 것이다. 복숭아와 레몬의 역선택은 결국 그대로 유지되고 만다. 다만 레몬의 신맛이 복숭아의 달콤한 맛에 조금 더 근접할 뿐이다.

# 13 단체 줄넘기 이론:
### 첫 매매가 실패하면 그 날은 매매를 접어라

**단체 줄넘기의** 핵심은 패턴이고 호흡이다. 줄넘기 멤버 중에 심리적으로 흥분되거나 호흡이 거친 사람이 끼어 있으면 줄은 그 사람의 발에 걸린다. 호흡이 맞지 않아 템포 조절에 실패하기 때문이다. 힘이 넘치거나 부족한 사람이 끼어 있어도 마찬가지 결과가 난다. 그래서 단체 줄넘기는 가능한 함께 출발해야 한다. 그래야 템포와 호흡이 맞다. 출발이 같아서 흐름과 호흡이 일정하면 줄넘기는 오랫동안 계속된다. 그렇게 한동안 줄넘기를 하던 중에 새로운 사람이 들어오면 그 때는 줄이 여지없이 발에 걸리고 만다. 호흡과 템포가 맞지 않기 때문이다.

주식도 거래 타이밍은 흐름과 템포이다. 흐름을 놓쳤을 때는 일단 쉬어야 한다. 예를 들어 보자. 전일 미 증시의 급등으로 국내 증시가 개장과 동시에 점프해서 출발했다면 이런 날은 매수 포지션을 접고 쉬는 게 좋다. 자신을 빼놓은 상태에서 단체 줄넘기를 이미 시작했다고 보면 된다. 이런 날, 굳이 매매를 하는 것은 이미 한참 동안 진행된 단체 줄넘기에 슬그머니 끼어드는 것과 같다. 흐름과 템포를 놓쳤기 때문에 실수투성이의 하루가 될 것이다.

첫 매매가 꼬였을 때도 마찬가지다. 첫 매매가 실패로 돌아가면 손실을 만회하려는 마음에 과욕을 부린다. 추세를 역행해서 포지션을 잡거나 이미 급등중인 종목을 추격 매수한다. 이런 날은 만회하려는 노력을 하기보다는 매매를 잠시 쉬거나, 아예 접는 것이 상책이다. 특히 직업적인 트레이더의 경우, 매일 얼마라도 수익을 내야 한다는 의무감으로 첫 매매의 손실을 어떤 식이든 만회하려 한다. 이 의무감이 문제다. 조급증이 생기면서 자신도 모르게 배팅액이 커지니 말이다. 지수가 크게 점프해서 매수할 종목이 없는 날도 한 번 손실을 입으면 조급증 탓에 무엇이든 산다. 이런 날 크게 당한다. 이 모두 욕심에서 비롯한 행동이다. 결국 이런 조급증 환자는 참을성 강한 트레이더에게 바로 응징을 받는다.

지친 사람이 있으면 단체 줄넘기는 일단 멈춰야 한다. 지친 멤버를 교체하고 흥분한 사람을 안정시켜야 한다. 그리고 새롭게 시작해야 한다. 주식도 이와 마찬가지다. 타이밍을 놓쳤다는 판단이 들면 그날은 잠시 모니터 옆을 떠나든지 과감하게 매매를 접어야 한다. 매매는 흐름이 부드러워야 하는데 첫 매매의 실패는 다음 매매에 큰 영향을 미친다.

잠시 과거에 단체 줄넘기와 관련한 실패담을 하나 들려주겠다.

2009년 1월 15일, 단 하루 만에 주가는 1,182P에서 1,111P로 무려 70P나 급락했다. 이날의 급락은 미국 대형 은행인 씨티그룹의 부실 우려가 커지면서 미 증시가 무려 250P나 급락한 것이 문제였다. 미 증시가 급락하자 국내 증시는 개장부터 44P나 급락한 채 출발했다. 예기치 못했던 악재로 회원들이 전일 종가에 잡앉던 종목이 개장과 동시에 손실을 입고 말았다. 이런 날은 즉시 매도보다는 반등 시 매도가 유리한 법, 일단 반등 국면을 노렸다가 손실을 조금 줄이고는 빠져 나왔다. 여기까지는 정석대로 갔다.

문제는 그 다음이었다. 사실 이런 날은 단체 줄넘기를 기억하고 매매를 접었어야 했는데 나는 그러지 못했다. 그날, 개장 시점부터 입은 손실을 만회할 요량으로 매도 후 저점을 노려 회원들에게 재매수를 조언했다. 이게 패착이었다. 시장은 무너진 투자 심리를 돌리지 못하고 장 막판 투매에 걸려 무려 70P나 폭락했다. 필자는 가슴을 치며 두 번째 거래마저 손절매 사인을 내렸다. 손실난 종목을 안고 그 다음 날로 넘어가지 않는다는 거래 철학을 지켰지만 가슴은 한동안 쓰렸다.

개장 시점부터 크게 잃은 그날, 트레이딩은 단체 줄넘기라는 사실을 기억하고 장 중 거래를 접었어야 했다. 차라리 개장 동시호가에 '돌멩이 이론' 대로 전일 상한가 종목의 갭하락을 노리든지, 평소처럼 종가 무렵에 투매로 쏟아진 종목을 거두었어야 했다. 그랬다면 아마 큰 폭의 손실이 아니라 -70P 급락장에서 큰 수익을 챙긴 날로 기록되었을 것이다. 그러나 두 번의 손실로 더 이상 버틸 수 없었기 때문에 원칙을 무시하고 말았다. 결국 거래 시점은 종이 한 장의 차이였지만 수익률은 천양지차였다. 흐름을 거꾸로 탄 대가치고 결과는 혹독했다.

역시 거래는 흐름이 부드러워야 한다. 잃은 날은 쉬고, 버는 날은 잘 버텨서 이익을 크게 남겨야 한다. 반드시 매수해야 할 종목이 있더라도 당일 장 흐름이 약세 국면이면 저점에 받치지 말고 종가까지 참았다가 잡는 것이 좋다. 미국장이 급등하면 다음 날 아침에 일단 잘라주는 것도, 강세장에는 반드시 종가에 물량을 갖고 넘어가는 것도 흐름을 부드럽게 타는 한 방법이다.

장 흐름이 강세 국면이면 종가까지 기다리기보다는 장 중에 눌림목을 노려서 물량을 늘려야 한다. 막판 시세 분출을 노릴 수 있기 때문이다. 종가에 쎈 종목은 후장 동시호가에 갭상승은 물론, 내일 아침의 갭상승도 챙길 수 있다(일명 양봉머리 3단 먹기 전략).

전일 뉴욕 증시의 급등으로 개장 동시호가가 높게 출발하면 일단 잘라주는 것, 이것도 부드러운 거래다. 주의할 점은, 갭상승 장세는 강한 장세이어서 팔고 거래를 접는 것보다는 저점에 재매수하는 것이 좋다. 만약 갭상승 후에 조정 없이 그대로 날아가면 그땐 아쉽지만 저점 매수를 포기해야 한다. 그리고 더 주고라도 종가에 따라붙어야 한다. 이때 절대 배 아파할 필요가 없다. 더 줘봐야 얼마나 더 주겠는가. 아무튼 이것이 강세장에 종목을 놓치지 않는 비결이다.

반대의 경우, 뉴욕 증시의 급락으로 시초가부터 갭하락으로 출발하면 이땐 동시호가 매도는 의미가 없다. 이런 날 저가 매수세가 잘 붙기 때문에 오히려 반등이 쉽다. 선수들의 포지션도 갭하락 장세는 매수가 많다. 갭하락 장세에 선물 포지션을 보면 안다. 개인 세력들 대부분 매수 포지션을 잡는다. 다만 반등 폭은 제한적이란 사실을 기억해야 한다. 갭 폭이 바로 매물대이기 때문이다. 경험적으로 봤을 때 갭하락 폭이 큰 날은 얕은 반등은 가능하지만 전일 종가를 회복하는 수준의 반등은 어렵다. 결론적으로 갭하락 폭이 큰 날의 포지션은 동시호가 매수, 반등 시 매도다. 이미 물량을 갖고 있는 투자자는 반등 시 매도가 최선이다.

거래는 이렇듯 흐름이 부드러워야 한다. 앞서 단체 줄넘기의 핵심은 템포와 호흡이라고 했다. 출발도 같아야 하지만 진행 중에 호흡과 템포가 같아야 한다. 거래도 이와 같다. 흐름을 거꾸로 타면 줄은 누군가의 발에 걸리는 것처럼 양음 패턴의 진행을 자연스럽게 읽고 시장 흐름을 결대로 타야 한다. 이것이 단체 줄넘기 이론의 두 번째 핵심이다.

전일 급등, 금일 갭하락 출발은 매수 대응
전일 급등, 금일 갭상승 출발은 매도 대응(매도 후 장 중 저점 매수)
전일 급락, 금일 갭하락 출발은 매수 대응(매수 후 반등 시 고점 매도)
전일 급락, 금일 갭상승 출발은 매도 대응

일반적으로 장세가 급락하면 투매에 동참하기 쉬운데 차라리 조금 더 기다렸다가 V자형 패턴에 빠져나오는 것이 좋다. 투매 이후엔 반등 패턴인 V자형 패턴이 출현하는 경우가 많기 때문이다. 이때 V자형 상단, 추세가 재차 꺾이는 되돌림 자리가 매도 급소이다.

V자형 패턴이 만들어지기 전, 즉 투매의 바닥에선 매수 대기자가 우글거린다. 투매 물량을 받으려는 저가 매수세이다. 이때 바닥권 매수자는 단판 승부를 걸어선 안 되며 최소 2회 이상 분할 매수로 대응하면서 리스크를 줄여야 한다. 사실 노련한 선수도 저점을 단 한 방에 잡기는 그리 쉽지 않다. 그렇다고 추세가 돌아선 것을 보고 들어가는 경우, 이건 너무 늦다. 투매 이후 반등은 정상적인 흐름이 아니라 급반등이 나타난다. 그것이 V자형 패턴이다.

참고로 주변 아시아 증시나 전일 미 증시의 하락 폭에 비해 국내 증시의 하락 폭이 상대적으로 크면 오히려 종가에 매수를 고려해야 한다. 국내 증시의 낙폭이 크다면 이후에 열리는 미 증시가 웬만큼 조정을 받더라도 다음 날 국내 증시의 시초가는 크게 빠지지 않기 때문이다. 국내 증시가 먼저 매를 맞았다고 보기 때문에 어느 정도 상쇄가 되었다는 얘기다.

경험적으로 국내 증시가 2% 이상 빠진 당일 밤, 미 뉴욕 증시가 100P 정도(1% 내외) 빠져서는 다음 날 국내 증시에 별 영향을 못 미친다. 전일 급락으로 국내 증시가 먼저 매를 맞았다고 판단한 투자자들이 매물을 거두어들이기 때문이다. 실전에서 국내 증시가 먼저 매를 맞았다거나 과실을 먼저 먹었다는 논리는 매우 중요한 개념이다. 바로 양음양 원리가 배어 있기 때문이다.

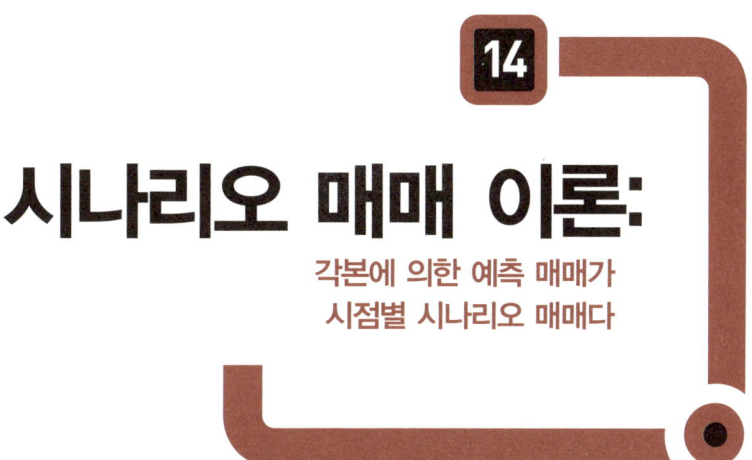

# 시나리오 매매 이론:
### 각본에 의한 예측 매매가 시점별 시나리오 매매다

앞서 '단체 줄넘기 이론'에서 언급했듯이 거래는 흐름이 부드러워야 한다. 양음 패턴의 진행을 자연스럽게 읽고 시장 흐름을 절대로 타야 한다. 이것이 단체 줄넘기 이론의 핵심이라 했다. 그러면서 아래의 공식을 제시했다.

전일 급등, 금일 갭하락 출발은 매수 대응
전일 급등, 금일 갭상승 출발은 매도 대응(매도 후 장 중 저점 매수)
전일 급락, 금일 갭하락 출발은 매수 대응(매수 후 반등 시 고점 매도)
전일 급락, 금일 갭상승 출발은 매도 대응

상기 공식에서 주목해야 할 것은 어떤 상황에서 어떻게 대응하라는 주문이다. 그런데 거기엔 '만약'이라는 가정이 존재한다. 전일 급등하고 오늘 갭하락 출발하면, 매수 대응하라! 이런 식이다. '갭하락 출발하면……'이라는 가정이다. 만약이라는 가정이 있어야 대응이 있고 이것이 시나리오 매매로 연결된다.

만약 미 증시가 급락하면 개장 시점엔 매수로 대응하라.
만약 미 증시가 급등하면 개장 시점엔 매도로 대응하라.
만약 20일선 상향 돌파에 성공하면 매수로 대응하라.
만약 20일선을 하향 돌파하면 매도로 대응하라.
만약 환율이 하락하고 외국인이 사는 장세면 매수로 대응하라.
만약 환율이 상승하고 외국인이 파는 장세면 매도로 대응하라.

시장은 즉흥적인 대응보다는 잘 짜여진 각본대로 움직였을 때 결과가 낫다. 수익률은 물론이고 거래 시간이 단축되어서 좋다. 특히 각본대로 거래하기 때문에 스트레스가 대폭 줄어든다. 평소 스트레스에 민감한 투자자들은 시나리오를 짜서 거래하는 것이 좋다. 특별히 복잡할 것도 없고 간단하다. 예를 들면 이렇다.

'만약 나스닥 선물이 +10P 이상이고, 종가 무렵에 분차트 흐름이 상승하면 홀딩한다.'
'만약 양봉이 밀집한 종목이 발견되면 동시호가에 매수한 후 종가에 판다.'
'만약 음봉이 밀집한 종목이 발견되면 종가에 사서 다음 날 동시호가에 판다.'

이런 식의 잘 짜여진 각본대로 거래하는 것이 결과가 낫다. 거래가 반복될수록 승률도 올라간다. 게다가 그때그때 감각에 의존한 거래보다 스트레스도 적고 거래 시간도 줄여 준다. '만약'이라는 가정을 하고 미리 대응책을 만든 후 거래하기 때문에 거래가 규칙적이고 갈등도 크게 줄기 때문이다. 마치 자동 시스템처럼 항상 일정한 거래가 가능하기 때문에 매매의 결과도 매우 안정적인 편이다.

잠시 머리도 식힐 겸, 『딜메이커처럼 승부하라』에 소개된 만약이라는 가정에 대한 유명한 일화를 소개한다.

1800년대 후반 버팔로 빌스의 '와일드 웨스트 쇼'는 말타기, 총쏘기 등 화려한 카우보이 기술을 보여주는 쇼로 유명했다. 출연자 중에는 애니 오클리라는 뛰어난 여성 총잡이가 있었다. '백발백중 꼬마'로 불리는 그녀의 총솜씨는 대단해서 멀리 떨어진 양초나 와인 병의 코르크 마개를 맞추는 묘기를 했다.

항상 쇼의 마지막 순서는 관객을 불러서는 그 사람이 물고 있는 담배를 쏘아서 맞추는 것이었다. 그녀는 매번 관중들에게 지원자가 있는지 물었다. 그러나 이 위험스런 모험에 참여하는 지원자는 나타나지 않았고, 쇼의 완성을 위해서 그녀는 관중 속에 남편을 숨겨두었다. 남편은 마지막에 자발적 지원자처럼 나섰고 그녀의 마지막 총쏘기는 늘 성공이었다.

유럽 전역을 순회하면서 공연할 때에도 '백발백중 꼬마'로 불리는 오클리는 여전히 자신의 마지막 순서로 관중에게 지원자가 있는지 물었다. 그런데 어느 날 놀랍게도 남편이 아닌 진짜 관중이 나섰다. 그것도 쇼에 참여한 모든 사람들이 놀랄 정도의 지원자였다. 그는 바로 젊은 황태자 빌헬름이었다. 그는 무대 위로 올라와서는 불이 붙은 담배를 물었다. 마침 애니 오클리는 그날따라 쇼를 시작하기 전에 맥주를 몇 잔 마셨다고 전해진다. 거기다 예상치 못한 지원자가 불쑥 나타나는 바람에 오클리는 매우 긴장했다. 하지만 쇼를 멈출 수는 없었다. 그녀는 긴장된 마음을 숨긴 채 방아쇠를 당겼다. 다행히 총알은 정확히 담뱃불에 명중했고, 황태자는 즐거움에 껄껄 웃음을 터트렸다.

여기서 역사학자들의 '만약'이라는 가정이 시작된다. 만약 그녀의 총알이 담뱃불이 아니라 미래의 황제가 될 황태자의 머리를 관통했다면 어떻게 되었을까.

혹시라도 1차 세계대전의 발발을 막을 수 있지 않았을까. 그렇다면 850만 군인들의 생명과 1,300만 민간인들의 생명이 희생되지 않아도 되지 않았을까. 패망한 독일에서 히틀러가 태어날 수도 없지 없지 않았을까. 이 모든 의문들이 꼬리에 꼬리를 문다.

과학자들은 애니 오클리와 황태자의 만남 같은 일을 일컬어 '동결된 사건(Frozen Accident)'이라고 부른다. 이것은 약간의 변화만으로 결과적으로 나중에 커다란 변혁을 일으킬 수 있는 시기의 일을 의미한다.

에릭 베인호커는 저서 『부의 원천』에서 오클리의 이야기를 예로 들며 시장의 예측할 수 없는 특성을 다루었다. 사실 주식 시장은 그 자체가 모두 '동결된 사건'의 집합체이다. 주가는 한 호가에서 다음 호가로 자연스럽게 움직이지 않는다. 도저히 상상할 수도 없는 일이 벌어지면서 주가에 엄청난 충격을 미치는 일이 허다하다. 이 같은 현상을 비유해 사람들은 브라질에서 나비가 날개를 펄럭이면 텍사스에는 허리케인이 몰려든다고 말한다. 일명 '나비효과'이다.

아무튼 주식 시장이란 우리의 인생과 같아서 놀라움의 연속이다. 어느 누구도 주식 시장의 움직임을 연달아 예측할 수는 없다. 시장은 지극히 동적이고 위험하며 너무나 복잡하다. 베인호커는 투자자들에게 어떤 일이든 적응할 수 있는 유연한 사고와 미래에 대한 막연한 추측보다 사실을 인정하고 대응력을 키우라고 조언했다. 불확실성에 걸지 말라는 얘기인데 여기서 그가 말한 팩트의 인정은 중요하다. 외국인의 대량 매수가 붙는 종목이 상승한다는 것은 경험적으로 봤을 때 팩트에 가깝다. 그렇다면 외국인이 사면 같이 매수하라는 식의 공식이 성립된다. 팩트가 존재함으로 만약이 성립한다는 것을 알 수 있다. 사실 변동성 심한 주식 시장에서 100% 팩트는 애당초 존재하지 않는 것 아닌가. 전일 미 증시가 떨어지면 국내 증시의 개장 가격도 떨어질 것이란 예측도 그런 관점에서 보면 팩트다. 아직 열리지 않은 시장이지만 오랜 경험에 의해서 매번 함께 움직여 왔다는 것을 안다. 굳이 확인할 필요도 없이 이것은 팩트다. 결국은 팩트가 있는 한, 만약이란 가정은 성립된다. 이것이 우리가 각본에 의한 매매, 예측 매매를 해야 하는 이유이다.

시장은 항상 '만약' 이라는 가정에 의해서 움직인다. 전일 미 증시가 상승하면 다음 날 아침 국내 시장도 올라서 출발한다. 국내 시장이 갭상승으로 출발하면 대개는 차익 매물이 쏟아진다. 지수가 음봉을 맞는 것이다. 상승 폭이 크면 클수록 이런 매도 욕구는 더욱 강하다. 그렇다면 '만약 미국 시장이 크게 오르면 아침에 보유 주식을 일단 팔아라' 란 공식이 성립한다. 미국 시장이 오르면 국내 시장도 오를 것으로 보고 아침 동시호가부터 매수하는 전략은 그래서 맞지 않는다. 외국인은 이미 미 증시가 상승할 만한 배경을 전일 국내 증시가 마감하기 전에 발견했을 가능성이 높다. 전일 국내 주식을 선취매한 후 익일 아침에 역이용할 가능성이 농후하다는 얘기다. 전일 오후장에 미리 지수 관련주나 선물을 매수한 다음 미 증시 상승을 보고 아침부터 갭가격으로 쫓아오는 개인들에게 물량을 파는 예가 충분히 가능한 것이다.

이때 추세도 봐야 한다. 국내 시장의 상승 추세가 강할 때는 미 증시 하락으로 인한 갭하락 장세는 매도가 아니라 매수로 접근해야 한다. 아울러 국내 시장이 강할 때 미 증시 상승으로 인한 갭상승 장세는 매도보다는 관망이 효과적이다. 정말 강한 장세의 경우, 관망하기보다는 매수가 효과적일 때가 많다.

반면에 국내 시장이 가파르게 하락할 때는 미 증시 하락으로 인한 갭하락 출발은 관망하거나 매도로 대응하는 것이 좋다. 한편 미 증시 상승으로 인한 갭상승 출발은 매수는 없으며 매도로 대응하는 것이 훨씬 유리하다. 결론적으로 단기 트레이딩 전략에서 가장 중요한 요소는 미국 증시의 등락보다는 국내 시장 추세의 힘이나 방향이다.

참고로 미국 경제는 세계 경제를 주도하기 때문에 대외 의존도가 낮다. 미국 증시는 자기 나라의 경기 흐름만 쫓아가면 된다. 미국의 고용 지표나 소비 지표 발표에 시장이 크게 흔들리는 이유가 다 여기에 있다. 반면에 국내 경제는 세계 경기, 특히 미국과 중국, 일본의 경기 흐름에 민감하게 반응한다. 대외 의존도가 매우 높기 때문이다. 국내 증시가 상대적으로 국내 경제 지표에 둔감하고 글로벌 증시 동향에 더욱 민감한 이유가 여기에 있다.

국내 증시와 미국 증시가 반대로 영향을 미치는 변수도 있다. 바로 환율이다. 환율은 달러와 원화 가치가 반대로 움직이기 때문에 증시에 상반되게 영향을 미친다. 우리가 겪은 IMF도 환율이 문제였는데 우리나라 증시가 폭락하는 동안 환율은 크게 올랐으며 (원화 가치 하락) 미국 증시도 함께 상승했다. 2003년 이후 국내 시장이 안정을 찾자 환율은 급격히 하락했다. 그러자 국내 시장에 투자한 외국인들은 지분 가치의 상승은 물론 막대한 환차익을 덤으로 얻었다.

이제 시점별 시나리오 매매에 대해서 배워보자.

트레이더는 장세와 무관하게 수익을 거둘 수 있어야 한다. 그러기 위해선 자신만의 전략과 공식이 있어야 한다. 통상 강세장은 급등주 매매와 상한가 매매, 그리고 약세장과 횡보장에는 메이저 매매를 하는 것이 효과적이다. 그러나 어떠한 장세이든 거래는 각본에 의한 매매, 즉 시점별 시나리오 매매로 풀어야 한다. 시점별로 가장 유리한 거래, 가장 확률 높은 거래를 하자는 것이다. 시나리오 매매는 주로 증시 주변의 몇 가지 변수와 양음양 원리, 그리고 시장 추세를 적용한다.

증시 주변 변수로는 미 뉴욕 증시 결과, 일본 니케이지수(실시간), 중국 상해지수, 외국인 현·선물 포지션, 기관 포지션, 환율, 프로그램 동향, 나스닥 선물 등이 대표적이다. 앞서 약세장의 특징은 갭하락 후 반등, 그리고 고점을 찍고 추가 하락하는 경향이 있다고 했다. 약세장은 종가 기준으로 음봉 마감할 확률이 높고, 시가도 높지 않은 경향이 있기 때문에 동시호가 매매 외에는 대부분의 거래가 확실하지 않다. 특히 약세장에 종가 매매는 매우 위험하기 때문에 금해야 한다. 물론 보유 종목의 홀딩도 위험하다. 약세장은 투자 심리가 얼어붙어 있어서 다음 날 갭하락으로 출발할 가능성이 높은데 굳이 위험하게 홀딩할 필요가 없는 것이다.

반면 강세장은 최종 포지션을 매수로 가져가야 한다. 강세장은 갭상승 출발 후 눌림목을 줬다가 재차 상승할 가능성이 높다. 종가 기준으로 양봉 마감할 확률이 높지만 갭상승에 따른 차익 매물은 견뎌야 한다. 결론적으로 갭상승 장세는 일단 잘라줬다가 재매수하는 전략이 유리하다.

적정한 매수 시점은 동시호가보다는 장중 눌림목 구간이 좋은데 통상적으로 10시 이전에 추세가 진정되면 한 번의 기회가 온다. 일반적으로 강세장은 갭상승으로 출발할 가능성이 높기 때문에 종가에 매수해서 다음 날 동시호가에 팔기만 해도 수익을 얻는다. 실제 필자의 제자 중에 종가 매매만 하는 분들이 의외로 많다. 종가 매매에 관해서는 뒤에 자세하게 소개할 예정이다.

트레이딩에 익숙하지 않은 트레이더들은 각 시점별로 거래 전략을 미리 정해두면 유리하다. 그리고 '만약'이라는 가정을 넣어서 타이밍을 기다릴 필요가 있다. 예를 들어 최근에 강세장인데 '오늘밤 미 증시가 급락을 한다면, 내일 동시호가에 일단 매수한다'는 식의 시점별 거래 전략이 필요하다. 이때 거래 대상은 전일 상한가로 마감한 종목이 된다.

그러면 간략하게 시점별 시나리오 매매의 기본 구도를 알아보자.

일단 크게 3단계로 구분이 가능하다.

### · 시점별 시나리오 매매의 기본 구도

**제1구간: 데이 트레이딩 구간(8시 10분~10시)**

동시호가 구간: 동시호가 매매

9시~9시 30분: 시초가 매매, 외국계 매매, 첫 상한가 매매

9시 30분~10시: 상한가 7부 매매, 세력 음봉 매매, 지수 매매


**제2구간: 모니터링 구간(10시~14시 30분)**

10시~14시 30분: 매수 자제 구간, 종목 압축 구간


**제3구간: 스윙 트레이딩 구간(14시 30분~마감)**

14시 30분~15시: 종가주 매매, 교체 매매


평소 데이 종목을 종가 무렵에 거래하거나 스윙으로 묻어야 할 종목을 개장 시점에 사는 트레이더가 많은데 이는 정석도 아니고 확률이 높지도 않다. 스윙 매매 구간은 종가 무렵인 오후 2시 반 이후부터다. 그 이전엔 모두 데이 매매 구간이다. 대부분의 트레이더가 위와 같이 시점별 거래 전략을 짜서 접근하지는

않는다. 그러나 확률을 높이기 위해선 귀찮더라도 위와 같이 각본을 짜서 거래하는 것이 좋다.

데이 종목은 당일 청산을 목적으로 하기 때문에 탄력성 강한 종목을 위주로 다루는 것이 좋다. 거래 기법도 대부분 재료 매매나 급등주 매매 위주여야 한다. 매수 시간은 주가 탄력이 좋은 개장 후 1시간 이내에 집중해야 하며 탄력이 떨어지는 10시 이후엔 피한다. 물론 매도는 따로 시간을 정하지 않아도 좋다. 상승 흐름을 타는 경우, 조금 길게 끌고 가도 무방하다.

동시호가 매매는 상한가에 꽂힐 정도로 재료가 강한 종목을 대상으로 삼아야 한다. 상한가 공략이 아니라면 강세장은 피하고 미 증시가 크게 떨어진 날을 노리는 것이 좋다. 이때 매매 대상은 전일 상한가 종목이나 5일선 추세가 강한 종목이 좋다. 특히 이들 종목에 허매도 세력이 개입한 종목이면 금상첨화다. 동시호가에 허수 물량으로 인해 매수 타이밍을 잡기 어려운 경우 시초가 매매를 할 수 있다. 이때 대상은 동시호가 종목과 같다.

개장 후 장세가 강하면 첫 상한가 매매, 상한가 7부매매 위주로 가고, 개장 후 장세 흐름이 약세면 외국계 매매, 세력 음봉 매매, 지수 매매로 접근하는 것이 유리하다.

배팅 전 단계에서 중요한 작업이 하나 남아 있다. 바로 매매 대상을 압축하는 작업이다. 선수들은 개장 후 배팅 종목을 압축하는 속도가 엄청 빠르다. 개장과 동시에 주도 테마, 주도주를 읽고 상한가에 들어갈 종목군, 외국인이 매집 들어가는 종목군을 거의 정확히 찾아내고 관심 종목으로 압축한다. 실전에서 이 차이가 초보와 고수를 구분한다. 참고로 필자가 쪽집게 방송에서 가장 바쁜 작업도 개장 후 10~30분 이내에 종목을 압축해서 제자들에게 '상위 1% 핵심 종목'으로 알려주는 일이다.

  스윙 종목은 내일 장으로 갖고 가는 것을 목적으로 한다. 그렇기에 세력이 개입한 종목, 대형 재료가 있는 종목, 거래량이 붙거나 이평선을 수렴한 종목이 좋다. 물론 외국인이 주인인 주도 업종이나 주도주를 대상으로 하는 것이 유리하다. 2008년 10월, 리먼 브라너스 사태 이후 자동차 업종의 기아차나 IT 업종의 삼성전기가 바로 그 예에 해당된다.

  스윙 매매 시 주의해야 할 점은 장 중 매매를 참았다가 종가 무렵인 2시 이후에 매수하라는 것이다. 이 구간은 거래가 마무리되는 시점이라 장 중의 예기치 않는 급등락이 최대한 걸러진 구간이다. 세력의 의도도 매수가 목적인지, 매도가 목적인지 확실하게 판가름나고, 환율이나 외국인 포지션과 같은 지수를 움직이는 외생 변수들도 종가에는 판독이 쉽다. 종가 무렵은 장 중에 발생할 수 있는 리스크로부터 최대한 벗어난 구간이어서 다음 날로 흐름을 이어가기가 좋다.

  상기 시나리오 매매 기본 구도 중에 주의해야 할 구간은 제2구간인 10시부터 14시 30분이다. 이때는 매수를 자제하고 쉬는 구간이다. 특히 11시부터 오후 2시까지는 독하게 참아야 한다. 매수 관점에서 세력은 큰 물량을 움직이지 않기 때문에 지수 탄력은 둔화될 수밖에 없다. 개미들과 잔챙이 세력들만 움직이다보니 매수 기반은 취약하고 약간의 매물에도 추세는 쉽게 무너지고 만다. 사실 세력이 점심도 안 먹고 매매하는 것을 보았는가. 잔챙이 세력들이나 개미들만 점심때 모니터를 떠나지 못하는 것이다. 김밥이나 햄버거로 대충 때우면서 말이다. 그러니 시장 탄력은 급격히 둔화될 수밖에 없고, 투자 손실은 거래 횟수에 비례해 확대되고 만다. 여기에다가 증권 거래세나 증권사 수수료와 같은 소위 개평이 붙으니 손실은 더욱 커지는 것이다.

아무튼 큰 세력(메이저 포함)이 움직이지 않는 제2구간은 같이 쉬어주는 것이 상책이다. 무의미한 거래보다는 지수 흐름을 챙기고 메이저들의 동향을 모니터링하는 것이 좋다. 아울러 종가에 거래할 종목을 압축하는 것도 나쁘지 않다. 이때는 '현금도 주식이다' 라는 생각으로 주식 매수를 최대한 자제해야 한다. 실제로 이 구간에서 누가 더 인내력을 발휘해서 잘 참느냐, 여기에 따라 수익률은 크게 달라진다. 단 제2구간에서 매도나 교체 매매는 언제든 가능하다.

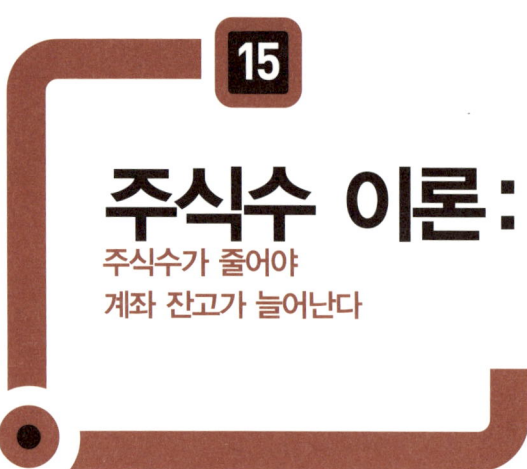

# 15 주식수 이론:
### 주식수가 줄어야 계좌 잔고가 늘어난다

**본전**회복심리는 개인 투자자들의 전유물이다. 보유 종목이 떨어지면 절대 못 판다. 주가는 이평선을 타고 추락하지만 아랑곳하지 않는다. 오히려 반등할 때를 대비해 추가 매수하며 버틴다. 한 방에 만회하려는 마음에 평균 매집 단가를 낮추는 것이다. 매번 이런 무모한 희망과 어설픈 거래 전략으로 원금이 왕창 뜯겨 나가지만 그 심리와 기대는 결코 버리질 못한다. 떨어지면 잘라주고 올라가면 이익을 키우는, 이런 기본 전략마저 지키지 않으면서 모두들 돈을 벌 것이라 굳게 믿는다.

정말 큰 문제는 팔고난 종목이 올라가면 이땐 절대 사지 않는다는 것이다. 배가 아파서 더 주고는 절대 못 사는 것이 우리 개미들이다. 어쩌면 떨어질 때 잘라주지 않는 것보다 더 심각한 문제가 바로 이것일지 모른다. 자기가 판 가격에서 10~20%만 올라도 절대 사지 않으니 주도주는 평생 못 산다. 그냥 배 아파하면서 그저 떨어지기만을 기다린다. 언젠가는 반드시 떨어질 것이라는 희망을 간직한 채 말이다. 이런 심리는 아마도 적정 주가의 기준이라는 PER을 배우면서부터, 저평가 논리에 젖으면서부터 그렇게 되지 않았나 생각한다. 분명한 것은 우리 개미들은 결코 돈을 벌 수 없는 심리로 똘똘 뭉쳐 있다는 사실이다.

자기가 판 종목을 웃돈 얹어서 살 수 없는 한, 대박은 없다. 그리고 가끔씩 대박이 터지지 않는 한, 자신의 계좌는 시간에 비례해서 쪼그라들 것이다. 만약 이런 호언장담에도 불구하고 작은 이익에 물량을 팔고 조금만 올라도 사지 않는 소심한 투자자가 돈을 벌었다면 방송이나 언론을 통해 나의 오만함을 정식으로 사죄할 것이다.

### 주식수가 줄어야 돈을 번다

일반적으로 주식수가 늘어나야 부자가 되는 것으로 알고 있는데 이는 사실과 다르다. 주식수는 통념과 달리 줄어들어야 부자가 된다. 평소 주식으로 성공하려면 일단 따블맨(한 종목에서 100% 이상 수익을 낸 사람)이 되어야 한다고 입버릇처럼 말한다. 그 비밀이 바로 이 주식수 논리에 있다.

"주식수가 줄어야 성공한다고? 아니, 이 무슨 괴변이야?"라고 반문할 사람이 많을 것이다.

그러나 사실이다. 돈 버는 계좌는 투자 기간에 비례해서 주식수가 감소해야 한다. 예를 들어 설명하겠다. 삼성전자를 1,000주 가진 사람이 부자인가, 하이닉스를 10,000주 가진 사람이 부자인가. 얼른 모르겠으면 계산을 해보자. 먼저 2010년 11월 초, 기준으로 삼성전자 1,000주면 대략 7억 5천만 원 정도이다. 삼성전자가 주당 대략 75만 원 정도하니까 그렇다. 그런데 하이닉스는 주당 2만 3천 원 정도 한다. 그러면 10,000주 다 해봐야 2억 3천만 원 정도에 불과하다. 자, 누가 부자인가.

삼성전자, IMF 당시 3만 원에 불과했다. 물론 그 전엔 1만 원이었던 시기도 있었을 것이고, 2만 원대일 때도 있었을 것이다. 정말 안타까운 것은 1만 원에 매도한 사람은 2만 원에 다시 매수하시 않는다는 사실이다. 이런 거래 심리, 더 주고 사지 않는 거래 심리 탓에 일반 투자자들이 부자가 되지 못하는 것이다. IMF 당시 3만 원에 처분한 사람은 지금도 삼성전자, 사지 않고 가격만 본다.

"1주에 75만 원이라니! 휴, 난 3만 원에 팔았는데……."

이렇게 한숨만 쉬면서 평생 동안 가격만 바라볼 뿐이다.

반면에 세력들이나 메이저들의 투자 행태는 180도 다르다. 미래 성장 가치가 높다는 판단이 들면 가격이 급등해도 무시하고 공격적으로 산다. 주가가 오르는 대로 쫓아가면서 물량을 확보한다. 5만 원에도 사고, 10만 원에도 산다. 특히 RP가격대를 돌파하는 날은 더 많이 산다. 그들의 투자 기준은 개미들과 180도 다르다. 가격 논리는 개미들, 미래 성장 논리는 메이저들이다. 과거에 그들은 삼성전자를 10만 원에도 샀고, 50만 원에도 샀다. 그러니 지금은 70~80만 원대까지 온 것이다. 지금껏 주식 투자에서 대박이란 모든 열매는 고스란히 세력들과 메이저들의 몫이 되었다. 어쩌면 주가 급등에 따른 리스크를 감안하고 비싸게 매수한 그들에게, 이런 정도의 보상은 당연한 것이 아닐까.

다시 주식수 논리로 돌아가 보자. 그러면 지금 삼성전자를 갖고 있는 투자자의 경우, 과거 IMF 때부터 갖고 있는 투자자들과 비교해서 보유 주식수가 늘었을까, 줄었을까. 추측하건대 매수 이후 줄곧 들고 있었다면 모를까, 주식수는 아마도 크게 줄어 있을 것이다. 그런데 주식수는 줄어들어도 지금껏 삼성전자를 보유하고 있는 사람은 그래도 부자다. 만약 IMF 때 2천 주 갖고 있었던 투자자라면 지금은 1천 주를 채 못 갖고 있을 것이다. 교체 매매 과정에서 주식수 손실이 분명 있었을 것이다. 그런데 주식수가 절반으로 감소했다고 과연 그 사람이 더 가난해졌을까. 아니다. 오히려 삼성전자를 팔고 과거 현대전자(현 하이닉스)로 옮겨간 투자자들이 훨씬 더 가난해졌을 것이다. 물론 그들은 주식수도 대폭 늘어나 있을 것이며, 계좌는 저가주로 가득 채워져 있을 것이다. 내가 말하고자 하는 논리의 핵심은 바로 이것이다.

강한 종목, 대장주를 쫓아다니다보면 주식수는 분명 감소할 것이다. 그러나 훗날 크게 오르는 종목들은 다 잡는다. 물론 계좌 잔고 또한 크게 늘어나 있을 것이 분명하다. 소위 황제주들이라는 롯데제과나 SK텔레콤, 삼성전자, 농심 같은 고가주들은 자기 계좌에 대부분 들어가 있을 테니 말이다. 최근이라면 LG화학이나 셀트리온, 기아차가 그 대상이 될 것이다. 반면에 이름도 잘 모르는 저가주들은 결코 자기 계좌에 들어올 수 없을 것이다.

만약 어느 날부터인가 당신의 계좌에 주식수가 늘어나기 시작했다면 이것은 적색경보로 받아들여야 한다. 주식수 증가는 하락 시 물타기를 하고 있거나, 강한 종목을 팔고 약한 종목으로 이동하고 있거나, 이 둘 중 하나다. 그렇다면 이런 식의 거래 흐름을 당장 바꿔야 한다. 이런 거래를 지속한다면 당신이 시장에서 버틸 수 있는 시간은 채 1년이 안 될 것이다. 어쩌면 몇 개월도 못 버티고 깡통을 찬 채 쓸쓸히 퇴장할지도 모를 일이다. 과거 2000년대 초, 삼성전자를 팔고 현대전자로 넘어간 격이다(한때 현대전자는 200원대까지 폭락했다). 도대체 얼마나 버틸 수 있겠는가.

지금 당장, 약한 종목으로의 물량 이동을 멈춰라!
그리고 지금 당장, 당신의 계좌를 강한 종목으로만 채워라!

이 글을 읽는 모든 분들에게 한번 묻고 싶다. 과연 좋은 종목이, 오랫동안 묻어두고 싶은 종목이 단 한 번이라도 자신의 마음에 들 정도로 싼 적이 있었나? 짐작컨대 좋은 종목은 매번 비쌌을 것이다. 이는 틀림없다. 지난 2007년 초, 중국시장이 부글부글 끓자 5만 원이던 현대중공업, 5만 원도 비싸다고 생각했는데 어느 날 10만 원을 떡하니 뚫고 날아갔다. 어떻게 가격 부담을 느끼지 않을 수 있겠는가. 그런데 채 1년도 안 되어서 이제는 50만 원으로 급등했다. 그러자 5만 원, 10만 원하던 가격대는 정말 거저다 싶은 생각이 드는 것이다. 그리고 그때와 같은 바닥은 두 번 다시 오지 않는다는 걸 뒤늦게 깨닫게 되는 것이다.

"아, 그때 무조건 따라붙었어야 했는데……."

이런 얘기도 시간이 많이 흐른 후, 과거 가격대를 떠올리면서 하는 말이다.

지금 고가주들, 예를 들어 롯데제과나 남양유업, POSCO, SK텔레콤 등등 이런 고가주들은 소심한 개미 투자자들 관점에서 이제 과거 회상 종목으로 남았다. 이 모든 후회와 아쉬움은 주식수 이론을 등한시한 탓이다. 아울러 강한 종목을 내 계좌에 적극적으로 편입시키지 못한 소심함 탓이기도 하다.

한편, 가격 측면에서 그동안 우리 마음에 딱 맞는 종목, 싸고 만만한 종목들의 결과는 과연 어떻게 되었을까. 낙폭 과대, 초저가주, 혹은 소위 대바닥 종목들은 그간 초대박주 1순위로 꼽히며 개미들을 열광하게 했다. 그런데 지금 이들 종목의 말로는 비참하기 짝이 없다. 개미들을 열광케 했던 상당수의 저가주들은 현재 몇백 원으로 전락했거나, 상장 폐지 되었다. 2009년도에만 무려 83개의 종목이 상장 폐지의 길을 걸었다(코스피 18개, 코스닥 65개). 2010에는 코스닥에서만 74개나 같은 길을 걸었다.

그렇다면, 떨어지고 있는 이런 종목들을 끝까지 물타기하면서 물량을 늘렸던 개미 투자자들은 또 어떻게 되었을까? 물어볼 것도 없이 장렬하게 전사했거나 지금까지 꼼짝없이 물리고 있다. 과거 이런 바닥 매수 논리에서 벗어나지 못한 투자자의 대부분이 시장에서 비참하게 퇴출당한 것이다. 그놈의 저점 매수 논리 때문에 말이다.

싼 종목 좋아해서 부자된 사람, 필자 주변엔 없다. 그럼에도 불구하고 개미들은 여전히 싼 종목을 선호한다. 마치 로또 복권을 사는 그런 심정으로 말이다. 거듭 강조하지만 '부자가 되기 위한 유일한 방법'은 강한 종목에 대한 배팅이다. 대박을 위해선 대박을 향해 달려가고 있는 종목을 다뤄야 한다. 그게 바로 웃돈 이론이 필요한 강한 종목이다. 5일선 코브라 머리가 나온 종목, 거래량이 평소보다 100% 이상 터지면서 저항선을 강하게 뚫은 종목, 메이저가 집중적으로 매집하면서 20일선을 계단식으로 타는 종목 말이다. 2009년 이후 LG화학이나 삼성전기, 그리고 기아차나 셀트리온, OCI 등이 좋은 샘플이다. 지금껏 대박은 모두 이런 강한 종목에서 탄생했다. 우린 이점을 기억해야 한다.

참고로 역사적 저점을 기록 중이거나 현재 상장 폐지 된 종목의 대부분은 오랫동안 바닥권에서 횡보하던 약한 종목들이었다. 결국, 대부분의 개인 투자자들은 이런 약한 종목을 사 모으면서 서서히 가난해진 것이다. 마치 불나방이 불을 보고 뛰어들듯이 약한 종목을 무모하게 배팅하면서 말이다.

'내가 어쩌다 이렇게 되었지?'

뒤늦게 후회하지만 그 원인은 끝까지 알지 못한다. 지금껏 낙폭과대주나 과매도 종목에 대한 배팅은 정당할 뿐만 아니라 확률도 높다고 배웠기 때문이다.

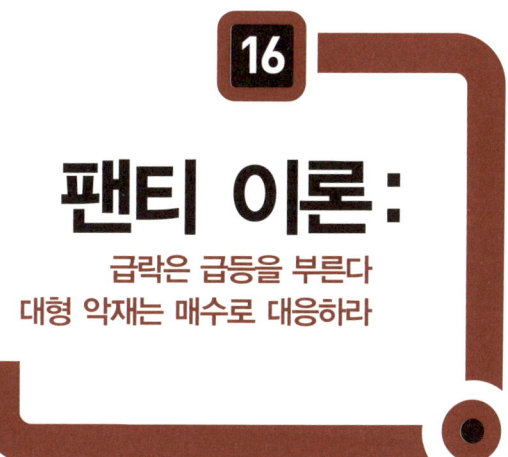

# 팬티 이론:
### 급락은 급등을 부른다
### 대형 악재는 매수로 대응하라

주가의 모멘텀은 불확실성이다. 불확실성이 확실성으로 바뀌면 모멘텀은 사라지고 주가의 급등락도 끝이 난다. 호재든 악재든 불확실성이 증폭되면서 급등도 급락도 일어나는 법이다. 주가가 루머에 움직이고 뉴스에 멈추는 이유도 다 여기에 있다.

사실 시장에 떠도는 루머가 사실로 판명이 나면 주가는 재료의 가치만큼 움직여야 맞다. 그러나 다들 경험해봤지만 실전에선 전혀 그렇지 않다. 어떠한 루머나 재료든 일정 시점이 지나 정작 사실로 들어나면 주가의 움직임은 그것으로 끝이다. 오히려 시세 흐름이 재료의 가치와 반대로 흐르는 경향도 많다. 루머에 사고 뉴스에 파는 이유이다. 이런 현상을 '충격 이론'으로 설명하기도 한다.

뉴스가 처음 흘러나오는 시점에 투자자에게 미치는 정보의 충격은 크다. 정보의 분석보다는 정보가 터진 것에 대한 기대나 두려움으로 과민하게 반응하기 때문이다. 한마디로 불확실성에 대한 충격이다. 그러나 충격에서 벗어나면 필요 이상으로 과민하게 반응했다는 사실을 깨닫는다. 그러면 작용 반작용의 법칙에 의해서 자연스럽게 갭이 메워진다. 정보의 불확실성이 크고 충격이 크면 클수록 갭 메우기는 더욱 빠르게 진행된다. 특히 대형 악재의 경우 이런 현상은 더욱 두드러지는 법인데, 이 현상을 주식 시장에서는 '팬티 이론'으로 부른다.

통상적으로 돌발 호재는 지수 상승, 돌발 악재는 지수 하락이 뒤따른다. 이것이 일반적인 현상이다. 그런데 이런 논리로만 접근하면 매매를 거꾸로 하게 될 가능성이 높다. 주가는 실물의 움직임보다 항상 먼저 움직이기 때문이다.

돌발 악재는 심리적 충격이 커서 시장 참여자를 필요 이상으로 과민하게 만든다. 돌발 악재가 터졌을 때 초기에 주가가 급락하는 이유이다. 그러나 돌발 악재로 인한 주가 급락은 펀더멘털의 변화가 없는 상태에서 주가만 싸지는 효과가 있다. 이는 평소 시장에 참여하고자 했던 대기 매수세를 크게 자극한다. 결국 돌발 악재로 인한 주가의 급락은 대기 매수세에 의해 제한적인 하락에 그치고 오히려 대기 매수세를 자극, 주가는 낙폭 이전의 수준으로 되돌아가고 만다. 그런데 추세의 성질이 그렇듯이 한 번 돌아선 추세는 오랫동안 그 흐름을 유지하려는 경향이 있다. 이것이 돌발 악재가 터졌을 때 매도가 아닌 매수로 대응해야 하는 이유이다.

주의해야 할 점은 악재가 터졌을 때 매수 시점을 어디로 잡느냐 하는 것인데, 악재로 인한 매물이 쏟아지다가 딱 멈추었을 때, 그때를 노리는 것이 좋다. 테마 매매도 그렇지만 돌발 악재로 인한 급락주의 매수 타이밍은 한 템포 빨라야 한다. 해서 떨어지던 주가가 상승으로 터닝하기 전에 물량이 멈추는 지점, 가파르게 떨어지던 분차트가 딱 멈추는 지점을 매수 타이밍으로 삼아야 한다.

'팬티 이론'의 대표적인 사례는 2001년 미국의 9·11 테러 사건이다. 당시에 초대형 테러가, 그것도 미국 심장부에서 발생하자 세계 경제는 엄청난 공포와 혼돈에 빠졌다. 글로벌 증시는 개장부터 쏟아지는 투매성 물량으로 인해 3일 동안 폭락을 거듭했다. 심리적 충격이 워낙 큰 탓에 투매는 3일째 멈출 생각이 없었다. 심지어 공매도 세력까지 판을 치며 급락 폭은 더욱 확대됐다. 그러자 일부 전문가들은 과거 사례를 들먹이며 이럴 때일수록 오히려 매수로 대응해야 한다고 주장했다. 과거 1차 대전이 오히려 대공황을 살리는 촉매제가 되었다는 점, 미국 경제의 펀더멘털은 전혀 훼손되지 않았다는 점 등을 들며 새로운 시장의 형성을 주장한 것이다. 물론 당시에 '시장은 살 때'라고 외친 전문가는 소수였다. 그러나 그들의 주장은 강했다. 투자자들은 과매도한 물량을 서서히 거둬들이기 시작했다. 주가는 고작 3일 간의 조정만 거치고 폭등으로 이어졌다. 그러자 '팬티 이론'이 모든 투자자들의 입에 회자됐다. 팬티는 천천히 내려가면 방치하지만 급하게 내려가면 민망한 나머지 급히 올린다는 이 팬티 이론이 당시의 시장 상황을 딱 맞게 표현했던 것이다.

문제는 끌어올린 팬티의 위치이다.
급하게 끌어올리다보면 팬티가 있던 원래의 자리보다 훨씬 높이 올라가는 법이다. 이것이 사실상 팬티 이론의 핵심이다. 개구리를 찬물이 담긴 냄비에 넣고 천천히 가열하면 빠져나오지 못하고 죽지만 처음부터 뜨거운 물의 냄비에 넣으면 바로 튀어나오는 것과 같은 이치다.
시장도 이와 같다. 주가의 완만한 하락은 반발매 수세를 자극하지 못하기 때문에 하락 구간이 길게 이어지는 경향이 있다. 그러나 외부 변수에 의해서 단기간에 급락하면 반등도 급격하게 진행하는 법이다. 투매 다음에 급반등이 뒤따르는 이유다. 바닥권 주가에서 종종 탄생하는 V자형 패턴은 이래서 탄생하는 것이다. 필자는 V자형 패턴을 종종 '팬티 패턴'이라 부른다.

9·11 테러 사건 당시에 정황은 '팬티 이론' 그대로였다. 당시 글로벌 증시의 급락은 경기 탓이 아닌 돌발 악재로 인한 급락이었다. 팬티가 급하게 흘러내린 상황이었다. 그러자 백악관과 월가는 서둘러 진화에 나섰다. 테러로 인한 후속 조치는 신속했고 현 시점에서 주식 투자는 득실을 따졌을 때 얻는 게 훨씬 크다는 주장을 마구 쏟아냈다. 급매물은 사라졌고 공매도 물량도 서둘러서 정리에 들어갔다. 그러자 시장은 놀라울 정도의 속도로 회복했다. 한 번 회복세를 탄 시장은 9·11 테러 전의 주가 수준으로 회복한 이후에도 오랫동안 상승세가 이어졌다. 급하게 끌어올리면 원래의 팬티 자리를 훌쩍 넘어선다는 팬티 이론이 그대로 재연된 것이다. 특히나 급락을 주도했던 항공주들의 반등 폭이 가장 컸다는 점은 두고두고 시사하는 바가 컸다.

한편 상승 중 돌발 호재는 단기 최고점이다. 이것은 '팬티 이론'과 반대의 상황이다.

돌발 호재가 터지면 정보의 과민성으로 인해 순간적으로 급등했다가 주가는 원위치가 된다. 특히 상승 추세가 오랫동안 진행된 상태에서 이런 현상은 더욱 두드러진다. 정보를 취득한 개인 투자자들이 쉽게 흥분해서 매수에 나서지만 선취매 세력들은 그 기회를 이용해서 물량을 정리하기 때문이다. 팔 수 있을 때 파는 게 세력 아닌가. 주가가 오랫동안 올랐다면 이미 선취매 세력이 있다는 얘기고, 호재가 떴을 때 개인들의 매수세가 가장 많이 붙는다는 것을 알고는 물량을 파는 것이다. 돌발 호재가 단기 효과로 끝나지 않고 장기적으로 시장에 영향을 미치려면 금리를 인하하거나 기업의 분기 실적이 급증하는 등 펀더멘털에 직접적인 영향을 미쳐야 한다. 구조적인 변화가 없는 단발성 호재는 오히려 세력들의 매도 욕구만 자극할 뿐이다.

'팬티 이론'의 결론은 간단하다. 돌발 악재 초기는 팬티가 천천히 내려가는 상황이기 때문에 팔고 나오는 것이 좋지만, 투매로 인해 지수가 가파르게 급락하면 매수를 준비해야 하고, 반발 매수세가 유입되면서 하락세가 멈추는 시점이 오면 그땐 매수로 따라붙어야 한다는 것이다.

만약, 돌발 악재가 발생한 초기에 매도로 대응하지 못했다면 막판 투매에 동참할 필요는 전혀 없다. 투매 이후에 반등을 노려 매도해도 늦지 않을 것이다. 돌발 악재에 매도 대응은 초보 관점, 매수 대응은 프로 관점이란 사실을 잊지 말아야 한다. 다만 분할 매수는 필요하다. 결국 시장은 추세라는 큰 파도를 따라 움직이게 되어 있으며 그 추세는 변동성이 확대된 이후 서서히 바뀐다. 매수의 급소는 변동성이 확대되었다가 축소되는 바로 그 시점이다.

한 가지 주지해야 할 점이 있다. '팬티 이론'은 불확실성에 따른 충격과 주가 급락, 그리고 과민 반응에 따른 갭 메우기 등은 설명이 된다. 그러나 시장을 움직이는 기본 메커니즘을 설명하기에는 턱없이 부족하다. 주식 시장은 수급 논리에 의해 효율적으로 움직이는 시장이다. 정보가 시장 흐름의 핵심 메커니즘은 아니란 얘기다. 오히려 정보는 취득 순서가 달라서 때로 독배인 경우가 많다.

### V자형 패턴 이론

V자형 패턴은 단기 반등 패턴으로서 급락에서 급등으로 반전하는 패턴이다. 앞서 팬티 이론과 같은 맥락의 이론이다. 굳이 차이를 들라면 팬티 이론은 스윙 관점, V자형 패턴은 장중 데이 관점에서 주로 표현한다.

V자형 패턴은 돌발 악재 때 많이 나타나는 패턴이다. 예를 들어 북한 핵실험이나 김정일 사망설과 같은 루머가 돌 때 많이 나타난다. 이런 돌발 악재는 일정폭 급락한 후, 강하게 반등을 주기 때문에 급락을 멈추는 시점에 매수 전략이 유효하다. 돌발 악재는 매수 대응이라는 공식이 성립한다.

반면에 글로벌 재정 위기나 금융 위기, 국가 신용 등급 강등 같은 대형 악재는 추세적인 하락이 온다. 단발성 악재가 아니기 때문이다. 이런 장기 악재가 발생할 경우, V자형 패턴은 거의 출현하지 않는다. 반등 시점을 기다리기보다는 한시라도 빨리 팔고 떠나는 것이 최선이다. 만약 급락 초입에 물량을 정리하지 못했다면 반등 후 되돌림 자리에서는 반드시 털고 나와야 한다. 대형 악재로 인해 무너진 추세는 단기간에 원래의 가격대로 회복하기가 거의 불가능하기 때문이다. 경험적으로 대략 하락폭의 50~60% 반등 시점에는 팔고 나오는 것이 좋다. 이 자리에서 되돌림 현상이 많이 나오고 추세는 재차 하락으로 이어지기 때문이다. 아무튼 V자형 패턴은 직전 고점이 한계다. 반면에 팬티 이론에 의한 급등락은 악재 발생 전보다 훨씬 더 상승하는 경향이 있다. 직전 고점을 넘더라도 물량을 굳이 정리할 필요가 없다.

V자형 패턴과 관련한 트레이딩 전략은 이렇다. 하락장인 경우다.

장 중에 추세가 무너진 경우, 1단 하락에서 매수는 절대 금지다. 추세 하락의 시작일 수가 있다. 매수 욕구가 일어도 참아야 한다. 물론 매도는 가능하다. 최소한 2단 하락이 있은 후 매수로 접근해야 한다. 이때 2단 하락이 멈추는 자리를 노려야 한다. 3단 하락도 종종 출현하지만 완만한 각도에서 나타나는 현상이라 투매성 패턴과는 다르다. 경험에 의하면 급락 패턴의 하락은 대개 2단 하락으로 마무리된다. 결론적으로 투매성 급락은 2단 하락이 멈추는 지점을 노려야 한다. 이때 주의해야 할 것은 결코 머뭇거려서는 곤란하다는 것이다.

2단 하락이 멈추고 반등을 시작하면 이땐 늦다. 전진하는 배를 멈추기 위해서 역회전을 걸면 배의 속도가 둔화하는 지점이 나오는데 이때 역회전을 멈춰야 하는 것과 같은 원리다. 배가 후진하는 지점까지 기다렸다가 역회전을 멈추면 배는 이미 탄력이 붙어 강하게 후진하는 법이다.

지수가 돌발 악재로 인해 2단으로 급락하면 소수의 고수들은 물론 다수의 개미들도 매수 타이밍을 노린다. 지수가 멈추는 시점에는 고수가, 지수가 반등하는 시점에는 개미들이 달려든다. 이런저런 물량이 겹치면서 급락을 멈춘 주가는 순식간에 급등해버린다. 후진으로 탄력이 붙은 배처럼 지수의 반등은 매우 빠르다. 반등 속도가 워낙 빠르니까 시장가로 주문을 넣지 않는 한 매수가 되질 않는다. 성급한 투자자들은 호가를 올리면서 따라붙는다. 시장가 주문으로 추격 매수하는 개미들의 물량까지 겹치면서 해당 종목과 지수는 가파르게 반등한다. 이때 소수의 발빠른 선수들로 인해 차익 매물이 쏟아진다. 하락 폭의 절반 정도에서 되돌림 패턴이 나오고 반등은 멈춘다.

시장에 트레이더가 많아서 그런지 V자형 패턴은 곧잘 나온다. 실제로 이들 단타 물량 때문에 급락장이 멈추는 경우가 많다. 투매장에서 급락을 멈출 수 있는 거의 유일한 패턴, 이것이 바로 V자형 패턴이다.

결론적으로 돌발 악재로 급락하는 경우, V자형 패턴의 탄생을 예상한 거래 전략을 펴야 한다. 최선은 V자형 패턴이 탄생하기 전, 하락 추세 초입에 팔고 나오는 것이다. 그러나 매도 시점을 놓쳐서 투매에 걸렸다면 기다렸다가 V자형 패턴이 나오는 반등 자리에서 매도하는 것이 좋다. 지수가 2단 하락으로 급락하면 투매 끝물이라고 판단해야 한다. 이땐 버텼다가 낙폭의 절반 정도 반등 자리에서 매도하는 것이 좋다.

하락 추세에서 매수는 1단 하락 구간에선 없으며 2단 하락 구간을 노려야 한다. 이때 투매성 급락이면 지수의 순간 멈춤 자리에서 매수해야 한다. 그러기 위해서 투매성 2단 하락이 시작하면 매수할 대상을 미리 압축해둘 필요가 있다. 이때 매수 대상은 많이 떨어진 종목이 아니라 지수 하락에도 불구하고 굳건하게 버티는 종목(관리주나 우선주, 저가주 등과 같은 잡주는 제외)이다. 바로 하방경직성이 있는 종목이다. 이왕이면 외국인이나 기관이 물린 종목이 좋고, 지수 급락으로 상한가 이탈한 종목도 좋다.

참고로 북한 리스크로 인한 투매는 거의 V자형 패턴이 나온다. 이때 최고의 거래 전략은 투매의 멈춤 지점에서 분할 매수로 대응하는 것이다. 바닥의 끝을 알 수 없기 때문에 단판 승부는 금물이다. 적어도 2회는 나누어서 사야 한다.

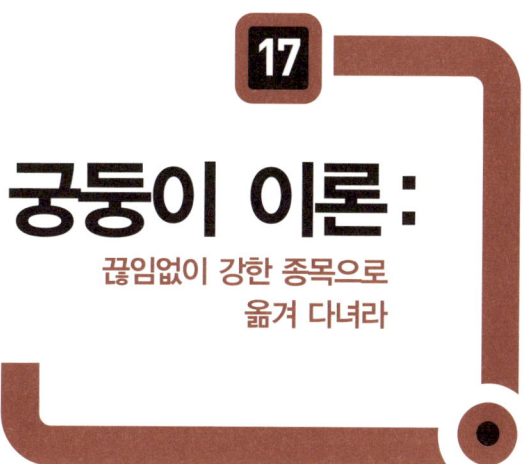

# 17 궁둥이 이론:
### 끊임없이 강한 종목으로 옮겨 다녀라

칭기즈칸은 몽골을 통일하고 세계 정복을 나섰다. 당시 몽골의 인구는 대략 200만 명, 동원 가능한 군대는 고작 10만 명에 불과했다. 칭기즈칸이 이런 소규모 부대를 끌고 유럽까지 정복하며 역사상 최대의 땅을 차지할 수 있었던 원동력은 바로 기동력에 있었다.

몽골족은 유목민이었다. 태어나면 걸음마보다 말 타는 법을 먼저 배웠다. 몽골 군사 전체가 기마병일 정도로 당시 칭기즈칸 군대의 기동력은 세계 최고를 자랑했다. 그러니 무거운 갑옷의 중세 유럽 기사들이 몽골의 기마병들에게 속수무책으로 당할 수밖에 없었던 것이다. 몽골의 기동력과 함께 칭기즈칸이 세계를 정복할 수 있었던 배경에는 그의 승부에 대한 철학이 한몫했다. 그가 내세운 삶의 철학이자 교훈은 이랬다.

'성을 쌓는 자는 반드시 망할 것이며, 끊임없이 이동하는 자만이 살아남을 것이다.'

그의 교훈에는 유목민으로서 생존의 법칙은 오로지 기동력밖에 없다는 것을 말해준다. 그러나 안타깝게도 칭기즈칸의 교훈은 후대에 끊겼고 몽골족은 몰락했다. 칭기즈칸은 절대 성을 쌓고 안주하지 말라고 가르쳤다. 부지런히 옮겨 다니라고 가르쳤지만 후손들은 그의 교훈을 무시했다. 거대한 궁궐을 짓고 안주했다. 유럽을 정벌하면서 노략질한 보물들로 궁궐을 가득 채웠다. 결국 그들은 유목민의 정체성인 기동력을 잃으면서 100년의 세월도 못 채우고 다시 북방 초원으로 쫓겨났다.

### 방이 차면 궁둥이를 옮겨라

필자가 제자들에게 항상 강조하는 말 중에 하나다. 방이 차면 궁둥이를 옮겨야 한다. 미적거리다간 치질 걸리기 십상이다. 궁둥이가 차면 참지 말고, 조금이라도 더 따뜻한 곳을 찾아 궁둥이를 옮겨야 한다. 그것이 따뜻한 것을 포기하고 찬 방바닥에 그냥 버티는 것보다 백번 낫다.

표를 끊을 때도 줄이 짧은 쪽으로 얼른 옮기는 것이 낫듯이, 낚시를 할 때도 입질이 없으면 포인트를 옮기는 게 낫다. 항상 발품을 팔면 보상은 큰 것이 세상의 이치다.

사실 궁둥이를 많이 옮길 필요는 없다. 아주 조금만 옮겨도 원하는 것을 쉽게 얻기도 한다. 게다가 항상 궁둥이를 옮길 필요도 없다. 궁둥이가 많이 찰 때마다 조금씩 이동하면 된다. 그러면 어느 순간, 따뜻한 아랫목을 만나고 거기서 오랫동안 머물면 된다. 따뜻한데 굳이 궁둥이를 옮길 이유는 없지 않은가.

지금, 당신의 궁둥이가 차다고 생각하는가?

그러면 궁둥이를 옮겨라.

부지런히 발품을 팔다보면 뜻하지 않게 아랫목을 차지한다.


모쪼록 트레이더는 부지런해야 한다. 방이 차면 부지런히 궁둥이를 옮기듯이, 자신의 보유 종목이 약하면 쉼 없이 옮겨가야 한다. 잘 안 밀리면서 저가 매수세가 꾸준히 유입되는, 그런 강한 종목으로 열심히 옮겨 다녀야 한다. 이것이 트레이더의 역할이자 본분이다. 절대 수익률을 추구하는 것이 트레이더의 본분이 아닌가.

필자가 장담하는 것이 있다.

"게으른 트레이더는 반드시 도태된다!"


과거 칭기즈칸의 후손들도 성을 쌓고 안주하면서 멸망했다. 바둑에서도 줄바둑은 대패다. 도망을 가든 상대를 쫓든 한 칸 뛰기, 두 칸 뛰기로 가볍게 움직여야 한다. 주식도 줄바둑처럼 포지션이 쓸데없이 긴 트레이더가 있는데 분명히 도태된다. 떨어지는 종목을 안고 아무 대책 없이 버티는 트레이더, 자신이 보유하고 있는 종목을 외국인이나 투신들이 열심히 팔고 있는데도 본전 가격만 생각하고 붙잡고 있는 트레이더, 분명히 도태된다. 시장에서 도태되지 않으려면 부지런히 옮겨 다녀라. 오랫동안 생존할 수 있는 유일한 해법은 교체 매매밖에 없다.

거듭 강조하지만, 강한 종목으로 교체 매매, 평생 동안 바뀌지 않는 유일한 매매법이다.

간혹 강연회에서 따지는 분이 있다. 내가 팔라고 해서 팔았더니 나중에 날아갔다는 식이다. 하락을 멈췄을 때 다시 샀으면 됐을 것을 말이다. 사실 손절매 조언을 원망하려면 전문가에게 종목을 상담할 필요가 없다.

이렇게 생각하자. 손실난 종목을 팔고 시장을 떠날 것이 아니라면 교체 매매한 종목이 상승하면 되는 것이라고 말이다. 지수가 좋아서 모든 종목이 날아갔는데 손절매한 종목을 아까워하고 전문가에게 하소연한들 무슨 소용이 있겠는가. 교체 매매를 통해 다른 종목을 삽지 못한 자신의 문제이다. 그리고 옮겨간 종목도 분명히 상승했을 것인데 왜 그것은 인정하지 않는지 모르겠다.

매수 추천도 같은 관점에서 봐야 한다. 매수할 요량으로 종목 상담이 들어오는 예도 많다. 과거 현대전자가 그랬다. 2000년 이후 한동안 하이닉스, 절대 사지 말라고 했다. 나만 그랬는가? 당시의 현대전자는 어마어마한 주식수와 부실의 온상이었지 않은가. 매수하라고 할 전문가는 어디에도 없었다. 그런데 요즘 하이닉스, 과거에 비하면 좋아도 너무 좋다. 지금은 필자도 하이닉스, 인정하고 간혹 추천도 한다. 문제는 일부 투자자들이 과거 현대전자 때 팔라고 한 사실을 지금 얘기한다는 것이다. 언제적 이야기를 지금껏 꽁하고 있다가 강연회에서 그것을 질문한다. 참 곤혹스럽다. 무려 10년 동안 다른 종목은 전혀 투자하지 않은 것처럼 하이닉스만 콕 집어서 말한다. 미치고 팔짝 뛸 일이다. 결과론적인 얘기지만 당시에 현대전자 팔고 삼성전자로 교체 매매했으면 오히려 대박이 터지지 않았을까. 아니면 교체 매매로 몇 바퀴 돌아서 2003년 즈음에 하이닉스, 다시 보유하고 있었으면 될 것 아닌가.

교체 매매의 핵심은 판 종목이 아니라 새로 옮겨간 종목이다. 대우증권, 매도 이후에 5% 상승했다고 가정하자. 대우증권 팔고 기아차로 넘어갔는데 기아차가 3% 상승에 그쳤다면 약간 섭섭할 것이다. 5% 가면 본전이다. 그러나 기아차가 10% 상승했다면 이건 교체 매매 성공이다. 그렇지 않은가. 그런데도 대우증권 팔고 난 후, 5% 상승한 것을 아까워한다. 팔고 난 종목은 볼 필요도 없는데 말이다.

　내 계좌엔 10%나 이익이 난 기아차가 있다. 트레이더는 이것만 기억하면 된다. 대우증권을 아까워해야 할 일이 아니라, 기아차를 고마워해야 하는 것이다. 이것이 교체 매매의 원칙이다.

　평소 시장이 폭락했을 때, 필자는 방송이나 글을 통해 의연하게 대처하라는 주문을 넣곤 한다. 장이 폭락했더라도 자신의 종목만 떨어지는 것이 아닌데 뭘 그리 심각히 생각하는가 말이다. 주식 시장, 조만간 떠날 계획이라면 모를까 평생 자신의 인생과 투자가 함께하는 것이라면, 모든 종목이 똑같이 조정을 받는데 특별히 억울할 것도 없다. 오히려 평소에 사고 싶었던 종목을 매수할 수 있는 절호의 기회로 생각해야 하지 않을까. 주도주로의 교체 매매가 가능한 절호의 기회 말이다.

　혹, 이런 경우는 예외일 수 있겠다. 시장이 전반적으로 상승하는데 자기 종목만 떨어지는 경우, 이런 경우에는 속상해하는 것이 맞다. 주식수 논리에서 보았듯이 강한 종목으로 옮겨가지 못한 상태에서 물량이 감소하는 것이기에 이 경우는 분명 큰 손실이다.

　마라톤 경기에서 한 번 선두 그룹을 이탈하면 다시 선두 그룹에 들어가는 것이 불가능한 것처럼 시장 평균에 못 미쳐 주식수가 감소하면 훗날 장세가 상승으로 전환되었을 때 따라잡기가 무척 어렵다. 내 주식 떨어지고, 다른 주식 올라가면 그 이격은 순식간에 곱으로 증가하니 말이다. 아마도 다른 종목으로 옮겨갔을 때 주식수는 대폭 줄어들 것이다. 그때는 교체 매매 전략의 장점을 거의 잃는다. 그래서 상승장에선 반드시 수익을 내야 하고, 하락장에선 손실을 최소화해야 한다.

어쩌면 하락장에서 크게 벌리는 마음은 욕심일 수 있다. 그러나 최소한 잃는 폭을 상대적으로 적게 가져가는 것이 중요하다. 상승장에서 주식 보유 기간을 늘리고, 하락장에선 주식 보유 기간을 줄이는 것만으로도 크게 이익이 나는 법이다. 물론 하락장이란 기준과 정의는 전문가들, 특히 비관론자들의 분석과 전망이 아니라 기술적 기준으로 판단해야 한다. 20일선, 60일선 동시 이탈 정도를 기준으로 하면 적당하다.

말 나온 김에 극단적인 비관론자에게 한마디하고 싶다. 무엇이냐 하면, 제발 주식 시장 폭락이니, 삼성전자 70만 원 이탈이니 하는, 극단적인 비관론을 쏟아내지 말라는 것이다. 정말로 자신의 견해가 맞아서 장이 폭락했다고 치자. 혼자서 '용' 되면 그렇게도 좋은가. 솔직히 시황 전문가들, 트레이딩도 한 번 안 해본 구경꾼이지 않은가. 시장 본연의 정체성을 자신의 극단적인 시황관으로 부디 훼손시키지 말아달라는 주문을 하는 것이다.

주식 시장의 정체성이 뭔가. 주식을 사서 오랫동안 보유하는 것을 목적으로 탄생한 것이 주식 시장 아니던가. 주식을 팔고 떠나라고 만든 시장은 아니지 않은가. 주식 시장의 정체성이 그런 만큼 어떤 악재 속에서도 주식을 보유하려는 수요가 들끓었던 것이 바로 시장이다. 이것은 주식 역사가 말해주고 있다. 과거 IMF 때도 그랬고, 2001년 9·11 테러 사건 때도, 2008년 리먼 브라더스 사태 때도 그랬다. 시장은 매번 악재 이후에 놀라울 만치 강한 복원력을 보여줬다. 이것이 다 시장의 정체성 때문이다. 주식 시장은 반드시 확장하는 쪽으로 간다는 정체성 말이다.

극단적인 시황관은 잠시 잠깐 맞는 경우도 있다. 필자도 그점은 인정한다. 그러나 시간이 흐르면 극단적인 시황관은 항상 틀린다. 지금까지 주식 역사를 보면 알지 않는가. 부디 어설픈 극단주의로 시장의 팽창을 막으려는 시도는 멈춰져야 한다. 그들의 극단적 시황관 때문에 삼성전자를 빼앗기고, 롯데제과, 농심을 빼앗긴 불쌍한 개미들이 지금껏 얼마나 많았는지 기억하기 바란다. 제발, 10년 후 20년 후, 국내 증권 시장의 밝은 미래를 생각한다면 이런 극단적인 비관론만은 자제했으면 한다.

솔직히 비관론자들의 견해는, 맞더라도 투자자 입장에서는 불쾌하지 않은가.

시장의 정체성은 계속적인 성장 쪽이다. 그렇다면, 결론은 하나다. 교체 매매다. 주식 투자는 쉬는 것이 아니라, 끊임없이 강한 종목으로 옮겨가는 것, 바로 이것이 교체 매매다. 굳이 시장을 들락날락 할 필요도 없으며 떨어지는 종목을 갖고 머뭇거릴 필요도 없다. 교체 매매가 있지 않은가. 강한 종목하고 놀기만 하면 된다. 쉬지 않고 종목을 바꿔타면서 자신의 계좌에 강한 종목을 채우기만 하면 된다. 이런 교체 매매만이 개인 투자자들의 해답이자 성공의 비밀이다.

그렇더라도 하락장엔 장사가 없지 않겠느냐는 이견이 있을 수 있다. 거기에 대해선 이렇게 말하고 싶다. 하락장에서는 옮겨가야 할 강한 종목이 많지 않다는 것을 기억하라고. 이런 사실은 교체 매매로 넘어갈 종목, 즉 강한 종목이 별로 없기 때문에 자연스럽게 주식수가 감소한다는 것을 말해준다. 주식 편입 비중도 낮아지겠지만 과도한 포트에서 소수 몇 종목으로 압축하는 효과가 발생한다. 리스크 관리가 자동으로 되는 것이다.

거듭 강조하지만, 교체 매매는 기준 없이 종목을 의무적으로 갈아타는 것이 아니라 약한 종목을 버리고 강한 종목으로 옮겨가는 거래법이다. 강세장과 약세장에 따른 보유 물량과 보유 기간의 조절은 자동으로 이루어지는 셈이다.

예를 들어 보자. 하락장에서는 박스권을 강하게 돌파하는 종목이 나오기가 매우 어렵다. 20일 이평선을 강하게 뚫는 종목도 거의 찾을 수가 없다. 20일 이평선 돌파를 위해서는 최소한 10일 이상 20일선 가격대 물량을 소화해야 한다. 단 하루 매수세가 강했다고 되는 것도 아니니 하락장에 20일선 돌파가 어찌 쉽겠는가.

원래 주도주는 평소 가격대에 비해 20% 이상 점프해서 강하게 버티고 있는 종목에서 탄생하는 법이다. 그런데 약세장에서 그러한 종목을 쉽게 찾을 수 있겠는가. 약세장에선 종목 대부분이 역배열 상태로 20일 이평선을 타고 힘없이 흘러내린다. 거래 규모의 감소는 특별한 노력 없이 이렇게 자연스럽게 진행된다. 물론 손실도 자동으로 제어될 것이다.

상대적 힘(Relative Strength: RS)이란 것이 있다. 시장 전체가 30% 떨어지더라도 자기 주식이 10%만 떨어졌다면 상대적 힘은 강한 것이다. 주식 거래야 어차피 평생 할 것이고, 그러니 적게 잃고 기회가 왔을 때 수익을 많이 내면 된다. 트레이더는 이런 논리에 강해야 한다. 주식 시장은 이런 상대적 논리를 적극적으로 활용해야 하는 곳이고. 상대적 힘의 논리대로, 강한 종목은 급락장에서도 굳건하게 버티는 법이다.

만약, 일주일째 횡보하면서 지지 캔들이 연속해서 탄생한 종목이 있다고 치자. 그런데 지금 장은 일주일째 힘없이 떨어지고 있는 하락장이라고 했을 때, 과연 이 종목은 강한 종목인가, 약한 종목인가. 그리고 이 종목으로 교체 매매해서 별 이익이 없다고 당신은 불평해야 맞는가, 아니면 상승장을 기대하고 크게 기뻐해야 맞는가. 답은 당신이 내리기 바란다.

사실 하락장이라고 해서 강한 종목이 없지는 않다. 오히려 급등 종목은 하락장에서 탄생하는 예가 많다. 특히 강세장 이후에 나타나는 조정장은 급등주밭이다. 2006년이 그랬다. 루보, 액티패스, 스타엠, 골든브릿지, 스카이뉴팜 등등 상승 폭만 500~4,000% 정도로 수많은 종목이 폭등했다. 지수를 끌고가던 주도 업종에서 빠져 나간 돈이 이들 소수의 개별주로 급격하게 빨려들어갔다.

약세장에도 급등주가 많이 탄생하는 이유는 주가 관리를 위해 특급 재료를 쏟아내는 기업들이 많기 때문이다. 경험적으로 주가 방어에 실패하면 기업의 존폐가 다급한 기업이 하락장에선 꼭 나타났다. 그러다보니 하락장에서는 소수의 급등 재료주(피인수, 경영권분쟁)를 공략하는 트레이더들의 수익률이 가장 높은 편이다. 물론 개별 소형주에 국한된 얘기다. 그러나 '꿩 잡는 게 매'라고, 매는 꿩만 잘 잡으면 된다. 트레이더는 장세에 맞게 수익을 올려주는 종목이면 개별 종목인들 굳이 마다할 이유가 있겠는가.

반대 논리로, 상승장이라고 해서 모든 종목이 상승하는 것 또한 아니다. 이 점이 우리가 끊임없이 교체 매매를 해야 할 또 다른 이유이다.

개인 투자자들은 이런 질문을 참 많이 한다.
"장세가 앞으로 어떨까요?"
"올해 안에 2천 포인트는 가겠죠?"

그런데 이런 질문을 하는 사람들이 갖고 있는 종목을 보면 절로 웃음이 나온다. 계좌에는 장이 좋아도 전혀 상관없을 그런 종목들로 가득 채워져 있다. 오히려 지수와 상관관계가 마이너스인, 즉 장이 좋으면 하락할 가능성이 매우 높은 저가주들만 수북하다. 그러면서 상승장을 기대한다. 아이러니하면서 한편 안타깝다.

그동안 숱하게 많은 투자자를 면담했다. 어떤 시기엔 증권 강연회를 돌면서 1

대1 면담권을 만들어서 대규모로 배포한 적도 있으니 오죽 많이 만났겠는가. 그런데 면담을 하면서 공통적으로 느꼈던 절망감이 하나 있다. 그들이 보유한 종목의 대부분이 크게 손실난 종목이거나 현재 하락 추세의 약한 종목이란 사실이다. 물론 그동안 추세가 강한 종목도 많이 매수했지만 지금껏 계좌에 남아 있겠는가. 이익확정심리 탓으로 진즉에 팔아치우고 말았던 것이다. 면담하면서 필자는 매번 같은 질문을 했다.

"당신의 계좌에는 왜, 이익이 난 종목이 하나도 없는 겁니까?"

마지막으로 교체 매매의 필요성에 대해서 하나만 더 알아보자.

교체 매매의 많은 장점 중에 편리성이 있다. 트레이딩은 변수와의 전쟁이다. 거래에 앞서 갖가지 변수를 챙겨야 한다. 환율, 외국인 포지션, 나스닥 선물, 글로벌 증시 동향, 지수, 분차트 흐름 등등. 그러나 교체 매매는 환율, 지수, 분차트 흐름 등은 크게 고려하지 않아도 좋다. 시장 흐름과 무관하게 교체 매매는 언제든 진행할 수 있다는 얘기다.

종목을 교체하기 전에 딱 두 가지만 보면 된다. 옮겨갈 종목의 차트와 메이저들의 매매 동향이다. 지수 흐름보다는 개별 종목의 수급만 보면 된다는 얘기다. 교체 매매는 종목에서 종목으로 넘어가는 것이기 때문에 상대적으로 더 나은 종목만 찾으면 된다. 지수는 무시하고 현재 가장 강한 종목, 내가 보유한 종목보다 더 안 밀리는 종목만 찾으면 된다. 이것이 사실상 교체 매매의 핵심이다.

혹시 지수가 떨어져서 옮겨갈 종목도 빠진다면 현재 보유한 종목은 더욱 빠질 것이다. 하방경직성이 더욱 강한 종목으로 옮겨 왔으니 버린 종목이 더 빠지는 것이 당연하다. 교체 매매를 공격적으로 해야 할 이유다. 강한 종목으로 옮겨가는 만큼 상대적으로 교체 매매 대상이 덜 빠질 것은 분명하다. 상대적 이득을 노리란 얘기다.

사실 교체 매매 시점도 큰 의미가 없다. 매도와 매수가 한쌍으로 연결되어 있기 때문에 장 중에 언제든 교체 매매가 가능하다. 다만 실패를 줄이기 위해서 2시 30분 이후, 종가 무렵을 택하는 것이 약간 낫다는 정도다. 종가 무렵이 아무래도 세력의 의도를 정확히 파악하기가 쉽기 때문이다. 이때 장세가 강세장이란 판단이 들면 교체 타이밍을 약간 앞당기는 것도 한 방법이다. 대략 2시 전후가 좋다. 막판 스퍼트가 시작되기 전에 물량을 옮겨놓는 것이다.

교체 매매는 물물 교환과 같다.

모든 사람이 종목 가치를 똑같이 평가하지 않으니까 물물 교환이 가능하다.

당신이 좋다고 생각하는 종목도 버리는 사람이 반드시 있다!

당신이 나쁘다고 버리는 종목도 사는 사람이 반드시 있다!

자, 오늘 당장! 어떤 종목으로 바꿀지 심각하게 고민해보라.

이제 교체 매매의 필요성에 대해서 충분히 공감했을 것으로 믿는다.

"주식을 파는 이유가 뭐예요?"

혹시라도 누가 이렇게 묻거든.

"목표 가격에 도달해서!"

"손해가 커서!"

더 이상 이런 이유를 붙이지 않았으면 한다. 앞으로는 종목을 파는 이유에 대해서 확신을 갖고 이렇게 얘기하라.

"내 종목보다 훨씬 강한 종목이 있어서!"

# 18 세트 매매 이론:
### 매도와 매수는 한 세트로 진행해야 한다

### ① 세트 낚시 이론

낚시 기법 중, 일본에서 들어온 최신 기법에 '세트 낚시'가 있다. '세트 낚시'는 집어제와 미끼를 한 세트로 운용하는 밑밥 전술이라는 뜻에서 생긴 신조어이다. 이 신종 낚시 기법의 원리는 비중도가 낮은 집어제를 중층에 띄우게 하고, 그 밑에 비중도가 높은 미끼를 함께 세팅하는 방식이다. 지속적으로 흘러내리는 집어제를 따라서 대상어가 미끼에 도착하고 자연스럽게 미끼를 먹는다. 이렇게 집어제와 미끼를 세트로 사용하는 이유는 조과(釣果)차이가 적게는 수 배, 많게는 수십 배에 이르러서 최근의 경기용 낚시에서는 대부분 이 '세트 낚시'를 구사하고 있다. 이제 바야흐로 낚시도 집어제와 미끼를 바닥에 동시에 넣는 과거의 낚시 기법으로는 더 이상 경쟁력이 없는 시대가 된 것이다.

하물며 취미 생활인 낚시도 이렇듯 시대에 맞게 변화를 추구하고 있는 판국인데 변동성이 큰 주식 시장에서 과거의 거래 행태를 답습한다는 것은 정말이지 심각한 문제가 아닐 수 없다. 새로운 거래 전략, 규칙적인 거래 전략을 찾지 않고서는 더 이상 승자가 될 수 없는 것이 주식 시장이다. 자신만의 독자적인 수익 모델을 하루 빨리 확보해야 한다. 매수 원칙과 매도 원칙, 그리고 홀딩 원칙을 정하고 흔들림 없이 적용해야 한다. 사실 일정한 거래 규칙, 특히 매도 규칙을 확보하지 않은 개인 투자자들이 안정적인 수익을 챙기기는 거의 불가능이다. 특히 손실난 종목을 끝까지 붙들고 있는 바람에 그 어떤 대박 공식도, 독자적인 수익 모델도 무용지물이 되고 만다. 물린 종목은 죽어도 안 파는데 어쩌겠는가. 사실 성공 공식이라고 다른 것이 없다. 손해난 종목, 이것만 잘 팔면 그것이 최고의 대박 공식이다. 그런데 그냥 손절하라고 하면 죽어도 안 파니까 필자는 이런 대안을 제시한다.

### 팔기 전에 일단 다른 종목을 찾아라!

자기 종목만 보지 말고 다른 종목도 두루두루 보라는 것이다. 더 좋은 종목이 있는지 찾다보면 반드시 옮겨가고 싶은 종목이 나오는 법이다. 그러면 말 안 해도 보유 종목 팔고 옮겨가게 되어 있다. 바로 '세트 매매'만이 손절매에 성공한다는 얘기다. 이것이 매도에 대한 필자의 오랜 결론이다. 앞서 '세트 낚시'에서 집어제와 미끼를 세트로 묶었듯이, 주식 거래에서 매수와 매도를 한 세트로 묶는 것이다. 매도는 매수를 위해서, 매도와 매수를 함께 진행하는 것이다. 사실 손실난 종목 팔라고 할 필요도 없다. 더 쎈 종목, 압축해서 뽑아주면 손절은 그냥된다. 대안 없는 매도 추천, 공허한 주장에 불과하다.

주식 투자에서의 성공 여부는 일정한 규칙이나 기준을 정확히 적용했느냐에 따라 크게 달라진다. 특히 매도에 있어서는 더욱 그러하다. 사실 실전에서 부자가 되는 방법은 특별한 비책이 있는 것이 아니다. 그저 이익은 최대한 확대하고, 손실은 최소화할 수 있으면 된다. 수익은 거래 규칙이 안정적이고 일관성이 있으면 자연스럽게 따라온다. 그러기 위해서는 무엇보다 매도와 매수를 한 데 묶어서 진행하는 기계적인 매매, 바로 세트 매매가 가장 요구된다.

매수의 목적은 무엇인가? 비싸게 사서 더 비싸게 팔기 위함이다.

매도의 목적은 무엇인가? 더 좋은 종목으로 옮겨가기 위함이다.

그렇다면 매수와 매도의 연결성은 반드시 필요한 것이 아닌가?

매수는 반드시 매도로 이어져야 한다. 매도 또한 매수로 이어져야 한다.

이것이 필자가 주장하는 '세트 매매' 이론의 핵심이다.

세트 매매는 말 그대로 종목을 팔고사는 것을 말한다. 일반적인 매수, 매도 방법과는 차이가 있다. 대개는 보유 주식을 팔고 난 이후에 새로운 종목을 찾아서 매수한다. 매도와 매수 사이에 명확한 경계가 있다. 이것이 일반적인 거래법이다. 이런 거래법은 엄밀히 말해 세트 매매로 볼 수 없다. 매도와 매수 사이에 경계가 분명한 거래 방식은 통상적인 투자자들의 거래 유형이며 그냥 단순 매도, 단순 매수일 뿐이다.

세트 매매는 팔고 나면 즉시 다른 종목으로 옮겨가야 한다.

세트 낚시처럼 매도와 매수 행위가 구분되는 것이 아니라 일체형으로 진행되어야 한다.

그런데 막연히 다른 종목으로 옮겨가는 것은 사실 세트 매매의 본질이 아니다.

세트 매매는 새로운 종목을 사기 위해서, 매도라는 절차를 의무적으로 거칠 뿐이다. 다시 말해 세트 매매의 핵심은 파는 것이 아니라 사는 것에 목적을 둔 거래이론이라는 얘기다. 비교 분석을 통해 조금이라도 더 나은 종목으로 옮겨가기 위해 이익이 났든, 손해가 났든 자신의 보유 종목을 버리는 것이다. 이 점은 실전 트레이딩에 있어 매우 중요하다. 옮겨갈 종목에 대한 기대가 본전회복심리를 꺾었다는 점에서 특별히 의미가 있다는 얘기다.

종목 교체는 분명한 기준과 절차가 뒤따라야 한다. 일단 매도에 앞서 교체 매매 대상을 미리 물색해두는 것이 순서다. 넘어갈 종목이 없으면 손절은 거의 실패하기 때문에 이것이 핵심이다. 이때 매수 대상은 자신이 버릴 종목에 비해 훨씬 강한 종목이어야 한다. 이평선이 살아 있어야 하고 거래량이 급증해야 한다. 매수세가 매도세를 완전히 압도해서 하방경직성이 확보된 종목이어야 한다. 여기에 외국인이나 기관의 매집이 있으면 금상첨화다.

세트 매매를 하기에 최적의 시점은 앞서 궁둥이 이론에서 잠시 언급했듯이 특별히 정해진 것은 없다. 다만 실패를 줄이기 위해서 2시 30분 이후, 종가 무렵으로 잡는 게 낫다. 아무래도 세력의 의도를 읽기가 쉽기 때문에 매집 세력이 개입한 종목을 압축하는 데 다소나마 유리하다. 이때 장세가 강하면 교체 타이밍을 오후 2시 정도로 약간 당기는 것이 좋고, 약세 흐름이 이어지면 막판 급락을 맞을 수 있기 때문에 후장 동시호가에 교체를 시도할 수도 있다.

결론적으로 세트 매매의 핵심은 강한 종목으로의 이동이다. 그러기 위해선 떨어지는 종목과의 이별을 즐겨야 한다. 추세가 무너진 종목인데 무슨 미련이 있겠는가. 그 종목을 팔고 매매를 접으란 것도 아니고, 팔아버린 종목이 다시 올라갈 때까지 지켜보란 얘기도 아니다. 팔자마자 더 나은 종목, 더 강한 종목으로 즉시 넘어가란 얘기다. 장담하건대 대박이 터진다면 옮겨간 종목에서 터질 것이다. 한 번 생각해봐라. 보유 종목은 나에게 손실을 끼친 약한 종목이다. 반면에 옮겨간 종목은 강하게 시세가 붙고 있는 소위 강한 종목이다. 대박이 터질 확률은 물어봐야 입만 아프다.

세트 매매를 완성하기 위해선 일단 매도가 먼저다. 보유 종목이 떨어지면 세트 매매 절호의 기회로 생각하고 과감하게 팔 궁리를 하자. 그리곤 평소에 못 샀던 주도주로 과감하게 옮겨가자. 내 돈, 내 마음대로 옮겨가는데 누가 뭐라는 것도 아니지 않는가. 거듭 강조하지만 매도의 목적은 보다 강한 종목, 당장 날아갈 종목으로 넘어가기 위한 거래상의 절차다. 팔기 아까울수록 세트 매매로 접근하라. 세트 매매 이론으로 풀면 세상에 아까울 종목도 없고, 못 팔 종목도 없다.

### ② 매도 고수 이론

매수 심리는 희망이다. 올라갈 것 같은 마음에 사니까 결정이 매우 쉽다. 반면에 매도 심리는 공포다. 매수에 비해 매도가 어려운 이유다. 인간 심리가 매수하는 것에만 익숙해서 그런지 대부분의 투자자들은 매도에 서툴다. 그래서 더욱 매도가 중요하다. 대박과 쪽박을 좌우하는 것도 사실 이 매도에 달렸다.

행복한 매도는 거의 없다. 고통에 못 견디다가 바닥에서 팔거나 조금 올랐을 때 다시 떨어질지 모른다는 두려움에 팔고 만다. 이익 매도든 손실 매도든 모든 매도는 공포 심리의 지배를 받기 때문이다. 항상 많이 잃고, 수익을 많이 못 얻는 이유도 다 여기에 있다. 이런 희망과 공포라는 심리로부터 자유롭지 않은 이상, 주식 투자로 성공하기란 사실상 불가능하다.

필자가 생각하는 주식 투자의 최고수는 '매도 고수'다. 똑같은 종목을 다뤄도 최종 승패는 매도 시점에 달렸기 때문이다. 매수는 특별히 걱정할 것도 없다. 정보의 홍수 시대가 아닌가. 오히려 모두들 너무 잘 사서 탈이다. 실제로 좋은 종목은 주위에 널렸다. 그러나 돈을 잃고 따고는 매수가 아니라 매도에 달렸다. 2009년에 엔씨소프트를 3만 원에 팔고 나온 사람도 있고, 20만 원에 팔고 나온 사람도 있다. 매도 기준 없이 수익은 요원하며, 매도 고수가 시장의 최후 승자다. 매도 고수가 되는 비결은 아래와 같다. 모니터에 붙여놓고 반복해서 암기하기 바란다.

매도 고수가 되는 첫 번째 비결은, 떨어지지 않을 주식을 사는 것이다. 말처럼 쉽지는 않겠지만 떨어지지 않을 주식을 사는 것은 분명 가능한 일이고, 그 어떤 투자 거래 전략보다 확실하다. 안 떨어지면 매도할 필요가 없으니 말이다. 다만 떨어지지 않을 주식을 찾는 것이 문제다. 해답은, 1,800개 종목 중에서 가장 강한 종목, 상위 1% 핵심 종목에서 찾으면 된다. 손절매 가능성이 가장 낮은 종목은 현재 가장 강한 종목이며 대략 아래와 같다.

20일선 골든크로스에 성공한 종목,

전 고점 매물 돌파에 성공한 종목,

경영권 분쟁 같은 재료로 상한가에 간 종목 등이 가장 강한 종목군에 속한다. 사실 이런 강한 종목은 투자자들이 서로 못 사서 안달이다. 그러니 상한가에 잔량을 쌓고, 전 고점 돌파 시점에 거래량이 터지는 것이 아닌가. 특히 급소 구간을 점핑양봉으로 가볍게 돌파하는 종목의 경우, 점핑갭으로 인해 하방경직성은 상당히 확보된 상태다. 여기에다가 이평선까지 2개 이상 깔고 앉았다면 이것은 떨어지지 않을 주식 중에서도 베스트에 꼽힌다. 이런 종목만 골라서 사면 매도 고수, 그냥된다. 가장 강한 종목이 가장 안 밀릴 것이니 그런 종목만 사면 누구나 매도 고수가 되지 않겠는가.

매도 고수가 되는 두 번째 방법은 손절매 폭을 2~3% 정도로 매우 타이트하게 잡는 것이다. 매도 기준이 타이트할수록 매수에 신중하게 된다. 잦은 손절매를 피하기 위해서 고도의 집중력을 발휘하기 때문이다. 덕분에 불필요한 실수도 예방하는 효과가 있다.

손절매 폭이 타이트하면 설렁설렁 매수했다간 털리기 십상이다. 하방경직성이 있는 종목(지지캔들 연속 출현)만 골라서 매수할 수밖에 없다. 자연히 매수하기 전에 일봉차트는 꼭 확인한다. 아울러 현재가 화면도 체크한다. 매수 호가 쪽에 공백이 있거나, 매수 호가에 물량이 듬성듬성한 종목은 순간 급락을 맞을 수 있기 때문에 피한다. 이런 신중한 태도는 실전에서 실수를 줄이는 데 무척 중요하다.

참고로 손절매 기준이 5%를 넘어서면 매수 시점에 집중력이 떨어질 수 있다. 매수 급소를 노리지 않거나 추세 하락 구간에서도 매수하는 등, 매수를 대충할 수 있다. 매수 급소도 탄생하지 않은 종목을 일찌감치 사서 보초를 설 공산이 크다. 손절매 폭이 느슨해서 당장 오를 종목을 찾을 필요가 없기 때문이다.

매도 고수가 되는 세 번째 방법은 매도 기준을 데이와 스윙 종목으로 구분해서 정한다.

데이 종목은 손절매 폭을 3%로 정하는 게 기본이다. 데이트 레이더라면 한 번의 거래에서 3% 이상 잃어선 곤란하다. 한 종목의 데미지가 크면 회복이 힘들어질 뿐만 아니라 초장에 잘라주지 않으면 오랫동안 물리기 때문이다.

만약 상한가를 향해 달리는 종목을 매수한 경우라면 앞서 배운 TS 매도 이론을 적용하면 된다. TS폭은 3% 전후가 적당하고, 최대 5%까지 가능하다. 다들 알겠지만 TS 매도는 손절매와는 개념이 다르다. 상승 탄력이 좋은 종목은 대부분 이익 개념이다.

시초가를 잘 견디는 통통한 양봉의 종목(몸통 5% 이상의 장대양봉은 제외)은 시초가 이탈을 기준으로 하는 게 좋다. 시초가는 생각처럼 잘 안 무너진다. 특히 20일선 급소를 통과하고 있는 통통한 양봉이나, 점핑양봉(갭상승 3% 이상, 몸통 5% 미만)을 공략할 때는 매도 기준을 시초가 이탈 시점으로 잡는 게 좋다.

스윙 종목의 매도 기준은 대략 3가지다.

5일선 위에서 연일 급등하는 종목은 연속한 음봉 2개가 매도 기준이다. 이때 둘째날 음봉이 단봉이면서 첫째날 음봉에 비해 거래량이 감소하면 하나의 음봉으로 간주하고 하루 더 참는 것이 좋다. 둘째날 음봉의 거래량이 늘거나 몸통이 길어진 음봉이 나와야 2개의 음봉으로 인정된다.

20일선 위에서 계단식으로 상승하는 종목은 20일선 이탈 시점이 매도 기준이다. 이때 20일선을 음봉으로 이탈해야 하며 이격이 2% 정도 벌어지는 시점이 매도 급소가 된다.

한편 하루 하락폭이 –10%를 넘거나, 음봉 길이가 10%를 넘으면 상투 징후다. 신속히 빠져나와야 한다. 20일선을 이탈하지 않더라도, 음봉이 2개가 나오지 않더라도 팔고 나오는 것이 확률적인 행동이다. 악재가 떴거나 세력이 이탈했거나 둘 중 하나다. 미련을 가질 이유가 전혀 없는 종목이다.

매도 고수가 되는 네 번째 방법으로 손절은 전량, 이익은 분할 매도로 정리해야 한다. 손실은 곧 추세 하락을 의미한다. 추가 하락도 걱정해야 할 판이다. 매도를 주저할 이유가 없으며 나누어 팔 이유도 없다. 전량을 그것도 즉각 팔고 떠나는 게 상책이다.

반면에 이익이 난 종목은 최대한 끌고가는 것이 좋다. 좋은 종목은 아끼면서 조금씩 매도하는 것이 한 번에 파는 것보다 훨씬 낫다. 앞서 로켓 이론을 참조하기 바란다. 사실 이것만 지켜도 매도 고수, 바로 된다. 물론 수익도 당장 난다. 안타깝게도 주변 개인 투자자들은 이것을 거꾸로 한다. 손해난 종목은 아까우니까 팔지 않거나 조금씩 나누어서 팔고, 이익난 종목은 한 방에 팔고 만다. 이게 다 앞서 말했듯이 본전회복심리와 이익확정심리 탓이다. 장담하건대 이 두 가지 심리에서 벗어나지 않는 한, 주식 시장은 반드시 떠나게 되어 있다.

매도 고수가 되는 마지막 방법, 이번 장의 주제인 세트 매매 전략이다. 다른 종목으로 교체 매매하기 위해서 매도하는 전략, 바로 세트 매매 전략이다. 필자의 경험에 의하면 이 세트 매매 전략이 손해난 종목을 팔기에는 가장 좋다. 매도의 목적이 새로운 종목의 매수에 있기 때문에 기존에 잃고 있는 종목이 특별히 아까울 것이 없는 것이다. 더 좋은 종목으로 옮겨 가기 위한 매도가 아닌가. 매도 고수가 되는 가장 확실한 방법이다.

앞서 세트 매매는 매수에 포인트가 맞춰져 있는 거래 기법이라고 했다. 세트 매매의 가장 큰 장점은 자신의 보유 종목보다는 오히려 옮겨갈 종목에 관심을 갖고 계속 찾는다는 사실이다. 이 점이 세트 매매의 핵심이자 성공의 비밀이다.

# 알박기 이론:
### 메이저 세력들이 건드리는, 종가에 쎈 종목을 알박기하라

지수 상승과 개인들이 돈을 버는 것은 별개다. 수익은 시장의 상승이 아니라 현재 시장과 맞는 주도 업종이나 주도주, 그리고 거래 철학이 가져다주는 법이다. 지난 2009년만 되돌아봐도 금방 알 수 있다. 2009년 당시는 리먼 브라더스 사태를 딛고 지수가 900P에서 무려 1,700P로 급등한 최고의 해였다. 그러나 이런 초강세장에서도 소외된 종목은 의외로 많았다. SK브로드밴드나 KT, 한국가스공사 같은 경기 방어주가 그랬다. 상승은커녕 오히려 주가는 약간씩 빠졌다. 이들 종목은 그래도 약과다. 무참하게 퇴출된 종목도 정말 많았다. 코스피 시장에서 18개, 코스닥에선 무려 65개나 퇴출됐다(2008년 폭락장에서도 퇴출기업은 코스피 3개, 코스닥 23개에 불과했다). 2009년 그 강세장에서 말이다.

주식 투자자들은 시장만을 바라보지 말아야 한다. 수익은 시장이 가져다주는 것이 아니라 주도 업종과 종목, 그리고 자신만의 수익 모델이 좌우하기 때문이다. 특히 보유 기간과 보유 물량의 조절, 여기에 성공의 비밀이 있다.

예를 들어보자. 만약 시장이 50% 상승한 후, 10% 정도 조정을 받았다면 일반적인 생각으로는 30% 정도는 수익이 났을 것으로 생각하기 쉽다. 당신 생각도 그런가. 그렇다면 천만의 말씀이라고 말해주고 싶다. 지수 상승폭만큼 수익이 나면 얼마나 좋을까마는 유감스럽게도 개미들에게 그런 일은 거의 일어나지 않는다. 추측하건대 보유 종목이 시장 흐름과 맞지 않을 것이고, 배팅 규모나 보유 기간을 분명 시장과 반대로 진행했을 것이기 때문이다. 다소 극단적으로 말하자면, 개인들은 50% 오른 상승장에 10% 수익 내고, 10% 조정장에 50%를 잃을 것이다. 이것은 그동안의 증시 역사와 통계가 말해주지 않는가.

지수가 조정 구간 없이 스트레이트로 상승하면 얼마나 좋을까. 그러면 대부분의 투자자들은 그나마 행복할 것이다. 그러나 그런 일은 결코 일어나지 않는다. 그것이 시장이다. 지수는 상승과 하락을 반복하면서 흘러간다. 그것은 강세장도 마찬가지다. 상승 각도가 조금 더 가파를 뿐, 상승과 하락을 반복하면서 진행하는 것은 같다. 지수가 꿈의 3,000p를 돌파해도 이런 흐름은 변함이 없을 것이다. 그렇다면 개인 투자자들의 수익률은 지금과 크게 다를 바가 없지 않을까. 시장의 주도주는 비싸다고 포기할 것이 분명하고, 하락 구간에선 욕심 때문에 물량을 늘릴 것이 뻔하니 말이다. 분명히 말하지만 완벽한 수익 모델, 확고한 거래 철학의 정립이 없는 한, 그 어떤 강세장이라도 안정적인 수익은 요원할 것이다.

자, 지금부터 이런 문제점에 대한 솔루션을 제시한다. 앞에서 수차례 강조했듯이 개인들은 주식 거래에 있어 크게 승부하는 법을 배워야 한다. 손실은 즉각 자르고, 이익 포지션은 최대한 길게 유지하면서 크게 먹어야 한다. 강세장(지수가 20일선, 60일선 위)이란 판단이 들면 보유 물량을 늘리고(주식 비중, 70% 이상), 하락장이란 판단이 들면 보유 물량을 줄여야(주식비중, 30% 미만)한다. 뿐만 아니라 하락 가능성이 가장 낮은 종목, 하방경직성이 확보된 종목만 선택적으로 거래해서 손실 입을 확률을 시작 단계에서부터 대폭 낮춰야 한다.

무엇보다도 개미들에게는 더 주고 살 수 있는 배짱, 이것이 최고의 성공 키워드이다.

그러기 위해서, 강한 종목만 승부하는 그런 담대함을 요구한다. 주가가 바닥을 가고 있거나 서서히 하락하고 있는 만만한 종목이 아니라, 머리를 빳빳이 든 채 저항 매물을 씩씩하게 소화하는 그런 종목 말이다. 이런 강한 종목, 언제든 2차 급등으로 이어질 수 있는 종목을 찾아서 함께 묻어가는 전략, 이것이 부자들의 성공 공식이다.

알박기는 원래 부동산 용어다. 부동산 개발 예정지 중에 핵심 요지를 훗날 프리미엄을 얹어서 되팔기 위해 미리 매입하는 행위를 말한다. 알박기는 적게는 수 배, 많게는 수십 배의 매각 차익을 준다. 이런 사실 때문에 알박기는 부동산 투기꾼에겐 가장 달콤한 유혹이기도 하다.

그런데 이런 부정적 이미지의 알박기 전략을 왜 주식 시장에 접목하느냐는 의문을 가질 수 있다. 그건 알박기 전략이 주식 시장의 세력주 매매법과 맥락이 워낙 비슷한 데다가 소액 투자자들에게 리스크 대비 레버리지가 가장 큰 거래 전략이기 때문이다. 필자는 강한 종목, 세력이 매집했거나 종가 관리에 들어간 종목을 종가에 함께 묻는 전략을 특별히 '종가 알박기' 이론으로 명명했다.

'알박기 전략'은 급등주 매매법의 패러다임이다.
'알박기 전략'의 핵심은 세력이 매집하면 함께 사는 것이다.

'알박기' 시점은 한계 의견이 판을 치는 종가 무렵이다.

존버 윌리엄스는 1930년대에 쓴 『투자 가치 이론』이란 책에서 '주식 시장에서 형성되는 주가란 단지 가치에 대한 의견일 뿐'이라고 강조했다. 주식의 진정한 가치는 투자자들마다 서로 다른 의견을 가지고 있어서 어떤 가격이 진정으로 옳은지는 나중에 시간이 지나야만 알게 된다고 덧붙였다. 그 책에서 '한계 의견'(Marginal Opinion)의 위력에 대해서 아래와 같이 말했다.

'현명한 사람과 약간 부족한 사람이 주식 시장에서 함께 거래한다. 하지만 어느 한쪽도 스스로 주가를 만들지는 못한다. 또한 아무리 대다수의 의견이 강력할지라도 그것은 중요하지 않다. 왜냐하면 주식을 가장 마지막으로 소유하는 사람, 바로 그가 주가를 결정하기 때문이다. 이 같은 한계 의견이 주식 시장의 주가를 만든다.'

여기서 한계 의견이란 이런 것이다. 어느 동네에 1천 세대가 살고 있는데, 모든 집주인이 하나같이 집값은 최소한 10억 원은 받아야 한다고 생각하지만 오직 한 사람이 8억 원에 팔았을 때, 그가 바로 한계 의견이다.

주식 시장은 한계 매수자와 한계 매도자가 주가를 결정한다. 그들은 어떤 이유에서건 거래를 체결하지만, 그 이유가 반드시 합리적이거나 타당한 것은 아니다. 오히려 힘의 논리, 즉 수급 논리로 상대편을 굴복시키려는 노력을 마지막 종가 시점에 보일 뿐이다. 이런 사실은 기업의 가치가 감소해도 주가는 오를 수 있으며, 반대로 기업의 가치가 상승해도 주가는 떨어질 수 있다는 얘기가 된다. 주가란 결국 어느 한 시점, 가치에 대한 상호간의 의견 충돌일 뿐이며, 그 한계 의견의 시점은 장 막판 종가 무렵이 된다.

사실 한계 의견의 대가가 되는 것은 간단하다. 마지막 가격 결정권을 갖고 있는 세력, 특히 메이저의 포지션에 의심 없이 따라붙는 것이다. 최종 주가는 그들이 만든다.

이제 알박기 달인에 대한 얘기를 해보자. 한계 의견의 대가, 즉 종가 세력을 쫓는 것이 바로 알박기 달인이다. 충분한 기간을 갖고 물량을 잡아가는 세력의 속성상, 세력주들은 종가 무렵에 큰 거래량이 터진다. 물론 주가는 밀리지 않는다. 알박기 달인은 이를 노린다.

개미들이 알박기 달인이 되는 요령은 사실 간단하다. 종가에 급소 패턴이 탄생한 종목을 선취매하면 된다. 참고로 급소 패턴은 세력이 만든 패턴이다. 지수 흐름과 딱 맞아떨어져서 급소 패턴이 탄생하는 경우는 거의 없다고 보면 된다.

세력이 강하거나 운이 좋으면 매수한 당일부터 장대양봉으로 급등할 것이다. 이때 급소 구간은 대략 3군데로 20일선 돌파 구간과 전 고점 돌파 구간, 그리고 의자형 돌파 구간이 된다. 이따금 이 구간에서 메이저들의 쌍끌이 포지션이 겹쳐지는 경우가 있다. 그들도 수급적으로 맥점을 읽는다는 얘기다. 이럴 경우 최고의 급소 자리가 탄생한다. 이때 캔들 패턴은 통통한 양봉이 가장 이상적이다. 양봉 몸통의 길이는 3~7% 정도면 딱 적당하다.

'종가 알박기'는 '크게 승부하라'라는 필자의 거래 철학에 가장 부합된 거래법이다. 크게 먹기 위해선 거래 종목을 오로지 세력주에 국한하는 것이 좋다. 그런데 우리가 세력일 수는 없으니 큰세력이 몰래 사 모으는 종목에 살짝 편승해야 한다. 큰 세력이 집중적으로 매집하는 종목을 미리 알박기해서 묻어두자는 얘기다.

그러려면 그들이 몰래 사 모으고 있는 종목, 대규모 매집이 일어나고 있는 종목을 잡아낼 수 있는 혜안과 통찰력이 있어야 한다. 세력주만 정확히 찍어서 종가에 알박기를 하려면 말이다. 일단 세력이 개입한 흔적에 대한 별도의 기준을 정하는 것이 좋다. 과연 세력이 개입한 종목은 어떤 징후가 나타나는지 그 기준을 정해두자는 얘기다. 앞서 한 번씩 다 배운 내용이기 때문에 이 장에선 결과만 강조한다.

첫 번째 징후, 양봉 캔들의 연속 탄생, 즉 양봉 밀집 패턴이 나타난다.
두 번째 징후, 상승 초입에 거래량 급증, 급등 중에는 거래량이 급감한다.
세 번째 징후, 급등 전에 수시로 상한가가 출현한다.
네 번째 징후, 매물벽을 강하게 돌파한다(20일선, 전 고점 돌파 시 장대양봉 탄생).

이제 알박기 이론의 핵심 포인트인 '배팅 시점'에 대해서 알아볼 차례다.

결론부터 말한다. 앞서 누차 거론했듯이 세력 매집주를 정확히 잡아낼 수 있는 시점, 그 배팅 시점의 급소는 종가 무렵밖에 없다. 매집 세력의 의중을 정확히 파악할 수 있는 시간대가 오후 2시를 넘긴 종가 무렵이기 때문이다.

큰 세력은 오랫동안 물량을 나누어서 매집한다. 자신의 물량으로 주가 상승을 피할 길은 없지만 조금이라도 싸게 사려고 나누어서 매집하는 것이다. 저가 매수를 위해 오전장부터 공격적인 거래를 할 필요가 없다는 얘기다. 물론 개장과 동시에 물량을 잡아가는 세력 또한 많은 것이 사실이다. 외국인들의 CD주문이 여기에 해당된다. 그러나 대부분의 큰 세력들은 개인들의 참여로 인해 주가가 상승하는 것을 원치 않는다. 매집 구간에선 그저 싸게 사는 것이 최고다. 그런데 오전장부터 서둘러 물량을 잡아가면 똑똑한 개미들이 절대 그냥 지나칠 리가 없다. 주가는 당연히 급등하고 세력들은 물량 확보에 실패하고 말 것이다. 이것이 장기 매집 세력들이 오전장부터 공격적으로 물량을 매집하지 않는 이유다.

오전장은 백 명의 선량한 개미들이 한 사람의 세력에게 이익을 몽땅 몰아주는 장이다. 오랜 경험과 풍부한 자금력, 그리고 탁월한 정보력으로 무장한 세력들은 상한가는 물론 장대음봉까지 자유자재로 만들며 개미들을 농락한다. 그들은 개인들의 서툰 심리와 형편없는 배팅력을 거의 꿰고 있다.

단타 세력들(주로 부티크)이 개미들을 상대로 심하게 장난을 치는 시간대가 주로 오전장이다. 특히 9시부터 10시 사이가 심하다. 중장기 투자자나 타이밍 포착에 서툰 초보 투자자들은 오후장에 거래를 집중하는 것이 좋다. 단타 세력은 오전에, 큰 세력은 종가에 움직이기 때문이다. 장담하건대 거래 승률은 종가 거래만으로 크게 올라간다. 사실 기관들의 윈도드레싱도 대표적인 종가 관리에 해당한다. 2007년의 현대중공업이나 STX 그룹주들, 2009년의 엔씨소프트나 삼성전기가 다 기관들이 종가 관리한 종목이다.

세력의 농간을 벗어나기 위해 한 가지 팁을 더 주면, 오전장에 1천 원 미만의 저가주에서 약한 재료(수주공시나 신사업 진출설 등)가 발표되면 이는 무시하는 것이 좋다. 이미 며칠 전에 매집을 완료한 세력이 농간을 부릴 공산이 크다. 특히 시장이 급락할 때, 재료 없이 급등하는 테마, 이를 테면 4대강 테마나 백신 테마가 이유도 없이 상한가 언저리까지 급등하는 경우, 세력의 농간으로 보면 거의 맞다.

이런 경우, 상따에 대한 유혹을 과감히 버려야 한다.

리스크는 노출 시간에 비례한다. 리스크 예방을 위해서 이런 위험 노출 시간을 종가 무렵으로 한정 짓는 것이 필요하다. 오전장에 급등하는 종목이 오후장에 급락으로 마감하는 예는 실전에서 숱하게 많다. 더 이상 어떠한 변화도 없는 패턴, 세력주 패턴이 100% 완성된 시점에서 조심스럽게 알박기를 하는 것이 최선이다.

거래는 서둘러서 좋을 것이 전혀 없다. 앞서 밝혔듯이 트레이딩은 충분히 참는 사람이 이기는 게임이다. 세력의 의중을 완벽히 파악할 수 없으면 장 종료 직전까지 최대한 현금으로 버티는 것이 유리하다. 종가 무렵까지 최대한 기다렸다가 매수 여부를 판단하라는 얘기다. 그때까지 밀리지 않고 튼튼하게 버티는 종목, 종가 무렵에 급소 구간을 강하게 통과하는 종목, 이런 종목만 선택적으로 다루는 것이 바로 '종가 알박기' 이론의 핵심이다.

한편, 종가 알박기의 또 다른 묘미는 단기간에 3단 상승을 누릴 수 있다는 점이다. 일명 '양봉 3단 먹기' 전략인데, 매수한 이후에 장 막판 추가 상승과 후장 동시호가 갭상승 마감, 다음 날 갭상승 출발까지 3단에 걸쳐서 수익을 챙길 수 있다. 다음 날에 대한 기대로 막판 추격 매수세가 강하게 붙기 때문이다. 자연히 장 막판 동시호가 직전인 2시 49분까지 주가는 올라갈 것이고, 후장 동시호가 또한 대부분 점프해서 끝날 것이다. 이것이 종가 세력주들이 당일 최고가의 장대양봉으로 마감하는 배경이다.

흥미로운 점은 종가 세력주의 경우, 막판 상승 폭이 생각보다 커서 2~3%는 수월하게 챙긴다는 점이다. 간혹 운 좋게도 세력의 매집 의도가 시장에 알려지면서 다음 날 대박이 터지는 경우도 흔하다. 재료 없는 점상이 바로 그 예다.

참고로, 종가주 매매의 반대 개념은 오전장 동시호가 매매다. 그런데 이 동시호가 매매법이 최근에는 인기가 영 없다. 과거 인터넷이 발달하지 않았던 2000년대 초반엔 동시호가 매매가 성행했다. 당시에 동시호가 매매는 소수의 선수 영역으로 통했으며 허매도를 이용, 세력들이 재미를 많이 봤다. 당시에 세력들이 자신의 물량으로 동시호가의 가격을 누르면 겁 많은 개미들이 물량을 팔았다. 세력은 그것을 먹으면서 올렸다. 지금은 이것이 안 통하지만 당시에는 허매도 세력의 의도를 몰랐던 개인들이 많았다.

매수를 목적으로 한 동시호가 누르기는 한때 선수들의 고유 영역이었다. 일부 노련한 개미들도 동시호가 물량 변동을 통해 허매도 세력의 의도를 읽었고 함께 재미를 봤다. 허매도 물량이 동원된 종목만 찾아서 동시호가에 알박기를 했던 것이다. 그러나 이젠 동시호가에 허매도 세력이 들어온 종목과 그들의 의도는 웬만한 투자자들도 다 안다. 과거처럼 허매도 물량에 겁을 먹고 매물을 내놓을 투자자도 없을 뿐더러 매수로 따라붙는 개인들이 많아서 세력 혼자만 수익을 챙길 수가 없게 된 것이다.

결론적으로 갭하락 종목을 노리는 개미들이 너무 많아졌다. 그러다보니 미국 증시가 급락하지 않는 한, 과거처럼 의도된 갭하락은 잘 만들어지지 않게 되었다. 오히려 허매수 세력이 더욱 극성이어서 갭상승으로 출발하는 경향은 갈수록 심해졌다. 허매수 세력의 의도대로 갭상승 후 음봉으로 마감하는 경향이 많아졌음도 물론이다. 실제로 코스닥지수를 보면 갭하락보다 갭상승 출발이 훨씬 많은 것은 물론, 그런 날은 어김없이 음봉으로 마감했음을 알 수 있다.

최근엔 허매도 세력이 물량을 못 잡으니까, 이미 확보된 물량을 팔아서 주가를 밀어버리는 사례도 많다. 과거엔 자신의 물량으로 겁을 줬다면 최근엔 정말로 팔아버리는 것이다. 물론 목적은 매수에 있기 때문에 장 중에 바닥을 찍으면 매수가 다시 붙는다. 세력의 입장에선 갭하락 3%에 사는 것이나 음봉 3%에 사는 것이나 다 같기 때문에 편한 방식을 택한 것이다. 그것이 음봉을 만들었다가 저점에 사는 방식이다. 필자가 세력 음봉을 공략하라는 이유도 여기에 있다. 갭하락 종목보다 세력 음봉이 훨씬 많으니 편하게 공략하자는 취지다. 한 가지 팁을 주면 세력 음봉은 거래량의 급감이 필수다. 10시 이전에 전일 대비 20% 미만의 음봉이 좋으며, 전일 거래량의 40%를 넘으면 그것은 세력 음봉이 아니다.

# 20 과녁 이론:
### 급등주는 지나가는 길목이 있다

**찰스 엘리스는** 그의 책 『패자의 게임에서 승리하는 법』에서 테니스 게임을 소개하며 투자로 돈을 벌 수 있는 방법을 설명했다.

테니스 게임에는 두 가지 종류가 있는데 하나는 프로 선수의 게임이고, 또 다른 하나는 아마추어 선수의 게임이다. 프로 테니스 선수는 거의 실수를 저지르지 않는다. 자신이 원하는 곳으로 대부분 공을 보낸다. 그들의 경기는 체력의 싸움이자 정신력의 싸움, 동시에 전략의 싸움이다. 반면에 아마추어의 게임은 싱겁다. 공을 멋지게 쳐내는 경우는 별로 없고, 랠리가 오래 이어지지도 않는다. 실수는 훨씬 자주 발생한다. 실수를 적게 저지르는 선수가 게임에서 이긴다. 결국 아마추어의 게임은 패자의 게임이다.

패자의 게임에서 이기기 위한 방법은 실수를 적게 저지르는 것이다. 선수는 지지 않도록 경기해야 한다. 그러므로 아마추어 선수에게 강력한 서브를 주문하기보다는 상대방의 공을 정확하게 받아서 네트를 넘기는 데 주력하도록 조언해야 하는 것이다. 그는 책에서 '뛰어난 수익률을 얻거나 시장 수익률을 넘어서는 수익률을 얻으려면 다른 사람의 실수를 이용해야 한다.'라고 썼다.

실수를 가장 적게 저지르는 투자자가 궁극적으로 승자가 되는 게임이 주식 투자이다.

트레이딩은 매번 폭발적인 수익을 얻는 게임이 아니다. 오히려 실수를 피하는 게임에 가깝다. 누가 잃을 때 적게 잃느냐, 여기에 달렸기 때문에 치명적인 손실을 피하는 것이 성공의 비밀이다. 항상 손해 볼 가능성에 대해 먼저 생각하고 손해를 줄일 방법을 궁리해야 하는 것이다.

실수를 줄이기 위해선 늦게 움직이는 것이 상책이다. 개인 투자자들은 불안한 심리 탓에 주가보다 앞서가려는 경향이 강한데 실수는 여기서 발생한다. 중요한 결정에 앞서 한 템포 쉬어가는 지혜가 필요하다.

필자가 만들어보고 싶은 특수한 주문창이 2개 있다. 그 중 첫 번째는 주문을 넣고 1분 동안 실제 주문은 발생하지 않는 '1분 딜레이' 주문창이다. 이 특별한 주문창은 매수와 매도가 반대로 들어가는 거꾸로 주문창과 함께 필자가 꼭 개발해보고 싶은 메뉴. 자신의 실수를 번복할 수 있는 시간을 단 1분이라도 주자는 게 '1분 딜레이' 주문창의 궁극적인 목적이다. 충분히 검토하고 정정할 수 있는 시간적 여유를 아예 주문창에 심는 것이다. 방송국에서 실제 촬영과 송출 화면사이에 수십 초의 시간 갭을 의도적으로 넣는 것과 같은 이치다. 실수를 줄이기 위해서 가장 강력한 처방은 과녁을 움직이지 않는 것이다.

필자는 과거 『따블맨 이야기』에서 '과녁 이론'을 거론했다. 요지는 이렇다. 서툰 사냥꾼은 목표물을 따라 과녁을 움직이고, 노련한 사냥꾼은 목표물이 과녁으로 들어올 때까지 참고 기다린다는 이론이다. 완벽한 사냥을 위해서는 짐승이 지나갈 만한 길목에 과녁을 고정하고 기다리는 것이 최선이다. 시간과 공포와의 싸움을 극복하며 우직하게 길목 지키기를 하는 것이다. 특히 대상 목표물이 곰이나 늑대처럼 실수가 결코 용납되지 않는 맹수일 경우 더욱 그렇다.

과녁 이론은, 노련한 사냥꾼이 극도의 참을성을 통해 자신에게 유리한 게임을 하듯이, 유능한 트레이더 또한 끈기를 갖고 자신에게 유리한 게임만 하라는 그런 메시지를 담은 필자의 철학이다.

과녁 이론의 모티브는 제2차 세계대전을 배경으로 한 '에너미 앳 더 게이트(Enemy at the Gates)'라는 영화다. 영화는 훗날 러시아의 전설적인 저격수가 된 바실리 자이체프의 어린 시절 사냥 장면으로 시작한다. 첫 장면은 동토의 땅에 누더기 옷의 소년과 노인이 죽은 듯 엎드려 있다. 소년은 총구를 숲 속 한 곳에 겨냥한 채, 죽은 듯 꼼짝도 하지 않는다. 이어서 과녁 너머로 무시무시한 늑대 한 마리가 천천히 모습을 드러낸다. 이때 소년의 독백이 들려온다.

"나는 돌이다. 꼼짝도 하지 않는 돌이다."

어린 소년은 두려움에 사로잡혀 있지만 두려움을 억누르고 목표물이 과녁으로 들어오기만을 기다린다. 이때 소년 옆에 있던 노인이 나지막이 속삭인다.

"총알은 하나뿐이다. 단 한 번의 기회뿐이다. 정확히 이마를 조준해서 단 한 번에 명중시켜야 한다."

잠시 후 늑대는 유인용 말을 향해 달려가고, 이어서 한 방의 총성이 울리며 영화는 그렇게 시작한다.

영화에서 어린 사냥꾼은 목표물이 과녁으로 들어올 때까지 돌처럼 미동도 없이 기다렸다. 단 한 번의 기회를 날려버리지 않기 위해서, 완벽한 찬스에서 승부를 결정짓기 위해서.

노련한 사냥꾼은 이처럼 실수를 최소화하기 위해 엄청난 인내력을 발휘했다.

앞서 강조했듯이 성공적인 거래의 기본은 실수 줄이기다. 영화에서 어린 사냥꾼은 '길목 지키기'를 통해 실수를 줄였다. 과녁을 고정한 채 늑대가 과녁으로 들어올 때까지 그 고통의 시간을 참아냈다. 단 한 번의 기회를 날리지 않기 위해서, 실수를 최소화하기 위해서 그는 길목 지키기를 했던 것이다.

### 길목 지키기!

그렇다. 해답은 바로 길목 지키기에 있다. 자신에게 유리한 구간에서 유리한 게임을 하면 되는 것이다. 이것이 과녁 이론의 핵심이고 그 길목이 바로 급소 구간이다.

수급에서 하나의 법칙이 있다. 떨어지고 있는 종목은 하락 쪽으로 에너지가 강해지는 법이며, 올라가고 있는 종목은 상승쪽으로 에너지가 확대되는 법이다. 이 법칙은 세월에 관계없이 오랫동안 유지되어 왔다. 이것이 수급의 절대 법칙이다.

그런데 우리가 저지르는 실수 중에 가장 큰 것이 무엇인지 아는가. 앞서 강조한대로 약한 종목에 자꾸 손이 간다는 것이다. 하락 에너지가 확대될 것이 뻔한 종목에 말이다. 그렇다면 실수를 예방하는 비결도 이미 답이 나왔다. 그렇다. 실수를 최소화하기 위해서는 가장 강한 종목, 하방경직성이 있는 종목만 선택적으로 다루면 된다. 필자가 늘 강조하지만 미래의 급등주와 황제주는 모두 이런 강한 종목에서 탄생했다.

문제는 강한 종목의 범위다. 도대체 어떤 종목, 어떤 구간에 있는 종목이 강한 종목인지 명확한 기준이 있어야 하는 것이다. 그래야 길목 지키기를 해도 할 것이 아닌가. 자, 그러면 지금부터 강한 종목의 기준, 정확한 급소 구간에 대해서 찾아보도록 하자.

가장 먼저, 강한 종목이 되기 위해선 반드시 통과해야 하는 의미 있는 가격대가 있다. 우리가 해야 할 일은 그 의미 있는 가격대에서 길목 지키기를 하는 것이다. 가장 강력한 저항 가격대인 1만 원, 10만 원……. 이렇게 딱딱 끊어지는 가격대(RP: Round Price)를 넘긴 종목을 길목에서 낚아채는 전략이다. 앞서 '웃돈 이론'에서 말했던 제시 리버모어의 거래 철학을 생각하면 이해가 쉬울 것이다. 그의 핵심 논리는 좋은 종목은 결코 싸지 않으며 상승 흐름으로 계속 진행하려는 경향이 있다는 것이다. 다시 말해 현재 강력한 가격대인 100달러, 그 고비를 넘고 있는 종목에서 미래의 대장주가 탄생한다는 것이다.

미래의 500달러, 1,000달러를 돌파할 고가주는 현재 100달러라는 강력한 저항 가격대를 뚫은 종목에서 모두 탄생했다. 제시 리버모어는 이 점에 주목했고, 실제 저항 가격대를 돌파한 구간의 종목만 집중적으로 거래했다. 그리고는 엄청난 부를 축적했다.

역사적으로 보아도 저항 가격 라인인 1만 원과 10만 원을 강하게 돌파한 종목에서 현재의 황제주가 모두 탄생했다. 과거 IMF 이후 롯데제과와 롯데칠성, 삼성전자가 그랬고, 2005년 이후 현대중공업, LG화학이 그랬다. 앞서 말했듯이 우리가 무슨 선견지명이 있어 미래의 황제주를 미리 선점할 수 있겠는가. 현재 가장 의미 있는 가격대를 통과한 종목을 노리는 RP 거래 전략 이외에 말이다.

이렇듯 1만 원과 10만 원이라는 RP 가격대를 막 돌파한 종목, 혹은 RP 가격대에 거의 임박한 종목을 노리는 전략은 일견 단순한 듯하다. 그러나 미래의 황제주를 잡기 위해선 RP 가격대의 길목을 지키는 전략 이상의 확실한 전략 또한 없다는 것이 필자의 지론이다. 그리하여 필자는 RP 가격대인 9,000원에서 11,000원, 90,000원에서 110,000원대에 걸쳐 있는 종목은 항상 관심 종목에 등록하고 감시를 소홀히 하지 않는다. 수급적으로 또는 심리적으로 가장 매물이 많이 쌓여 있고, 현재 가장 치열한 전투가 벌어지고 있는 종목이 바로 이들이다. 언제든 대규모 거래량을 동반하면서 뚫릴 가능성이 크고, 그럴 경우 주가가 한 단계 레벨 업이 될 공산이 가장 큰 구간이 바로 RP 가격대인 것이다.

그렇다면 RP 가격대가 돌파된 이후 주가의 추세 방향이 과연 상승 쪽으로 진행될 공산이 큰지 궁금하다. 필자의 십여 년 간 경험(IMF와 같은 특수한 구간은 제외)과 지난 3년 간 전 종목의 차트를 면밀히 분석한 결과는 다음과 같다.

단기적으로, 1만 원이라는 의미 있는 가격대를 돌파한 종목이 2만 원에 도달할 확률은, 1만 원을 돌파한 종목이 5천 원으로 떨어질 확률에 비해 최소한 1.5배는 높다.

중장기적으로, 10만 원이라는 강력한 저항 가격대를 돌파한 종목이 20만 원에 도달할 확률은, 10만 원을 돌파한 후 다시 5만 원으로 떨어질 확률에 비해 최소 두 배는 높다.

참고로, RP 가격대를 이제 막 통과한 종목은 일시적으로 RP 가격대 밑으로 재차 떨어질 가능성이 높다. 박스권 전략을 구사하는 트레이더가 많아서 단기 차익 매물이 쏟아지기 때문이다. 이에 대한 해결책은 간단하다. RP 가격대를 막 통과한 시점을 노리기보다는 RP 가격대에 임박한 시점에 선취매하거나 RP 가격대를 두 번째 돌파하는 시점, 이때를 공략하면 된다.

그 다음, 강한 종목의 급소 구간을 알아보자.

모든 종목은 급등하기 위해서 반드시 상승 초입을 통과하는 길목, 즉 '맥점'이 있게 마련이다. 마치 맹수들이 항상 이용하는 길목만 골라서 통과하듯이 강한 종목은 반드시 지나가는, 급소 구간이 분명 있다는 말이다. 나는 이를 '차트 급소 구간'이라고 표현한다.

이 글을 읽는 독자 분들은 먼저, 이런 급소 구간의 탄생이 반드시 있다는 사실을 100% 신뢰해야 한다. 이런 차트 급소 탄생을 인정하는 자세는 앞으로 급등주 대가가 되는 데 있어 매우 중요하다. 차트 급소의 존재를 신뢰하고 있는 당신은, 급소 구간을 통과하는 종목을 찾기 위해서 아마도 잠을 포기한 채 1,800개 전 종목을 샅샅이 살필 것이 분명하니 말이다.

차트 급소는 강한 종목에서만 탄생한다. 밋밋하게 횡보하는 종목, 혹은 고점을 찍고 물량이 터지는 종목에서 결코 탄생할 수 없다. 역배열 종목도 마찬가지다. 매물을 받으며 이평선의 저항을 타고 밀리는 종목이 역배열 종목이다. 이런 종목에서 어떻게 차트 급소가 탄생할 수 있겠는가. 반면에 강하게 상승하는 종목은 최소한 두세 차례 차트 급소가 탄생한다. 급등주가 되기 위해서, 미래의 황제주가 되기 위해서 반드시 차트 급소 구간을 통과하지 않을 수 없는 것이다.

우리는 총구를 들이댄 채 목표물의 길목을 지키는 사냥꾼이 되어야 한다. 같은 맥락에서, 강한 종목이 통과하는 그러한 차트 급소 구간의 종목만 선택적으로 압축해서 공략해야 한다. 이것만이 우리가 대박주를 잡을 수 있는 유일한 방법이다.

자, 그러면 지금부터 강한 종목의 두 번째 급소 구간에 대해서 하나씩 짚어보도록 하자.

일단, 차트 급소를 세부적으로 배우기 전에 강한 종목의 급소 구간에 대한 법칙을 알아야 한다. 그것은 앞서 말했듯이, 강한 종목의 급소 구간 모두가 강력한 저항 가격대에 있다는 사실이다. 다시 말해, 급소는 강력한 매물대가 포진된 곳에서만 탄생한다는 것이다. 이곳을 통과해야만, 즉 매물 소화를 100% 완료해야만 비로소 강한 종목이 되는 것이다.

그렇다면 강력한 저항대가 어디에 있는지 그것만 밝히면 될 터이다. 실전에서 경험해보면, 상승하던 주가가 항상 부딪치면서 밀리는 지점이 있다. 그곳이 바로 강력한 저항대인 매물벽이다. 이건 뻔하다. 바로 이평선이다. 특히 상승 길목에서 첫 번째 마주치는 강력한 매물선, 바로 20일 이평선이 된다.

'20일 이평선'은 모든 투자자들이 주목하고 감시하는 이평선으로 흔히 생명선이라고 표현하기도 한다. 절대 다수가 매매 기준으로 삼고 있는 만큼 20일선은 막강한 매물벽이다. 수많은 투자자들이 이를 기준으로 뚫으려는 노력과 지키려는 노력이 맞부딪치면서 대량 거래가 터진다. 이렇듯 20일선은 심리와 수급이 동시에 교차하는 급소로서 맥점 중의 맥점이다.

결론적으로, 강한 종목의 첫 번째 관문이자 첫 번째 차트 급소는 바로 20일선 돌파 시점이다. 여기를 뚫어야 비로소 급등주의 첫 관문을 통과하는 것이다. 강력한 저항 매물대가 포진한 20일선을, 치열한 공방 끝에 매수세가 매도세를 완전히 압도하면 그때부터 매물은 자취를 감춘다. 주가는 자연히 20일선 위로 우뚝 솟아오를 것이고, 20일선은 서서히 강력한 지지선으로 탈바꿈하는 것이다.

문제는 이 급소 구간을 통과하는 데 있어서 얼마만큼의 에너지가 동원되었는가 하는 것이다. 이렇게 생각해보자. 만약 매물 소화가 없는 돌파, 매물 자체가 없는 무늬만 20일선을 돌파한 것이라면? 혹은 지수가 급등하면서 모든 종목이 20일선을 동시에 돌파하는 구간에서의 돌파라면? 그럴 경우, 설령 돌파에 성공했더라도 수급적으로 무슨 의미가 있겠는가. 세력의 개입도 없고, 매수세의 폭발적인 먹성도 없이 말이다.

20일선은 심리와 수급이 교차하는 가장 강력한 매물선이라고 했다. 이는 매물 소화 없이 결코 완벽한 돌파를 보장받을 수 없다는 이야기가 된다. 그러면 매물 소화를 위해서는 무엇이 필요한가. 짐작했겠지만 대량 거래다. 매물 소화에는 폭발적인 거래량이 필연적으로 뒤따라야 한다.

필자가 생각하건대, 20일선에 받쳐진 물량을 몽땅 소화하기 위해선 평소 거래량의 최소 50% 이상, 최대 300% 정도의 폭발적인 증가가 필요하다. 물론 매수세의 승리로 끝나야 하니 강한 양봉, 즉 장대양봉의 탄생은 필수이다.

결론적으로, 강한 종목의 급소 구간에 대한 첫 번째 정의는 다음과 같다.

20일선 돌파 구간에 탄생한, 거래량 급증의 장대양봉!

나는 지금도 20일선을 관통한 강한 양봉(몸통 4% 이상, 전일 몸통 길이<금일 몸통 길이)을 보면 가슴이 뛰곤 한다. 특히 거래량이 평소의 2배 이상 크게 터진, 장대양봉이 20일선에 떡하니 걸려 있으면 가슴이 마구 뛴다. 정확히 과녁에 걸린 급등주 1순위가 아닌가. 내일부터 당장 날아갈 것 같아 조바심이 생길 정도다. 필자는 이런 패턴을 포착하면 쪽집게 회원이자 나의 제자들에게 해당 종목을 지체 없이 알려주곤 한다. 매물 소화를 마친 완벽한 급소 패턴이 아닌가! 급등주 길목을

막 통과하는 종목인데 어떻게 그냥 두겠는가!

이제 한 가지가 남았다.

20일선 돌파 시점에 대한 정의, 즉 20일선과 현재 캔들과의 이격에 대한 기준이다.

월척은 수초 지대를 끼고 회유한다. 월척은 수초 지대를 살짝살짝 넘나들면서 먹이 활동을 한다. 수초 지대는 조심성 많은 월척에게 최고의 안전 지대다. 수초를 벗어나면 위험하다는 것을 월척도 안다. 그래서 대물을 잡기 위해서 월척 조사들은 미끼를 최대한 수초 지대에 붙인다.

주식도 이와 같다. 미끼를 최대한 수초에 붙여야 대물을 잡을 수 있듯이, 강한 종목을 잡기 위해선 20일선에 최대한 밀착한 종목을 노려야 한다. 월척은 수초라는 안전 지대를 공략해야 잡는다. 강한 종목은 안전한 구간에서 막 머리를 드는 종목을 공략해야 한다. 바로 이평선에 밀착한 종목, 20일선에 거의 임박했거나 살짝 돌파한 패턴에서 찾아야 한다.

여기서 돌파의 개념은 현재 캔들과 이평선 사이가 딱 밀착해 있어 다음 날 어떠한 캔들도 그 사이를 비집고 들어올 수 없는 상태를 말한다. 다시 말해서, 장대양봉이 20일선에 물려 있는 패턴, 현재 주가가 20일선을 살짝 넘어선(1~5%) 상태를 말한다. 돌파 이론에서 이것이 최상의 패턴이다. 그러나 실전에서 돌파 못지않게 중요한 패턴이 임박 패턴이다. 임박 패턴은 주가가 20일선에 바짝 붙은 패턴을 말한다. 물론 신뢰도는 돌파 패턴보다 임박 패턴이 떨어지는 게 사실이다. 그러나 선취매 관점에서는 이것이 더 나은 경우도 많다. 싸게, 그리고 많이 살 수 있기 때문이다. 특히 강세장의 경우, 20일선 임박 패턴은 거의 돌파 패턴으로 간주해도 좋을 정도로 당일 혹은 다음 날, 20일선을 강하게 돌파한다. 이때 기준은 20일선 밑, 3% 이내가 적당한다.

이평선과 이격이 3%를 넘어서면 또 다른 캔들이 그 사이를 비집고 들어갈 여지가 많다. 다음 날, 돌파에 실패한 음봉이라도 중간에(20일선과 전일 양봉 사이) 끼어들면 2차 하락으로 이어질 것이 뻔하다. 오늘의 양봉이 20일선에 바짝 붙어서 다른 캔들이 못 들어올 정도가 20일선 임박의 개념이다.

결론적으로 20일선을 기준으로 -3 ~ +5% 이내가 20일선 급소 구간이다. 이때 거래량이 급증하면서 장대양봉이 출현하는 시점에 적극적으로 공략하는 전략이 바로 길목 지키기 전략이다.

자, 다음은 두 번째 강한 종목의 급소 구간을 살펴볼 차례다.

앞서 강한 종목의 급소 구간 모두가 강력한 저항 가격대에 있다고 했다. 아울러 급소는 바로 이런 강력한 매물대가 포진한 가격대를 돌파하면서 탄생한다고 했다. 그렇다면 이제 두 번째 매물벽을 찾을 차례다.

쉽게 생각해서, 20일선 돌파 이후에 만나는 두 번째 매물벽이 어디인가를 생각하면 된다. 가장 먼저, 두 번째 매물벽은 '직전 고점'을 생각해볼 수 있다. 어떤 급등주이든 가격 조정 없이 스트레이트로 상승할 수는 없다. 반드시 눌림목을 주면서 점진적으로 상승하기 마련이다. 매물 소화 과정과 손바뀜의 과정이 없이는 급등주가 탄생할 수 없다는 얘기다. 결론적으로 급등하는 종목은 고점, 즉 단기 최고점을 반드시 만들면서 갈 수밖에 없다는 얘기가 된다.

단기 상투가 뭔가. 이익 실현 물량이 쏟아지면서 뒤늦게 뛰어든 매수세가 꼼짝없이 물린 지점이 아닌가. 단기 상투는 어떤 종목이든 물린 사람들 입장에서 매우 고통스러운 가격대가 된다. 실전에서 날아가는 종목을 잡았다가 된통 걸려 고통을 겪었던 경험은 투자자라면 모두 갖고 있을 것이다. 그만큼 단기 상투는 피해갈 수 없는 지뢰밭이자 반드시 넘어야 할 산이다. 그렇기에 수급적으로나 심리적으로, 가장 강력한 매물벽은 단기 상투, 즉 '직전 고점'이다.

이제 문제는 직전 고점의 위치이다. 직전 고점, 즉 매물벽의 위치가 상승 초입이냐 상승 끝물이냐에 따라 급소의 탄생 여부는 전혀 달라진다. 결론을 말하면, 강한 종목의 급소는 상승 초입으로 국한하는 것이 좋다. 물론 신고가를 갱신하면서 강하게 날아가는 종목이 때로는 유리한 경우도 있다. 신고가 종목은 대박주를 잡을 수 있는 마지막 기회이기 때문이다. 그러나 이미 급등한 상태의 종목을 매수 급소로 규정하기에는 리스크가 너무 크다. 자칫 고점에서 물린 채 오랫동안 홀딩할 우려가 있기 때문이다. 잘 알다시피 고점에서 물려도 질기게 버티는 것이 우리 개인 투자자들이 아닌가.

가장 이상적인 급소는, 20일선 돌파 이후 탄생하는 첫 전 고점이다. 이 구간이 상승 초입이면서 바로 두 번째 강력한 매물벽이다. 급등주가 되기 위해서, 두 번째 관문이자 사실상 마지막 관문이 바로 이 자리다. 다시 말해 20일선 눌림목 이후에 2차 상승하면서 부딪치게 되는 전 고점 매물벽이 최종 관문이며, 이 자리가 '과녁 이론'에 가장 부합된 길목이다. '엘리어트 파동'으로 설명하자면, 상승 파동 중에서 가장 강력하다는 3파의 시작점이기도 하다. 바로 여기를 지켜야 한다. 급등주가 되기 위해서 반드시 거쳐야 하는 최종 길목이기 때문에 트레이더는 이 자리에서 무조건 '길목 지키기'를 해야 한다.

이 대목에서 간혹 이런 질문을 받는다.

"굳이 고점 돌파 시점까지 기다릴 필요가 있나요? 그냥 20일선 눌림목 자리에서 바로 잡으면 더 싸게 사는 것인데……."

맞는 얘기다. 실제 필자도 20일선 눌림목 구간을 2번째 급소로 정의하는 경우가 많다. 20일선 눌림목 매매는 수익률과 안정성 측면에서 그 어떠한 거래 전략보다 크게 나쁘지 않다고 믿기 때문이다. 다만 반등 시 직전 고점인 매물벽의 압박이 심하다는 점이 문제다. 매물 소화를 확인하고 거래하는 것보다 고점 돌파에 성공할 가능성이 조금 더 낮은 것이 사실이다. 전 고점 돌파를 예상한 거래, 즉 눌림목 구간에서 선취매 전략은 길목을 정확히 노린 돌파 전략보다 승률이 다소 떨어지는 것은 분명 인정해야 한다.

조준된 과녁은 결코 옮기지 않는 것이 최선이다.

급등주는 마지막 관문이자 매물벽인 '직전 고점'을 강력하게 돌파해야 한다. 그리고 과녁은 그 자리에 정확히 맞춰져 있어야 한다. 직전 고점은 눌림목에서 잡은 물량과 고점에서 던지려는 물량이 매번 충돌하는 급소 중의 급소이다.

만약, 상승하던 주가가 '직전 고점'을 찍고 밀리는데, 가격 조정이 없이 기간 조정만 있다면 어떻게 될까. 눌림목이 깊지 않다면, 소화해야 할 매물도 적을 것이며 2차 상승은 훨씬 수월하지 않을까.

주가가 20일선 돌파에 성공하면 많은 경우 가격 조정과 기간 조정이 뒤따른다. 단기 상승 폭이 큰 만큼 이익 실현 물량은 예외 없이 출회하기 때문이다. 그 조정 폭의 하단은 대략 20일선 언저리가 된다. 만약 20일선 조정 이후에 반등을 시도하면 차트 패턴은 N자형 패턴으로 나타난다. 이 패턴은 고점 모서리가 대부분 날카로운데, 이는 단기 고점에서 물린 물량이 많다는 것을 암시한다. 물론 단기 세력은 이탈한 경우가 대부분이다. 결론적으로 N자형 패턴은 직전 고점에 오면 처분하려고 벼르는 물량이 엄청 많다는 것을 의미한다. 문제는 이런 최고점 물량이 상승 시 강한 매물벽으로 작용하면서 2차 상승을 크게 방해한다는 사실이다.

만약, 눌림목 구간에 있는 종목이 이런 매물벽이 전혀 없는 경우가 있다고 생각해보자. 이건 정말 금상첨화가 아닐까. 상승 추세는 여전한데 소화해야 할 매물이 거의 없는 종목이라면 별도의 조정 없이 그냥 날아갈 것이 분명하다.

조정은 조정인데 기간 조정만 있고 가격 조정이 없는 종목, 눌림목 구간에서 주가가 떨어지지 않고 옆으로 횡보하는 종목, 정말 이런 종목은 하락 가능성이 거의 제로에 가깝고 2차 상승할 가능성은 가장 높지 않을까?

가격 조정이 거의 없을 때 차트 패턴은, 20일선 위에서 N자형을 살짝 옆으로 편 형태가 된다. 마치 등받이가 있는 의자와 같은 모양이다. 필자는 일단 기억하기 좋게 '의자형 패턴'으로 이름을 지었다. 그런데 이런 의자형 패턴이 탄생한 수급적 배경은 뭘까.

의자형 패턴은, 주가가 20일선 돌파한 이후에 캔들이 옆으로 서는 패턴이다. 이익 실현 물량이 출회되면서 더 이상 오르지 못하고 주가가 며칠 간 옆으로 가는 것이 분명하다. 그런데 매물이 출회하는데도 불구하고 주가가 밑으로 밀리지 않는다는 사실은 무엇을 의미하는가. 혹시 대기 매수세가 풍부하다는 뜻이 아닌가. 그렇다. 의자형 패턴은 이익 실현 물량을 누군가 몽땅 받아내는 패턴이다. 차익 매물만큼의 대기 매수세가 활발히 유입되면서 주가를 튼튼하게 방어하고 있는 것이다. 20일선과 큰 폭의 이격을 그대로 유지하면서 말이다.

사실 상승 추세의 종목이 조정 구간에서 가격 하락 없이 주가가 옆으로 가고 있다는 것은 무얼 의미하는가. 대기 매수세가 워낙 풍부해서 차익 매물을 몽땅 소화하고 있음을 말하지 않는가. 이건 명백한 2차 상승의 전조다. 조만간 차익 물량이 몽땅 소화될 것이고 더 이상 나올 물량이 없으면 주가는 자연스럽게 급등으로 이어질 것이다.

필자의 경험상, 지금껏 의자형 패턴보다 강한 패턴은 결코 없었다. 의자형 패턴은 가장 강한 패턴 중에서도 단연 으뜸이었다. 참고로 그동안 20일선을 타고 급등했던 상당수의 주도주들 차트에서 이 의자형 패턴이 발견됐다는 점을 밝힌다.

대박의 절대 조건은 '기다림'에 달렸다. 대박주를 잡기 위해선 급소 구간이 탄생하기 전까지 최대한 참고 버텨야 한다. 최고의 급등 패턴인 의자형 패턴만 해도 그렇다. 실전에서 의자형 패턴이 어디 그렇게 많겠는가. 이 의자형 패턴이 출현하기 전까지 참고 또 참아야 한다. 참을성이 대박을 만든다.

앞서 낚시 이론에서 밝혔듯이 대물꾼은 모두 기다림의 대가들이다.

"대물은 소리 없이 왔다가 소리 없이 간다. 단 한 번의 입질을 완벽하게 잡아내기 위해 모든 것에 집중한다. 대물을 이길 수 있는 유일한 방법은, 오로지 기다림뿐이다."

국내 참돔 기록 보유자인 부산의 박창수 씨가 한 말이다. 무척 의미심장하다. 혹시 우리는 그동안 잔챙이 입질에 너무 쉽게 반응했던 것이 아닐까. 대물이 채 오기도 전에 말이다.

# 21 상대성 이론:
### 비교 분석을 통해 종목을 압축하라

읽는 이로 하여금 섬뜩함을 느끼게 하는 우화가 있다. 제목은 『밀림의 두 소년』이며 줄거리는 대략 다음과 같다.

어느 날 어린 두 소년이 밀림 속을 걷고 있다가 자신들을 향해 달려오는 사자를 발견했다. 한 소년이 "큰일 났다. 어서 도망가자!"라고 외치며 달리기 시작했다. 그러나 다른 한 소년은 허리를 굽혀 신발끈을 고쳐 매는 것이었다. 앞서가던 소년은 어이가 없다는 듯 뒤를 돌아보며 이렇게 외쳤다.

"아니, 신발끈을 고쳐 맨다고 사자보다 빠를 수 있나? 그럴 시간에 한 걸음이라도 더 도망가야지."

그러자 신발끈을 고쳐 매던 소년은 나지막한 목소리로 중얼거렸다.

"내가 사자보다 빠르게 달릴 필요는 없잖아. 너보다 빠르면 되지!"

얼핏 생각하면 사자보다 빠르게 뛰느냐, 아니면 사자보다 느리게 뛰느냐에 따라 생사가 좌우되는 상황처럼 보이지만 사실은 그렇지 않다. 사자와 관계없이 두 소년 중 누가 더 빠르게 뛰느냐가 생사를 좌우하는 상황이다. 어차피 사자는 두 소년을 한꺼번에 잡아먹지 못한다. 목숨을 걸고 벌여야 하는 두 소년의 승부는 사자와의 승부가 아니라 바로 옆에 있는 친구 간의 승부다.

이것이 실제 상황이라면 살아남는 방법을 정확히 이해하는 소년, 즉 사자에게서 빨리 달아나려는 친구가 아니라, 옆에 있는 친구보다 한 발짝만 빠르면 살 수 있다는 사실을 알고 있는 소년이 생존할 것이다.

주식 투자도 이와 다르지 않다. 승부를 결정짓는 요인이 무엇인지 정확히 이해하는 자가 이길 수 있다. 투자자는 수많은 거래 대상 중에 상대적으로 저평가되어 있다고 여기는 종목을 산다. 미래의 성장성이 돋보이든, 현재의 실적이 우월하든 조금이라도 우위에 있는 종목을 선택한다.

예를 들어 관심 종목 중에 PER이 10배, 8배, 6배의 종목이 있을 때 투자자는 당연히 PER 6배의 종목을 선택한다. 그 투자자는 '나는 지금 PER 6배의 종목을 샀다'고 생각하지 않고 '나는 지금 시장에서 가장 저평가된 종목을 샀다'고 생각한다. PER이 얼마나 낮은가는 투자자의 절대적 결정 요소가 되지 않는다. 그보다 더 중요한 것은 '내가 관심을 갖고 있는 자동차 업종 중에 어떤 종목의 PER이 가장 낮은가' 하는 것이다. 관심 밖에 있는 통신 업종이라면 PER이 5배 미만의 종목이라도 매수할 이유가 없는 것이다. 이렇듯 투자의 세계에서 투자 대상의 선택 기준은 '절대적 우위성'이 아니라 '상대적 우위성'이다. 외국 선수들과 대결하여 스케이트 날을 쭉 내밀어 간발의 차이로 승리를 거머쥔 김동성 선수처럼 아주 조그마한 차이, 이것이 '상대적 우위성'이다.

주식 투자 대상으로 무조건 저평가 종목을 찾는 것은 마치 자신이 사자와 경쟁하는 것으로 생각하고 사자보다 빨리 달리려고 애쓰는 우화 속 소년과 같다. '주식 시장에서 가장 저평가된 종목이 뭘까?'를 생각하기보다 '핵심 주도 업종 중에서 상대적으로 저평가된 종목이 뭘까?'를 고민하는 것이 바로 상대성 이론의 핵심이다.

『이상한 나라의 앨리스』에 이런 얘기가 나온다.
앨리스와 붉은 여왕은 크게 숨을 몰아쉬며 달렸다. 이때 앨리스가 말했다.
"우리나라에서는 이 정도로 열심히 달리면 분명 어딘가에 도착하게 돼요."
그러자 붉은 여왕이 화를 내며 소리 쳤다.
"이런 느림보 같으니. 여기서는 이렇게 달리면 겨우 제자리야. 어딘가에 닿으려면 두 배는 더 열심히 달려야 해."
앨리스와 붉은 여왕은 정말 열심히 달리지만 주위의 사물도 함께 달리는 것이 문제였다. 아무리 달려도 두 사람은 계속 제자리만 맴돌 뿐이다. 주위의 사물도 함께 달리는 상황에선 주위의 사물보다 훨씬 더 빨리 달려야 앞으로 나아갈 수 있는 법, 달리기도 상대성 이론이 작용하는 것이다.
얼룩말이 살고 있는 아프리카 초원에는 치타도 함께 살고 있다. 치타가 생존하기 위해서는 얼룩말보다 빨리 달릴 수 있도록 진화해야 한다. 반면에 얼룩말은 치타보다 더 빨리 달릴 수 있도록 진화해야 한다. 그렇지 못하면 둘 중 하나는 멸종된다. 지금까지 지구상에 존재했던 생명체의 90% 정도가 멸종했다. 각기 개별 종의 입장에서 나름대로 열심히 달린다고 달렸지만 주위의 모든 경쟁자들이 더 빠른 속도로 달렸기 때문에 멸종하고 만 것이다. 종족을 보존하고 타인과의 경쟁에서 이기려면 두 배는 더 열심히 달려야 한다. 진화도 결국 상대성 이론이 작용하는 것이다.

어떠한 물건이든 가격 책정은 다른 물건의 가격과 비교해서 결정된다. 아무리 좋은 명품이라도 그것은 마찬가지다. 모두 다 상대성 이론이 작용하는 것이다. 미인 선발대회도 마찬가지다. 미인 선발대회는 우리나라에서 가장 아름다운 여자를 뽑는 것이 아니다. 그 해 출전자 중에서 가장 아름다운 여성을 뽑는 것이다. 참가한 미인들을 동시에 비교하면서 누가 더 건강하면서 균형이 맞는지, 얼굴은 누가 더 예쁘고 이목구비가 뚜렷한지 등등 상대적 비교를 통해 진선미를 가린다. 상대성 이론에 의한 선발은 미스코리아 선발대회만 국한되지 않는다. 대통령 선거든 국회의원 선거든, 모든 선거는 다 상대성 이론이 작용한다.

주가도 마찬가지다. 주가 형성에 정형화된 공식이나 절대 가치란 없다. 주가는 해당 기업의 가치로만 결정되는 것이 아니라, 동종 업종 내의 다른 기업과 비교 분석을 통해 정해진다. 이것이 현재 주가 수준의 적정성을 PER이나 PBR(주가를 1주당 순자산으로 나눈 것으로 주가가 1주당 순자산의 몇 배로 매매되고 있는가를 표시함)과 같은 정형화된 기준을 통해 매길 수 없는 이유다.

실제 주가의 결정 요인은 대부분 상대성 원리와 수요 공급의 법칙에 의해 정해진다. 단순히 실적이 좋다고 해서, 보유 자산이 많다고 해서 주가 수준이 높게 형성되지 않는다는 뜻이다. 상대성 논리와 수급 논리가 배제된다면 모든 업종의 평균 PER은 같은 값으로 수렴해야 맞다.

우리나라 주식 시장은 미국 시장이나 일본 시장, 중국 시장과 절대적인 관계에 놓여 있다. 국내 시장의 경기가 좋고 기업의 펀더멘털이 아무리 좋더라도 미국 시장이나 일본, 중국 시장이 무너지면 국내 시장도 함께 무너진다. 과거 2007년, 서브프라임 사태가 그랬다. 시장은 특정 기업이나 해당 국가의 펀더멘털보다는 오히려 글로벌 시장의 흐름에 의해 좌우되는 경향이 짙다.

주가의 적정 가치 또한 마찬가지다. 특정 기업의 주가 수준은 절대적이 아니라 상대적이다. 같은 업종의 모든 주식이 하락하는데 옆으로 횡보하는 주식이 있다면, 그 기업의 주가는 상대적으로 오르는 셈이 된다. 하락장에 하방경직성이 있는 종목, 하락 각도가 완만하면서 지지 캔들이 탄생하는 종목이 이에 해당된다.

반대로 모든 종목이 평균적으로 20% 정도 상승하는 강세장에서 자신의 보유 종목이 10% 상승했다면, 그 종목은 상대적으로 10% 떨어진 셈이다. 주식수 감소 요인이 발생한 것이다. 자신의 종목을 팔고 20% 상승한 종목으로 넘어갔을 때, 주식수는 10% 감소한 셈이 된다. 이렇듯 개별 종목의 흐름도 중요하지만 동종 업종 내 상대적 주가 수준도 매우 중요하다. 같은 맥락에서 보유 종목의 PER이 6배에 불과하더라도 동종 업종 내 여타 종목들의 PER이 5배 수준이면 자신의 종목은 저평가와 거리가 멀다. 그런 관점에서 자동차 부품주들의 PER은 상대적 비교가 필요하다.

사실 자산 가치보다 주가 수준이 낮다는 것은 무얼 말하는가. 그건 미래 성장성이 다른 업종이나 종목에 비해 상대적으로 낮거나, 우리가 모르는 악재가 있다는 얘기다. 어쩌면 외국인이나 기관들이 물량을 정리하고 있을지도 모른다. 결론적으로 저평가 종목은 유망한 종목이 아니라, 상대적으로 덜 오르고, 하락 구간에서 더 많이 떨어진 종목에 불과하다. 시장을 끌고가는 주도주와는 180도 다른 그저 그런 종목이다.

강세장엔 상대적으로 상승폭이 큰 업종이 주도 업종이다.
약세장엔 상대적으로 하락폭이 적은 업종이 주도 업종이다.

성공적인 트레이딩을 위해서는 상대성 이론에 강해야 한다. 아울러 현재 상승률이 가장 높은 업종, 주도 업종을 찾기 위해 부지런히 발품을 팔아야 한다. 평소 상대성 이론에 입각해서 어떤 업종이 상대적으로 강한지, 주도 업종 내에서는 어떤 종목이 대장주인지 끊임없이 비교해야 한다.

종목 발굴의 핵심은 비교 분석에 있다. 상승 각도를 비교해야 하고 거래량의 변동을 체크해야 한다. 양봉 출현이 많은지 음봉 출현이 많은지, 캔들의 위꼬리가 많이 붙는지 밑꼬리가 많이 붙는지 등의 기술적인 비교는 기본 중의 기본이다. 이런 비교 분석을 통해 조금이라도 더 안전하고 강한 종목으로 교체 매매하는 것, 이것이 상대성 이론의 핵심이다.

사실 동일한 업종이나 테마에서 대장주와 부대장주가 이격을 좁히는 이유도 같은 맥락이다. 대장주가 상한가로 진입한 경우에 부대장주를 공략하는 이유도 다 상대성 이론에 바탕을 둔 거래 전략이다. 대장주와 부대장주의 갭 메우기를 노린 짝짓기 매매인 것이다. 짝짓기 매매는 테마주 매매의 핵심으로서 상대성 이론이 가장 잘 녹아 있는 거래 전략이다.

### 발품을 많이 판 만큼 승률은 올라간다

발품과 수익률은 비례한다. 평소 장중에 2시간 이상, 전 종목을 비교 분석하라고 주장한다. 트레이더에게는 이것이 최소한의 발품이다. 차트 비교, 창구 비교, 호가 비교, 뉴스 비교, 가치 비교(PER, ROE, 유보율 등), 메이저 수급 비교 등을 통해 상대적으로 강한 종목을 압축해야 한다.

발품은 많이 판 만큼, 승률이 올라간다. 특히 종가 무렵엔 세력 매집주를 찾아 더욱 부지런히 발품을 팔아야 한다(알박기 이론 참조). 장 마감 1시간 전부터, 전 종목 일봉차트를 검색하는 것은 최고의 발품이다. 세력주나 차트 급소 탄생주, 모두 이때 잡아야 하기 때문이다. 종가 매매는 오버나이트를 목적으로 하기 때문에 추세적으로 강한 흐름인지의 판독이 필요하다. 아울러 메이저(외국인과 기관)의 개입 여부와 거래량의 증가 여부를 반드시 체크해야 한다.

사실 짧은 매매(데이, 스캘핑)에서 발품의 의미는 크지 않다. 짧은 시간에 많은 종목을 비교하기보다는 특정 종목에 집중력을 발휘해서 거래해야 하기 때문이다. 발품보다는 속도와 집중력이 더 중요하다는 뜻이다.

반면에 스윙 매매는 오로지 발품이다. 이삭 줍는 심정으로 전 종목을 빠짐없이 훑어야 한다. 비교 분석을 통해서 묻어야 될 종목을 압축하는 작업은 의외로 많은 시간을 요구한다. 차트 급소 탄생 여부와 세력의 개입 여부 등등 챙겨야 할 것이 많다.

종가에 스윙 종목을 압축할 때는 최소한 전 종목 차트를 한 번은 훑어봐야 한다. 그래야 차트 급소가 탄생한 종목, 매집 세력이 개입한 종목을 놓치지 않는다. 특히 재료를 통한 급등주 발굴은 더욱 발품을 팔아야 한다. 피인수나 지분 매각, 경영권 분쟁 등 지분 변동에 관련한 재료를 모두 검색해야 하고, 역정보가 있는지도 밝혀야 한다. 최대한 발품을 팔아서 실수를 없애야 한다. 반면에 같은 급등주 거래라도 상한가 따라가기와 같은 기술적 기준으로 매매하는 경우는, 발품보다는 시스템과 집중력에 의해서 승패가 좌우된다.

# 집중 투자 이론:
### 레버리지를 활용해 집중 투자하라

'단도(Dhandho)'는 인도의 구자라티 말로서 '사업'을 의미한다. 좀 더 정확히 해석하면 '저위험 고수익의 사업'을 말한다. '파텔'은 인도 구자라트 출신 중 소수의 '파텔'이라는 성을 가진 집단을 말하는데, 현재 인도인으로서는 미국에서 가장 성공한 부류이다.

파텔은 1970년대 초, 애너하임에서 객실이 20개에 불과한 작은 모텔로 출발했다. 그리고 현재 미국 전역에 4,400개의 객실을 보유한 대규모 모텔 체인을 일구었다. 파텔은 현재 미국 최대의 모텔 사업자이다. 정말 놀라운 사실은 35년 전만 해도 미국에는 파텔이 단 한 명도 없었다는 점이다. 그들은 1970년대 초, 난민으로 미국에 들어왔으며 교육 수준도 낮았고 당시에 변변한 자본도 없었다.

파텔은 원래 남부 아프리카 출신의 난민이었다. 그들은 대단히 강한 사업가적 소질과 가치를 꿰뚫어보는 능력, 끝까지 포기하지 않는 집요함을 가졌다. 그들은 성공하면 큰 돈을 벌지만 실패하더라도 크게 손해 보지 않을 만한 사업, 바로

'단도'를 찾았다. 평소에도 그들은 '단도'를 부르짖었다. 그들이 찾는 '단도'는 '앞면이 나오면 내가 돈을 따고, 뒷면이 나오더라도 많이 잃지 않는' 그런 완벽한 사업이었다. 그리고 그런 사업으로 낙점한 것이 바로 '모텔 사업'이었다.

파텔 가족은 미국에 이주하면서 처음에는 지독하게 일에 매달렸다. 돈이 생기면 오로지 저축을 하는 지독한 구두쇠 전략을 썼다. 그런 다음 최소한의 투자금이 생기자 소규모의 모텔을 하나 사들였다. 그런 다음 비용을 아끼기 위해서 종업원을 모두 내보내고 친척들을 고용했다. 파텔 가족이 직접 모텔을 운영하면서 비용을 아껴 숙박 요금을 크게 낮추었다. 그러자 객실 회전율은 크게 올라갔고 많은 돈을 벌었다. 이들은 그렇게 번 돈으로 새 모텔을 사들인 다음 초기에 참여한 가족에게 운영을 맡기면서 다시 종업원들을 해고했다. 모텔이 늘어나면서 돈은 계속 쏟아져 들어왔고 그들은 새로운 모텔을 사들이는 일을 계속 반복했다. 매번 같은 상황을 되풀이하면서 모텔에만 재투자했다. 물론 최소한의 비용으로 모텔을 인수하거나 평소 비용을 아끼는 노력도 결코 잊지 않았다. 이렇게 같은 일을 반복하다보니 어느새 그들이 소유한 모텔은 미국 전체 모텔의 1/3을 넘었다. 재산도 무려 400억 달러(44조)에 달했다.

파텔가의 사람들은 천성적으로 위험률에 비해 고수익이 가능한 '단도 투자' 개념이 머리에 깊이 박혀 있다. 그들은 어떤 사업을 하든 이런 개념으로 접근한다. 파텔에게 '저위험 고수익'이라는 개념은 마치 숨을 쉬는 것처럼 자연스럽다.

'단도 이론'의 핵심은 확실한 사업에 집중 투자하라는 것이다. 평소 절약으로 돈을 모으고, 최소한의 비용으로 투자하며, 투자 대상은 성공하면 많은 돈을 벌지만 실패하더라도 약간의 손해만 입는 그런 사업에 집중 투자한다는 것이다.

### 손실은 짧게! 이익은 길게!

앞서 공개한 '드라이브 이론'과 같은 맥락의 투자 철학인 셈이다.

『단도 투자』라는 책을 통해 파텔의 성공을 소개한 저자 파브라이는 '단도 원칙'을 아래와 같이 소개했다. '단도 원칙'은 단기간에 큰 성공을 거둔 파텔의 성공 법칙이 모두 녹아 있는 원칙이다.

① 단순하고, 변화가 없는 사업에 투자한다(한순간에 모든 것을 잃을 가능성이 낮다).

② 망한 회사나 산업에 주목한다(초기 투자 비용이 저렴하다).

③ 방어벽이 튼튼한 사업에 투자한다(성공했을 때 지배권을 유지할 수 있다).

④ 집중 투자를 하며, 한 번하면 올인 한다(레버리지를 최대한 활용할 수 있다).

⑤ 앞면이 나오면 크게 벌고, 뒷면이 나오더라도 많이 잃지 않아야 한다(초기 투자비용과 운영비를 아껴서 리스크를 최소화하고 반복 투자를 통해 사업을 크게 키운다).

상기 원칙은 파텔 가족의 투자 철학을 요약한 것이자, 한편 투자자에게도 훌륭한 롤모델이 된다. 투자자 관점에서 '단도 원칙'은 아래와 같이 해석할 수 있다.

① 사업 내용이 명확한 기업에 투자한다.

② 진흙 속에서 보석 같은 기업을 찾는다.

③ 성공했을 때 진입 장벽이 높은 기업에 투자한다.

④ 레버리지를 최대한 활용해서 집중적으로 투자한다.

⑤ 손실은 짧게 자르고, 이익은 극대화한다.

참고로 『단도 투자』를 쓴 파브라이의 투자 성과도 대단히 좋다. 펀드를 운용한 이후 그는 모든 주가 지수의 수익률을 능가했으며, 거의 모든 다른 펀드에 비해 훨씬 높은 수익률을 거두었다. 특히 주목할 점은 그는 '단도 이론'에 입각, 펀드 구성 종목이 10여 개에 불과한 최소한의 포트폴리오를 운용했다는 점이다. 이는 통상적인 펀드에서 운용하는 포트폴리오의 1/10에 불과한 수준이며, 집중 투자의 위력을 새삼 확인시켜준다. 아울러 그는 투자할 때 한꺼번에 대량의 물량을 사들였다는 점도 눈에 띈다. 이 또한 집중 투자의 장점을 최대한 활용한 전략이다.

## 전선을 좁혀라!

과거 중국의 진시황 시절, 만리장성은 난공불락의 요새가 아니었다. 진시황은 전국 시대 혼란을 잠재우고 통일을 이뤘으나 북방 유목 민족인 흉노족이 마음에 걸렸다. 유목민들은 초원에 먹을 것이 부족해지면 어김없이 농경 사회인 중국을 침략했기 때문이다. 이러한 불안의 씨앗을 없애기 위해 진시황은 만리장성을 쌓기 시작했다. 그러나 만리장성을 쌓느라 국력은 소진되었고 국고는 비어갔다. 전선으로서 만리장성은 너무 넓었던 것이다. 결국 진나라는 중국 통일 후 15년, 진시황 사후 3년을 넘기지 못하고 내부로부터 무너져 내렸다. 외적을 막으려던 만리장성이 오히려 내부의 적을 만들어낸 격이 되고 말았다.

제2차 세계대전 때도 이와 비슷한 낭패가 있었다. 1940년 5월, 팬저 3, 4호를 앞세운 독일 전차 부대가 난공불락의 프랑스 마지노선을 무참히 뭉개버린 사건이다. 프랑스는 이 패배 후 6주 만에 항복하고 말았다.

당시 프랑스 전력은 결코 독일에 뒤지지 않았다. 프랑스 전차인 샤르B는 두꺼운 장갑과 75mm 주포를 장착해 37mm 포를 가진 독일의 팬저보다 훨씬 강했다. 그런데도 힘 한 번 못 쓰고 패한 이유는 10년 간의 공사 끝에 완성한 프랑스와 독일 국경 사이에 설치한 마지노선 때문이다. 750km에 걸친 콘크리트 방벽의 마지노선을 따라 프랑스의 막강한 전차 병력은 분산되고 만 것이다. 견고한 방어선은 심리적 무장 해제를 부르는 법, 그들은 병력을 예비군으로 돌릴 정도로 여유를 부렸다. 마지노선을 철석같이 믿었던 것이다. 전선이 넓어지자 방비는 허술했고, 그 틈을 이용한 독일군은 벨기에를 통해 마지노선을 우회하며 프랑스를 침공해 들어갔다. 독일군은 화력을 집중해서 쏟아부었고, 전선을 넓게 잡은 프랑스는 속수무책으로 무너지고 말았다.

만약 당시 프랑스가 마지노선을 구축하지 않았다면, 전선을 좁히고 방어력을 집중했다면 과연 결과는 어떻게 되었을까? 역사엔 '만약'이 없지만 '만약의 역사'를 유추해보는 것은 현실을 사는 자의 특권이자 교훈이기도 하다. 당시의 사건을 통해 전선을 좁히고 소통을 강화해야 한다는 교훈은, 현대를 사는 우리에게 압축과 집중력의 필요성에 대해서 여러 가지 시사하는 바가 크다.

투자의 세계에서 분산 투자는 절대적으로 필요하다. 특히 펀드처럼 투자 규모가 큰 경우 더욱 그러하다. 그러나 명심해야 할 점은, 분산 투자의 근간은 리스크 예방에 있다는 점이다. 절대 수익률은 애당초 포기해야 한다. 만약 시장 평균을 상회하는 큰 수익을 원한다면 분산 투자의 유혹으로부터 멀찌감치 벗어나야 한다. 소위 대박과 절대 수익률은 집중 투자에서만 나오기 때문이다.

분산 투자는 펀드 운용의 핵심이다. 펀드 운용자는 리스크를 예방한다는 명목으로 포트폴리오를 다양하게 구성한다. 손실을 줄이고자 투자 대상을 잘게 나누는 것이다. 채권도 집어넣고, 때로는 해외 펀드도 여러 개 집어넣고. 그런데 파헤쳐보면 이것은 이익 추구를 위한 투자가 아니라 잃지 않기 위한 방어 전략에 불과하다. 투자금을 잘게 나누는데, 리스크가 줄지 않으면 그것이 도리어 이상하지 않을까. 이렇게 리스크만 고려한 포트폴리오 구성으로 지수 상승률 이상의 수익은 사실상 불가능이다.

모두 그런 것은 아니지만 펀드에 돈을 맡긴 투자자들은 돈을 크게 불려주길 바란다. 그들은 예금보다 수익률이 조금 더 나을 것이란 생각에서 맡기는 것이 아니라 부자가 되고 싶은 마음에서 맡긴다. 그런데 펀드 운용자들은 맡긴 사람들의 의도와 전혀 다른 관점에서 운용한다. 지금도 펀드에 편입한 종목수를 보면 평균적으로 50~100개 정도로 방만하기 그지없다. IT, 자동차는 물론 금융주, 조선주, 건설주 등등 펀드에 없는 것이 없다. 정말이지 백화점이 따로 없을 정도다. 펀드 가입자는 매번 수익률에 실망한다. 그러나 대안이 없다보니 그냥뒀다. 지금껏 펀드가 그럭저럭 굴러갔던 이유다.

"이번에 친디아 쪽에서 좀 깨졌지만, 다행히 미국 쪽 원유 선물에서 좀 건졌어."

이런 식의 포트 운용은 마치 한쪽이 올라가면 다른 쪽이 떨어지는 '시소 게임'과 전혀 다를 바가 없다. 우리는 대부분의 펀드 수익률이 지금껏 지수 평균 수익률을 밑돌았다는 사실에 주목해야 한다. 분산 투자의 목적은 수익률 추구가 아니라 리스크 예방에 있다는 점도 새삼 기억해야 한다. 리스크를 두려워한 분산 투자는 비록 잃지는 않지만 상대적으로 이익까지 상쇄시킨다. 결국 분산 투자는 안정적이기는 하나 당신에게서 부자가 될 수 있는 기회까지 박탈해가고 만다.

참고로, 최근에 랩어카운트 열풍이 강하다. 펀드에 비해 편입 종목수가 10분의 1에 불과할 정도로 집중 투자에 강하다. 수익률도 펀드보다 월등하다. 사정이 이렇다보니 랩 상품으로 넘어가기 위해서 펀드 환매가 대량으로 일어나고 있다. 이는 과도한 포트폴리오 운영에 식상한 투자자들이 넘쳐나고 있다는 반증이다. 사견이지만, 리스크 관리보다는 절대 수익률을 추구하는 투자자가 많은 한, 펀드로부터 랩으로의 이동은 계속될 것이다. 세상은 더 이상 과도한 분산 투자를 원하지 않는다.

## 계란을 한 바구니에 담지 말라

혹시 이 격언을 절대적으로 신뢰하는지 묻고 싶다. 물론 이 격언을 믿고 안 믿고는 자유다. 그러나 분명한 것은 이 격언을 이제 막 시장에 입문한 초보자들이 절대적으로 신뢰한다는 사실이다. 계란은 나누는 만큼 수익률과 멀어지는데도 마치 절대 법칙처럼 통한다. 필자는 이것이 늘 못마땅하다. 물론 리스크를 줄여 준다는 점은 인정한다.

"계란을 한 바구니에 담고, 그것을 지켜라!"라는 집중 투자 논리가 바로 상위 1% 투자가들끼리 암암리에 전수되는 거래 비책이다. 설령 그들이 계란을 여러 바구니에 나누어 담더라도 각기 바구니에 담는 계란의 수는 공평하지 않다. 튼튼한 바구니에 계란이 특별히 많은 것이 바로 상위 1%의 성공 투자가들인 것이다. 그들은 분산 투자를 하더라도 비중을 달리한다는 얘기다. 이는 엄밀히 말해 집중 투자에 해당된다.

혹시 큰 성공을 원하는가?

그렇다면 지금 당장, 분산 투자의 유혹으로부터 벗어나라! 과도한 포트폴리오는 손절매의 실패는 물론 하락장에 교체 매매 실패도 불러온다. 아울러 상승하는 종목이 하락하는 종목으로 인한 손실을 덮으며, 이익까지도 제로로 수렴시키고 말 것이다.

혹시 큰 성공을 원하는가?

그렇다면 분산 투자의 욕심을 버리고 시장 중심에 있는 가장 강력한 업종과 종목을 찾아야 한다. 그리고 집중적으로 투자한 후 최대한 길게 끌고가야 한다. 이것이 당신이 성공할 수 있는 유일한 공식이다. 투자의 세계에서 부자가 되려면, 집중적인 포트폴리오의 운용밖에는 답이 없다는 것이 결론이다.

거듭해서 강조하지만, 개인 투자자의 성공은 집중 투자에 달렸다. 매 국면에서 탄생하는 핵심 주도주와 소수의 급등주에 얼마나 집중 투자하느냐, 여기에 달렸다. 사실 작은 투자 손실은 무시해도 좋다. 주도주와 급등주 거래를 통해 몽땅 상쇄시키고도 크게 남을 것이다. 그러려면 종목수를 최소한으로 압축해야 한다. 만약 보유 주식수가 5종목이 넘으면 집중 투자는 사실상 어렵다. 결국 승패는 일 년에 이런 주도주와 소수의 급등주에 집중 투자를 했느냐, 그 여부에 달렸다(워렌 버핏은 어느 누구도 평생 동안 빛나는 보석 같은 종목을 20개 이상 발견할 수 없다고 말한 바 있다. 그의 말은 많은 것을 시사해 주는데, 특히 소수의 종목에 집중 투자해야 한다는 점은 확실하다).

여담이지만 트레이더의 목표가 위험을 완벽하게 회피하는 것에 맞춰 있다면 이것은 문제다. 위험과 기회는 항상 함께하는 것이어서 어떤 거래든 위험한 순간이 반드시 뒤따르게 마련이다. 이것을 인정해야 기회도 잡는다. 트레이딩에서 잘못될 가능성은 항상 존재하며 약간의 리스크는 필연적이다. 발에 물 안 묻히고 강을 건널 수 없고, 복싱에서 한 대도 안 맞고 상대편을 이길 수 없는 이치와 같다.

### 위험이 존재하기 때문에 대박의 기회도 있다

리스크는 기업의 내부자는 물론 시장 지배력이 강한 메이저에게도 항상 존재한다. 내부 정보에 크게 의존하는 내부자는 회사 사정에 너무 밝다보니 수급이라는 '숲'을 보지 못하는 경우가 발생하고, 메이저들 또한 또 다른 세력들의 물량 공세에 속절없이 당하기도 한다. 리스크는 모두에게 공존한다. 그럼에도 항상 거래는 일어나고, 누군가는 막대한 부를 챙긴다. 리스크를 피할 것인가, 리스크 속에서 기회를 잡을 것인가는 여러분의 몫이다.

참고로, 내부자 거래에서 주목해야 할 것은 매수가 아니라 매도 거래다. 급등 중의 내부자 매도는 그들의 물량으로 주가 상투를 만든다. 만약 주가 하락 국면에서 내부자들이 지분을 매도하고 있다면 이는 더욱 불길한 징조다. 나쁜 절차가 진행되고 있을 가능성이 매우 높다. 상장 폐지가 될 수도 있다는 말이다. 이런 경우 확인 절차를 생략하고 무조건 팔고 나오는 것이 상책이다.

한편, 주가가 상승 흐름에 접어들었을 때 내부자들이 주식을 사들인다면 이는 좋은 징조다. 조만간 호재가 발표될 예정이거나, 기업 실적이 시장 전망치를 크게 상회하는 경우다. 반면에 주가 하락 시에 자사주 매입은 큰 의미를 두지 않는 게 좋다. 어차피 반등할 때는 몽땅 정리할 것이어서 오히려 반등 국면에서 주가 상승의 발목을 잡을 것이다. 그러나 자사주 소각! 이건 대박 재료다. 계획에 없던 배당을 받은 것과 같기 때문에 주가 상승에 새로운 모멘텀이다.

# 집중력 이론:
### 모든 영역에서 고수는 집중력의 달인이다

'칵테일 파티 효과'라는 것이 있다. 여러 가지 복잡한 정보들이 섞여 있어도 자신에게 의미 있는 정보만을 선택적으로 받아들이는 현상을 말하는데 흔히 '의미의 필터링'이라고도 한다. 시끄러운 칵테일 파티장에서 수많은 소음을 뚫고 마주선 사람들끼리 대화가 가능하고, 누군가가 자신의 이름을 부르면 즉각 알아듣는 현상이 바로 칵테일 파티 효과(Cocktail Party Effect)다. 이 용어는 영국의 과학자 콜린 체리가 1953년 청각 실험을 통해 처음 언급했다. '의미의 필터링'은 귀의 문제가 아니라 뇌의 문제이기 때문에 집중력이 뛰어난 사람은 일에 몰두해 있을 때 옆에 폭탄이 떨어져도 모른다는 것이다. 현재 몰입해 있는 일 외의 감각을 뇌가 차단해주기 때문이란다. 뇌가 자신에게 필요한 소리에만 집중하기 때문에 시끄러운 파티장 속에서도 나와 관련된 소리만 들리는 것이다. 결국 '칵테일 파티 효과'는 집중력의 결과물이다.

뇌가 다른 감각을 차단하고 자신에게 필요한 작업만 할 수 있는 능력도 집중력에서 비롯된다. 이는 공부든 취미든 사업이든 모든 성공의 비밀은 결국 머리나 노력이 아니라, 집중력의 차이에서 비롯됨을 의미한다. 이는 집중력만 탁월하면 누구든 특정 영역에서 달인이 될 수 있다는 얘기가 된다. 성공을 꿈꾸는 사람들에게 이것은 놀라운 사실이다.

막노동꾼 출신으로 서울대 수석 합격이란 기적을 이끌어낸 장승수 씨, 그가 쓴 『공부가 가장 쉬웠어요』란 책에 탤런트 주현 씨와 포장마차에서 술을 마시다가 나눈 얘기가 나온다. 주현 씨가 장 씨에게 말하길, "길 다닐 때 돌 맞지 않도록 조심하라"는 것이다. 어떻게 했기에 공부를 그렇게 잘하느냐는 그의 물음에, 열심히만 하면 공부는 누구든 잘할 수 있다고 했다가 핀잔의 말로 이렇게 말한다. 주현 씨가 이어서 하는 말이 이랬다.

"세상에 열심히 공부하는 애들이 얼마나 많냐? 그럼 걔들이 다 서울대 들어가야 되는데 어디 현실이 그러냐? 너 그런 말하다 열심히 공부하는 애들한테 길 가다 돌 맞어!"

장승수 씨 같은 공부의 달인에겐 특별한 무엇이 있을 것이란 믿음을 주현 씨도 갖고 있었던 것이다. 정말이지 궁금하다. 막노동꾼 출신이 서울대 입학, 그것도 수석으로 합격한다는 것이 어디 가능한 일인가. 분명 그만의 비밀이 있었을 텐데 그것이 과연 뭘까. 추측을 해보자면 비밀은 딱 하나다. 그는 집중력에 있어 탁월한 능력을 가진, 바로 집중력의 달인인 것이다.

잠시 그가 어떻게 집중력의 달인이 되었는지 살펴보자.

많은 사람들은 공부가 지겨운 것, 하기 싫은 것이라고 생각한다. 그런 판단의 속을 들여다보면, 정작 공부가 하기 싫은 것이 아니고, 공부 말고 다른 것들을 하고 싶다는 생각이 머릿속에 가득하다는 것이다. 게임을 하고 싶고, TV를 보고 싶은 마음이 앞서기 때문에 공부가 지겹고 싫은 것이 된다는 것이다. 사실 맞는 얘기가 아닌가.

모 신문에서 읽은 내용인데, 어떤 교수 분은 자식들이 하도 TV를 많이 보길래 과감하게 거실에 있는 TV를 버렸다고 한다. 그랬더니 자식 3명이 모두 공부에 집중할 수 있었고, 그 결과 서울대에 나란히 입학했다고 한다. 자식들의 흥밋거리를 뺏어서 공부를 가장 재미있는 것으로 바꿨다는 그의 얘기가 놀라운 한편, 100% 공감됐다. 장승수 씨도 같은 생각을 한 것이다. 공부보다 더 하고 싶은 일이 있다면 공부에 집중할 수 없는 것은 당연한 이치다. 자신은 학교를 다니면서 공부보다 더 재미있는 일이 친구들과 어울려 노는 것이라고 했다. 그런데 신물나도록 놀아보니 그 놀고 싶다는 욕구가 완전히 해소됨과 동시에 자신의 욕구 체계가 자연스럽게 공부 쪽으로 되돌아왔다는 것이다. 결론적으로 집중력을 공부 외에 쏟을 데가 없었다는 얘기다. 자신이 진심으로 갈망하기에 그 누구보다 열심히 하게 되었고 집중력도 발휘하게 되더라는 것이 장승수 씨의 주장이다.

결론적으로 공부보다 더 재미있는 일을 없애는 것, 이것이 집중력을 키우는 최고의 비결인 것이다. 어쨌거나 그는 진정한 공부의 달인, 집중력의 달인이 분명했다. 그의 사례에서 보듯이 어떤 분야든 고수의 경지는 머리나 노력이 아니라, 결국 집중력의 차이에서 비롯되는 것 같다. 실제 특정 분야에서 탁월한 능력을 보이는 상위 1%의 성공한 사람들, 예를 들어 이세돌이나 김연아, 임요환, 강수진, 박지성, 박태환 등은 고도의 집중력을 한 곳에 몽땅 쏟아부은 사람들이다.

사실 투자의 세계에서 성공의 비밀도 결국은 집중력 싸움이다. 집중력의 차이에서 승패가 결정이 나는 법이다. 거래 타이밍을 잡을 때만 봐도 그렇다. 종목을 추천받으면 앞뒤 젤 것도 없이 바로 매수하는 트레이더가 있다. 분석하고 기다리는 것을 싫어하는 것이다. 다 욕심이고 집중력의 부재다. 상당수의 투자자들이 여기에 속한다.

반면에 종목을 추천받더라도 차트를 열어보고 창구를 분석하고 재료를 검토하면서 최종 필터링을 거치는 투자자가 있다. 매수 직전까지도 아시아 증시나 메이저들의 수급 동향이 호전될 때까지 기다렸다가 타이밍을 잡는다. 호가창을 통해 호가 공백을 찾아서 주문을 넣고, 매수 체결 쪽에 큰 물량을 확인한 후 주문을 넣는다. 그것도 2, 3회 나누어서 말이다. 확실히 다르지 않은가. 이들이 바로 집중력의 달인이자 투자의 고수들이다.

사실 매수 타이밍을 잡을 때 어떤 지표를 참조하는지만 봐도 고수들은 표가 난다. 주문을 넣을 때 공백을 찾고 큰 물량을 피해서, 그것도 잘게 나누어서 넣는 것이 고수다. 이런 스킬은 결코 자연스럽게 얻어지는 것이 아니어서 평소 숙련된 고수로부터 노하우를 배워두는 것이 좋다.

집중력의 달인은 시장의 작은 흐름도 놓치는 법이 없다. 주변의 많은 변수들을 체크하고 매매 판단에 다양하게 적용한다. 실례로 집중력의 달인은 연일 환율이 급락하는 구간에서 신한지주를 팔고 하이닉스로 갈아타지 않는다. 환율 수혜주니 환율 피해주니 굳이 구분하지 않더라도 수급의 균형은 환율에 따라서 자연스럽게 바뀌는데, 이것을 아는 것이 집중력의 달인이다.

나스닥 선물이 20P나 급락한 날, 종가에 현대차를 사지 않는 것도, 만기일 날 막판 동시호가에 두려움 없이 매수에 가담하는 것도 다 집중력에서 비롯된다. 유럽 증시와 미국 증시를 고려해서 다음 날로 포지션을 갖고 가거나, 물량을 팔고 다음 날 오전 동시호가를 노리는 것도 모두 고도의 집중력에서 나온다.

장 중에 아시아 증시, 특히 니케이지수와 상해지수의 흐름은 꼭 챙겨야 한다. 아시아 시장의 흐름을 고려하지 않으면서 집중력을 발휘할 수는 없는 법이다. 아시아 시장과 국내 시장의 장 중 추세 동조화 현상(일본과 상관관계 0.81, 중국과 상관관계 0.68)은 이미 심각한 상태여서 이들 시장의 흐름과 변곡점은 매매타이밍 포착에 거의 절대적이다.

트레이딩 관점에서 아시아 시장을 분석할 때 꼭 챙겨야 할 것이 있다. 그 중 가장 중요한 것이 아시아 증시와 국내 증시와의 이격이다. 특히 니케이지수와 국내 지수와의 이격은 반드시 챙겨야 한다. 두 시장 간의 이격 메우기는 장 중 내내 꾸준하게 진행되기 때문이다. 만약 국내 지수가 니케이지수보다 낮은 경우, 예를 들어 니케이가 +1%이고 코스피지수가 -1%인 경우, 갭 메우기는 위쪽으로 진행될 가능성이 있다. 저가 매수세의 유입을 기대해도 좋다. 실전에서 이런 날, 특히 개장 시점부터 이격이 크게 벌어지면 매수 관점으로 접근하는 게 확률적이다. 이때 매수 대상은 전약후강 패턴을 보이는 종목이 좋은데 종가에 항상 양봉으로 마감하는 종목을 찾으면 된다. 그것이 일전에 배운 단풍차트다.

중국 상해지수는 국내 시장과 비교해서 변동성이 크고, 개장 시점이 코스피 시장보다 1시간 30분이나 늦다(오전장:10:30~12:30, 오후장:14:00~16:00). 그 차이로 인해 두 시장 간의 이격에 대한 신뢰도는 니케이보다 낮은 편이다. 해서 상해 지수는 국내 지수와의 이격을 비교하기보다는 큰 흐름, 즉 추세를 체크하는 것이 중요하다. 실제 중국 시장의 추세는 국내 시장에 비해서 상당히 강한 편이다. 게다가 국내 시장과 밀접한 업종이나 종목이 워낙 많아서 항상 주목해야 한다. 특히 국내 시장 마감 1시간 전에 그들의 오후장이 시작되기 때문에 장 막판에 국내 지수에 미치는 영향은 상당한 편이다. 장 막판의 추세 동조화는 니케이지수만큼이나 높은 편이다.

참고로, 트레이더라면 니케이지수와 상해지수 분차트(라인차트면 충분)는 반드시 봐야 한다. 매매 타이밍을 잡을 때, 국내 지수와의 이격과 이들 지표의 추세 변곡점 체크는 필수다. 한 가지 주의할 점은 이들 지표는 실시간으로 봐야 하는데 현재 상당수의 증권사가 제공하는 지표는 20분 지연 데이터라는 점이다.

기술적으로도 집중력의 달인은 특별하다. 종가에 갭상승양봉으로 버티는 종목, 그것도 장 막판까지 강하게 매수가 붙는 종목은 과감하게 따라붙는다. 양봉 밀집 패턴은 다음 날 동시호가를 위해 매수를 자제하고, 음봉 밀집 패턴은 종가에 매수해서 다음 날 동시호가에 매도한다. 차트 급소도 없고 메이저 매도로 인해 추세가 훼손된 종목은 결코 저평가 논리로 매수하지 않는다. 이런 미세한 차이를 분석하고 현재의 팩트를 인정한 후, 보다 유리한 상황에서 거래를 하는 것이 바로 집중력의 달인이다. 확률을 따지지 않는 고수는 없으며 최상의 확률을 추구하는 것이 집중력의 달인이다.

당일 지수 흐름이 20분선에서 눌림목을 주거나 박스권 상단을 돌파할 때 매수하는 것도, 1등 테마의 대장주를 공략하는 것도, 첫 상한가 진입이 예상되는 종목 중에 시가총액이 적은 종목을 노리는 것도, 다 집중력의 차이다. 거래 타이밍을 감각적으로 잡는 것이 아니라 모든 확률적 가능성을 체크하면서 최상의 타이밍을 잡는 트레이더, 결정적인 순간까지 매수와 매도를 참는 트레이더가 바로 집중력의 달인이자 투자 고수인 것이다.

집중력은, 매도 타이밍을 잡을 때 더욱 요구된다. 특히 최근의 손절매 트렌드는 과거에 비해 손절매 폭이 훨씬 타이트하기 때문에 잠시도 마음을 놓지 않아야 한다. 손절매 폭을 타이트하게 잡으면 손실을 짧게 잘라주는 장점도 있지만 쉽게 물량을 빼앗길 수 있는 단점도 있다. 자칫 집중력을 잃고 방심했다가는 매도 기준을 넘어서고 순식간에 손절을 당할 수도 있는 것이다.

경험적으로 손절 기준이 5%를 넘어서면 집중력은 크게 떨어진다. 막상 손절 기준에 도달해도 손은 잘 나가지 않는다. 손실 금액이 크면 클수록 매도하려니 갈등이 생기는 것이다. 사실 손해 본 종목을 기분 좋게, 잘 파는 사람은 거의 없다. 손절은 기준으로 실천하는 것이고, 그 기준은 고통스럽지 않아야 지켜지는 법이다. 간혹 단기 매매 종목을 추천하면서 손절매 폭을 10% 정도로 매우 깊게 제시하는 전문가를 본다. 예를 들어 1만 원짜리 주식을 추천하면서 9천 원에 잘라주라는 식이다. 도대체 투자자들이 한 종목에 10%나 손해 보고 쉽게 팔 수 있다고 믿는 건가? 이런 것은 손절매하지 말라는 말과 같다. 그것도 자신이 저평가 종목이라며 장황하게 자랑한 종목을 말이다. 전문가가 저평가 종목이라며 추천한 종목이 만약 10%나 떨어졌다면, 솔직히 더욱더 저평가 종목이 된 것 아닌가. 그런데 팔라고? 물타기 안 하면 다행이다.

집중력은 손절매 폭이 타이트할수록 향상된다. 손절매 폭을 2~3% 정도로 타이트하게 잡는 것만으로도 집중력은 향상된다. 매수에 신중하지 않으면 손절하기 바쁠 것이어서 집중하지 않을 수가 없다. 손절을 당하지 않으려면 상승 흐름을 타는 업종이나 테마를 다루고, 이평선을 깔고 앉았거나 거래량이 붙는 등 기술적으로도 튼튼한 종목을 다룰 것이다. 시키지 않아도 매수 호가에 물량이 빼곡한지, 메이저가 들어오는지도 챙길 것이다.

상승 흐름을 타던 개별 종목이 당일의 시가를 아래쪽으로 강하게 이탈하는 경우도 주의해야 한다. 세력이 이탈했거나 악재가 뜬 경우다. 특히 감사 의견 거절이나 유상증자 실패, 혹은 유동성 위기 등은 하한가로 직행한다. 집중력을 잃고 느슨하게 대했다가는 물리기 딱 좋다.

간혹, 순간적으로 추세가 급락할 때가 있다. 지수가 시가와 이격을 벌리면서 단기간에 2% 이상 떨어지는 경우다. 이땐 단발성 악재가 뜬 경우다. 집중력을 잃으면 흐름을 거꾸로 타기 십상이다. 이런 경우, 급락의 끝물에 팔기보다는 반등을 노려서 팔고 나오는 것이 낫다. 이런 현상은 주로 북한이 미사일을 쐈다거나 금리를 인상했을 때 많이 나타난다. 대부분은 단발성 악재이기 때문에 굳이 투매에 동참할 필요가 없다. 공포에 휘둘리지 말고, V자형 패턴을 기다렸다가 되돌림 시점에서 정리해야 한다.

단발성 악재로 주가가 급락하는 경우, 오히려 V자형 패턴을 예상한 저점 매수 전략이 유효하다. 실제 투매를 매수 기회로 쓰는 전략은 고수들이 많이 쓰는 기술이다. 다만 2단 하락으로 이어질 수 있기 때문에 두세 번 정도 나누어서 저점을 잡는 것이 좋다. 예상대로 V자형 반등을 준 후 재차 꺾이면 거기가 되돌림 자리다. 미련 없이 팔아야 한다.

**눌림목**: 상승 패턴에서 조정이 멈추는 자리. 매수 급소다.

**되돌림**: 하락 패턴에서 반등이 멈추는 자리. 매도 급소다.

집중력이 가장 요구되는 것은 아무래도 테마 순환매를 읽는 일이다. 웬만한 트레이더들은 당일의 1등 테마, 2등 테마 정도는 거의 놓치지 않는다. 자연히 상위 테마의 주가 흐름은 수요가 풍부하다보니 개장부터 강하다. 문제는 상위 테마에서 상한가가 많이 탄생하기 때문에 이익이 많지만 상대적으로 리스크도 크다. 재료의 가치가 크지 않거나 세력의 질이 좋지 않으면 차익 매물이 빨리 쏟아지기 때문이다. 단기 성향을 고려해서 매수에 신중해야 하며 만약 매수를 완료한 경우 단타 세력들의 이탈을 대비하는 것이 좋다. 상한가 매도 기준으로 가장 이상적인 TS 매도를 적용할 필요가 있다. 참고로 개장과 동시에 탄생하는 1등 테마, 그 중에서도 상승폭이 가장 큰 대장주의 공략은 리스크도 있지만 수익률 면에서 최고의 거래 전략이다. 간혹 재료가 좋거나 힘 있는 세력이 붙는 경우, 급등주를 첫상한가에 잡는 행운도 누릴 수 있다.

진짜 알짜배기는 중위권 테마에 있다. 물론 집중력을 발휘한 경우에만 해당되는 얘기다. 보통의 트레이더는 1등 테마에서 3등 테마까지, 그 중에서도 대장주와 부대장주만 다루는 것이 좋다. 그러나 장중에 갑자기 에너지가 모이면서 중위권에서 상위권으로 치고 나오는 테마는 수익이 많다. 이런 테마는 분명 호재가 발표된 테마이거나 세력들이 동시에 움직이는 경우이다. 1등 테마나 2등 테마로 급부상하기 전에 기회를 잡아야 한다.

갑자기 5위권 이하에서 에너지가 모이는 테마는 집중력만 발휘하면 누구나 쉽게 잡아낸다. 에너지가 몰리는 징후는 여러 가지가 있겠지만 가장 대표적인 것은 통통한 캔들이 동시에 만들어진다는 점이다. 특정 종목에 국한된 재료가 뜬 경우 해당 종목만 급등하지만 테마 전체적으로 호재가 뜬 경우는 테마에 속한 모든 종목이 동시에 3~5% 정도의 통통한 양봉이 만들어진다. 물론 이때도 대장주만큼은 장대양봉이 출현하는 것이 좋다. 대장이 하나쯤 있어야 테마 전체를 강하게 끌고간다.

결론적으로 트레이딩에서 성공의 비밀은 집중력의 차이에서 비롯된다. 매수든 매도든 타이밍을 잡을 땐 다양한 변수를 참조하고 입체적으로 분석해서 실수를 줄여야 한다. 매매 대상을 압축할 때도 비교 분석을 통해서 최상의 종목을 선택해야 한다. 집중력의 달인은 이런 노력이 쌓이면서 자연스럽게 도달한다. 어느 순간 자신도 모르게 시장의 흐름과 종목의 순환매, 그리고 매매 타이밍이 보이는 것이다. 자, 그러면 집중력을 키우기 위해서 어떻게 해야 하는지 몇 가지만 배워 보도록 하자. 일단 집중력을 방해하는 요인들을 없애는 게 순서다.

### · 집중력 방해요인
#### ① 손실 금액 생각

그동안 주식 투자로 잃었던 모든 돈을 투자금액으로 생각하고 오랫동안 기억하는 투자자가 많다. 현재 계좌에 남아 있는 돈에 집중해야 하는데 과거에 잃었던 투자 원금의 합계를 기억한다. 예를 들어 현재 2천만 원밖에 없으면서도 과거에 잃은 3억 원을 투자 금액으로 굳게 믿는 것이다. 누가 투자 금액을 물으면 항상 이렇게 대답한다.

"투자 금액은 원래 3억 원이었는데, 다 잃고 현재 2천만 원만 남았어요!"

현재 계좌에 남아 있는 2천만 원이 투자 금액인데 이걸 인정하지 않는다. 여전히 3억 원을 투자 금액이라 굳게 믿고 있다. 도대체 2천만 원을 갖고 어떻게 3억 원을 만들 계획인지 그저 답답하다. 결국 정상적인 거래로는 만회가 불가능하기 때문에 돈을 빌려서 원금을 키우거나 미수나 신용에 손을 댄다.

분명히 말하지만 투자 금액은 지금까지 잃은 돈이 아니라, 현재 계좌에 남아 있는 투자 금액, 바로 그 2천만 원이다. 장담하건대, 앞으로 3억 원을 투자 원금으로 생각하고 그걸 복구하겠다고 매매에 열을 올리면 남은 2천만 원도 다 날리고 말 것이다. 과거에 잃어버린 돈, 3억 원은 현재의 자신과 전혀 상관없는 돈이다. 그런데도 그 3억 원은 평생을 따라다니며 당신을 괴롭힐 것이고 매매할 때마다 당신의 집중력을 갉아먹을 것이다. 이제 제발 잃어버린 돈은 수업료라 생각하고 잊기 바란다. 앞으로 당신의 투자 금액이 얼마냐고 누가 묻거든, "나의 투자 금액은 2천만 원이다!"라고 당당하게 외쳐라! 제발 3억 원이란 토를 달지 말고…….

그리고 2천만 원을 1년 안에 두 배로 굴릴 생각만 하라. 잃어버린 3억 원을 생각하는 것은 그 다음 문제다.

### ② 과도한 포트폴리오

앞서 성공적인 투자자가 되려면 "계란을 한 바구니에 담고, 그것을 지켜라!"라고 했다. 이런 집중 투자 논리가 상위 1% 투자가들의 거래 비책이다. 사실 보유 종목이 많으면 자신이 갖고 있는 종목만 본다. 다른 종목은 아예 관심도 없다. 실제로 종목, 몇 개만 물려봐라, 다른 종목에 관심을 가질 여력이 있겠는가. LG화학, 호남석유 등 화학주가 신고가를 기록해도 관심이 없고, 삼영홀딩스가 10배를 폭등해도 관심이 없다. 당장 반 토막 난 비츠로테크에 더 눈이 가고, 5분의 1토막이 난 금호산업만 보인다. 실제로 종목수가 10종목만 넘어봐라. 이건 손절도, 교체 매매도 모두 안 된다. 과도한 포트폴리오는 거의 늪과 같다. 그렇다고 장이 회복되면 손실이 만회가 된다고 생각하는가. 천만에 말씀! 종목이 많으면 하락하는 종목도 반드시 있고, 그 종목이 상승하는 종목의 이익까지도 상쇄시키고 만다. 결국 과도한 포트폴리오는 당신의 머릿속만 복잡하게 만들 뿐 수익에는 그 어떤 도움도 주지 않는다. 게다가 부자가 될 수 있는 기회까지 몽땅 앗아가고 말 것이다.

지금 당장, 포트폴리오의 수를 줄여야 한다. 그것도 대폭 줄여야 한다. 이상적인 포트폴리오의 수는 아래와 같다.

스윙: 3종목이 적당하며 최대 5종목을 넘지 않는다(동일 업종은 대표주 1종목만).

데이: 1종목 내지 2종목으로 압축한다(데이는 집중력이 생명이다. 분할 매수, 분할 매도, 정정, 취소 등 주문이 잦은 데다가 호가 변동을 면밀히 체크해야 하기 때문에 고도의 집중력이 요구된다. 동시에 몇 개의 종목을 다루는 것은 위험하며 한 종목씩 해결을 짓고 다음 종목으로 넘어가야 한다. 종목이 3개를 넘어가면 데이는 어려워지고, 원치 않는 스윙이 된다).

참고로 데이는 다루는 종목수를 1~2종목 정도로 유지하는 것이 이상적이다. 데이 트레이딩은 고도의 집중력을 요하기 때문에 동시에 많은 종목을 다루지 말아야 한다. 종목수가 늘어나면 집중력도 떨어지지만 이익과 손실이 상쇄되어 거의 대박은 없다. 앞서 말했듯이 데이는 분할 매수 분할 매도에 수시로 정정 주문과 취소 주문을 넣을 수 있어야 한다. 게다가 현재가 창을 통해 호가 공백을 찾고 그 공백을 메우는 식의 주문을 넣을 수 있어야 한다. 매도 체결 횟수가 많은지, 매수 체결 횟수가 많은지, 물량 덩어리 크기가 매도 쪽이 큰지, 매수 쪽이 큰지도 체크해야 한다. 테마 매매를 하는 경우, 대장과 부대장을 정하고 그들의 상대적 이격과 동조화 현상도 면밀히 체크해야 한다. 이런 고도의 집중력이 요구되는 초단기 매매에서 동시에 여러 개의 종목을 다루는 것은 분명 실수를 저지른다.

스윙은 동시에 3종목 정도, 최대 5종목을 넘지 않는 것이 이상적이다. 스윙은 주로 종가에 교체 매매를 하기 때문에 개장 시점을 전후해서 집중적으로 거래하는 데이에 비해 거래가 급박하지 않다. 거래 기준도 주로 일봉차트와 메이저 동향을 참조하며, 데이처럼 현재가를 통한 체결의 강도는 거의 고려하지 않기 때문에 매매가 단조로운 편이다. 종목수가 다소 많더라도 5종목을 넘지 않는다면 거래에는 전혀 문제가 없다. 오히려 한두 종목에 올인하는 것보다 서너 종목 정도 적정하게 포트폴리오를 구성하는 것이 확률적이며 리스크 예방에도 유리하다.

### ③ 부부 싸움

**주식 투자는 철저하게 심리 게임이다.** 누가 더 자신의 감정을 접고 이성적으로 접근하느냐, 거기에 승패가 달렸다. 감정 조절에 실패하고 성급하게 달려들면 실수하기만을 기다리는 선수들에게 먹잇감이 될 뿐이다. 집중력을 잃지 않고 최적의 심리 상태를 유지하는 것, 트레이더에겐 가장 기본에 속한다. 혹시 투자자들의 집중력을 빼앗는 것 중에 가장 강한 것이 뭐라고 생각하는가. 필자의 생각엔 타인과의 갈등인 것 같다. 그것도 가장 가까운 사람, 가장 사랑하는 사람과의 갈등, 바로 부부 간의 갈등이 그것이다.

부부란 참 묘하다. 항상 미안하고 고맙고 모든 것을 다 줄 것 같다가도 갈등만 생기면 얼음처럼 차가워진다. 아마도 가장 막역하고 신뢰가 깊기 때문에 속상함과 섭섭함이 더욱 크게 다가오는 것이 아닌가 생각한다. 그런데 갈등을 빚고 있다고 생각해봐라. 온통 머릿속엔 배우자 문제로 가득찰 것이다. 세상만사 모든 것이 다 귀찮아질 것이다. 하물며 주식 투자야 오죽하랴. 미수를 쳐서 크게 밑진들 솔직히 괴롭기나 하겠는가. 내 경험이지만, 부부 간의 갈등은 투자 손실보다 훨씬 고통스럽다. 아니 그 어떤 스트레스보다 훨씬 강력하다. 그러니 정상적인 매매가 되겠는가. 부디 성공을 원한다면 부부끼리는 싸우지 말자. 만약 싸웠다면 당장에 화해하라. 내 탓, 네 탓 따지지 말고 무조건 화해하라. 한 가지 팁을 주면, 가장 좋은 화해법은 따뜻한 마음이 담긴 문자 한 통이다.

부부 싸움뿐만 아니라 친구나 이웃, 부모와의 갈등도 집중력을 떨어뜨린다. 직장 상사에 대한 원한, 채무 관계가 복잡할 때, 심지어 주변이 어지럽혀져 있을 때도 집중력은 떨어진다. 주변 환경이 어지러우면 당장 치우고, 갈등을 빚는 사람이 있으면 당장 전화를 넣어서 화해하라. 잇몸이 아프면 미루지 말고 당장 치과에 가고, 세금이 밀려 있으면 즉시 납부하라. 성공의 시작은 뭐든 미루지 않고 해결하는 데서 출발한다. 집중력은 머릿속에 든 복잡한 것들을 싹싹 비웠을 때 생기는 법이다. 장담하건대, 평소 머릿속을 복잡하게 만들었던 모든 갈등은 마음만 먹으면 단 하루 만에 거의 다 없앨 수 있다.

성공적인 트레이더가 되기 위해선 마음의 평온을 찾는 것이 가장 우선이다. 항상 기뻐하고 항상 사랑하는 마음, 누구든 용서하는 마음을 가져보라. 지금 이 순간부터 모든 분노와 갈등은 모두 내 탓이라고 생각하라. 그러면 주식 시장의 모든 변화도 다 인정하게 될 것이다.

# 24

# 잽 이론:
### 일단 데이로 접근, 이익이 나면 스윙으로 끌고가라

**대개의** 투자자들은 종목을 매수할 때 처음부터 기대 수익이 너무 크다. 그러니 작은 손실을 가볍게 여긴다. 밀려도 팔지 않고 버티다가 결국 장타를 맞고 만다. 목표 가격이 너무 높기 때문이다. 어떤 종목이든 처음에 접근은 한 입(2~5%) 베어먹는다는 심정이어야 한다. 한 입이면 오랫동안 묻어두고 싶은 종목은 아예 쳐다보지도 않는다. 매매 대상도 당장 오를 종목을 찾고 저평가 종목은 멀리한다. 자연히 상승 탄력이 강한 종목, 시장 중심에 있는 주도주가 걸린다. 욕심을 버림으로써 실제는 가장 큰 것을 얻는 것이다. 이렇듯 한 입 베어먹는 전략, 이것이 대박의 첫 단추이다.

그렇다고 매번 한 입 베어먹는 전략만 구사할 수는 없다. 잦은 매매로 피곤하기도 하지만 한 입 베어먹었다고 해도 과도한 거래세에, 증권사 수수료까지 제하고 나면 별로 남는 것이 없기 때문이다. 반면에 예기치 않은 급락으로 손절할 때가 많은데 이때도 거래세와 수수료는 꼬박꼬박 붙어 나온다(사담이지만 거래세는 이익이 난 거래에서만 부과해야 하는 것 아닌가. 모름지기 세금은 부가 가치가 발생했을 때 매겨야 한다는 것이 필자의 생각이다. 손실이 난 거래에 거래세까지 부과하는 것은 정말이지 부당하다). 도박판에 개평 뜯는 사람이 최종 승자이듯 작은 거래만 일삼다가는 국가에 세금만 내다가 끝난다.

그렇다면 한 입만으로는 곤란하다. 기회가 닿으면 최대한 크게 남겨야 한다. 그렇다고 처음부터 크게 먹자고 덤비면 분명 손절에 문제가 생긴다. 단기 흐름을 간과하기 때문에 작은 손실이 큰 손실로 이어지기 때문이다. 방법은 한 가지! 한 입 베어먹자고 접근했다가 주가 흐름이 강하면 목표치를 높혀서 두 입, 세 입, 아니 통째로 다 남기는 것이다. 데이로 접근해서 이익이 나면 즉시 스윙으로 포지션을 전환하자는 것이다. 복싱으로 비유하자면 일단 잽을 던졌다가 잽이 먹히면 즉시 훅이나 어퍼컷 등 큰 펀치로 마무리 하는 것과 같다. 이것이 트레이딩의 기본이자 잽 이론의 핵심이다.

일전에 복싱 7체급을 석권한 세계 챔피언이자 필리핀의 복싱 영웅인 파퀴아오의 시합을 본 적이 있다. 당시 그의 상대자는 5체급을 석권했던 미국의 골든보이 오스카 델 라 호야였다. 경기 결과는 전문가들의 예상을 깨고 미국의 영웅, 오스카 델 라 호야의 참패였다. 시합이 끝나고 한참 동안 파퀴아오의 예술 같은 동작이 머릿속에 떠나질 않았다. 당시의 파퀴아오의 체중은 놀랍게도 호야보다 2체급이나 낮았다. 얼른 보기에도 어른과 아이의 싸움 같았다.

그 당시 시합을 보면 파퀴아오는 얼음처럼 침착했다. 그는 절대 서두르는 법이 없었다. 잽을 끊임없이 던졌다. 잽을 맞히기 전에는 절대 큰 주먹을 날리지 않았다. 긴 리치의 호야는 그의 잽에 속수무책으로 당할 수밖에 없었으며 자신의 공격은 파퀴아오가 툭툭 던지는 잽의 예봉에 모두 막혔다. 다급해진 호야는 잽이 아니라 큰 펀치로 경기를 풀려 했고 파퀴아오는 잽으로 상대편의 펀치를 가볍게 흘렸다. 상대가 5체급을 석권한 오스카 델 라 호야인데도 불구하고 그는 큰 펀치를 단 한 대도 맞지 않았다.

5회를 넘기면서 파퀴아오의 잽 적중도는 더욱 높아갔다. 잽 이후에 큰 펀치도 자유자재로 꽂아넣었다. 7회인가, 8회인가, 결국 얼굴이 망신창이가 된 호야는 경기를 포기하고 말았다. 그 경기를 보면서 필자는 참 많은 것을 느꼈다.

'그래 저것이다! 잽이 전부다!'

호야가 패배한 요인은 잽을 자주 던지지 않았다는 것에 있다. 잽이 통해야 어퍼컷이든 훅이든 날릴 수 있는데 잽이 없이 바로 스트레이트를 넣으니 그의 주먹은 매번 빗나가고 만 것이다. 반면에 파퀴아오는 오로지 잽을 던지기 위해 태어난 사람처럼 줄기차게 잽을 던졌다. 게다가 잽이 맞지 않으면 다음 공격을 아꼈다. 그만큼 그는 침착했다.

그 경기에서 파퀴아오는 필자에게 잽 이론의 진수이자 트레이딩 이론의 핵심을 여실히 보여준 셈이다. 앞서 말했듯이 가볍게 한 입 베어먹는다는 심정으로 접근했다가 추세가 강하게 상승하면 이익을 극대화하는 것이 바로 트레이딩 이론의 핵심이라 했다. 그의 지칠 줄 모르는 잽은 정말이지 흥미로웠고 오랫동안 감동으로 남았다.

트레이더들의 수익률이 신통치 않은 많은 이유 중에 하나가 데이와 스윙, 중장기 종목을 굳이 구분하려는 데에 있다. 실제로 데이라고 작정하고 딱 한 입만 먹고 무조건 나온다고 생각해봐라. 출발이 한 입인데 어떻게 많이 먹을 수 있겠는가. 추측이지만 조금만 올라가도 팔 것이 뻔하다. 고작해야 2% 정도? 반면에 중장기로 작정하고 들어간 종목은 어떤가. 반 토막이 나도 팔지를 못할 것이다. 1~2년 묻어놓는다는 핑계로 떨어지면 거들떠보지도 않을 것이다.

데이 종목과 스윙 종목은 트레이더가 처음부터 결정하고 매수할 수도 있지만 그 보다는 종목이 스스로 결정하도록 기다리는 것이 좋다. 처음에는 데이로 접근했다가 데이냐, 스윙이냐는 그 다음에 정하면 된다는 얘기다. 막상 손실이 발생하면 데이로 끝내면 될 것이고, 혹시나 이익이 발생하면 그땐 스윙으로 길게 가져가면 된다. 이것이 효율이고 실전 감각이다. 결국 데이 종목과 스윙 종목은 매수자가 정하는 것이 아니라, 종목의 흐름이 정한다. 매수한 종목이 떨어지느냐, 올라가느냐 여기에 달렸다는 뜻이다. 물론 변동성이 큰 종목은 스윙보다는 데이로 접근하는 것이 훨씬 안전하다는 점에 대해서는 이견이 없다.

이제 데이 모드와 스윙 모드에서 매도 기준을 배울 차례다. 앞서 처음 매수할 때는 데이 관점으로 하라고 했다. 주식이란 것이 워낙 배신을 밥 먹듯이 하기 때문이다. 이때는 과감하게 버린다는 각오로 접근해야 한다. 세상의 이치가 그렇듯이 기대 수익만큼의 리스크는 항상 존재하는 법이다. 페인트를 칠하다보면 때로는 몸에 묻기도 하고, 강을 건너다보면 옷이 물에 젖기도 하지 않는가. 특히 투자의 세계에서 이런 논리는 더욱 확실하다. 리스크 없는 수익은 결코 존재할 수 없으니 말이다. 사담이지만 리스크를 극도로 싫어하는 사람들은 주식 투자를 하지 말아야 한다. 두 번의 거래 중 한 번은 손실을 입을 테고, 그때마다 극한의 상실

감을 맛보게 될 테니 말이다.

　혹시나 주가 흐름이 본인의 의사와 반대로 진행되면 데이로 즉시 잘라줘야 한다. 이때 적용해야 할 매도 기준이 바로 앞에서 배운 TS 매도 이론이다. 이때 첫날의 TS 매도 기준이 정말 중요하다. 첫날의 손실에서 자르지 못하면 손실난 종목은 스윙이 되고 결국 중장기 종목으로 넘어가기 때문이다. 다들 경험으로 알겠지만 한 번 잡힌 종목은 반등을 주지 않는 한 팔지도 못하고 오랫동안 고통을 준다. 특히나 변동성이 큰 종목의 경우 더욱 그러하다. 물론 급등락 종목에서 대박이 많이 탄생하는 법이어서 트레이더라면 이런 종목을 굳이 피할 필요는 없다. 다만 TS 매도로 손실 제어를 확실히 하고 따라붙어야 한다는 얘기다.

　앞서 TS 매도(고점 추적 매도) 폭에 대한 기준을 제시한 적이 있는데 잠시 복습을 해보자. 지수가 20일선, 60일선의 지지를 동시에 받는 강세장에서는 대략 3~4%에 TS를 거는 것이 이상적이고, 그 외에는 2.0~3.0%를 적용하는 것이 좋다. 이때 당일 상승 흐름이 강해서 TS 매도가 적용되지 않았다면 일단 이익이 확보된 상태다. 굳이 수동으로 팔 필요가 없으며 홀딩하는 것이 훨씬 유리하다. 스윙으로 가져갈 가능성도 계산해야 한다. 다음 날부터는 일단 이익이 난 상태이기 때문에 매도에 여유를 두는 것이 좋다. 즉 TS 매도를 다소 깊게 걸어서(3~5%) 쉽게 청산되지 않도록 하는 것이 중요하다. 만약 이틀째도 이익이 나고 청산되지 않았다면 비로소 스윙 종목이 된다. 이게 잽 이론의 키포인트다.

　잽은 맞혀야 한다. 안 맞으면 어퍼컷이나 훅을 날릴 수 없다. 이때 잽을 맞췄다는 기준이 필요하다. 복싱에서는 상대편을 주춤거리게 해서 어퍼컷이나 훅을 날릴 정도의 타이밍을 확보해야 잽을 맞혔다고 볼 수 있을 것이다. 트레이딩에서도 마찬가지다. 잽을 맞췄다는 기준이 필요하듯이 데이에서 성공했다는 기준, 스윙으로 넘어갈 수 있는 기준을 정해야 한다. 일단 첫날의 이익과 그 다음 날의 이익이 필요하다. 어차피 스윙의 기준은 정확한 기준이 없는 것이고 정하기 나름이다.

필자의 경험상 이익이 대략 7% 정도 나고 이틀 연속 양봉이 출현하면 작은 이익에 팔기보다는 스윙 모드로 전환하는 것이 좋다. 이익 폭이 7%면 매도에 급할 필요가 없고, 이틀 연속 매수세가 매도세를 압도했으니 상승 추세를 탔다고 볼 수 있기 때문이다. 스윙으로 전환하는 것이 수익률 면에서 훨씬 유리하다. 이틀 정도 벌어놓은 것이 있어서 매도 기준을 데이보다는 훨씬 깊게 주는 것(스윙 매도 기준)이 가능해지는 것이다.

스윙 모드＝7% 이익＋이틀 연속 양봉

거듭 강조하지만 첫 거래 후 이틀 간의 이익 발생은 트레이딩에서 정말 중요하다. 데이 모드에서 스윙 모드로 넘어가야만 본격적으로 수익이 발생하는 기준이 되기 때문이다. 소위 대박은 스윙 모드에서만 터진다. 하루 만에 50%씩 수익이 날 수는 없지 않은가. 주식수 증가 전략에 능통한 스윙 전문가만이 이익을 극대화한다. 스윙 전문가는 눌림목 구간에서 집요하게 물량을 잡아갈 것이고, 추세를 이탈하지 않는 한, 스윙 모드를 계속 유지할 것이다. 그러기 위해서 당장 오를 종목에 대한 적극적인 매수가 무엇보다 필요하다. 스윙 모드는 그 다음 얘기다.

뒤에서 재차 거론하겠지만 첫 진입의 성공으로 이익이 발생하고, 스윙 모드로 전환하면 그때부터 매도 기준은 음봉 2개나 5일선 이탈을 적용하는 것이 좋다. 주포의 이탈이 없는 속임수 음봉 1개 정도는 거뜬히 견뎌야 이익을 최대한 키울 수 있기 때문이다. 일단 음봉 2개로 매도 기준이 바뀌는 순간, 대박 확률이 올라간다. 상한가로 급등하는 종목이나 5일선 코브라 머리의 급등주는 대개 음봉 1개는 주고 가지만 2개 출현은 많지 않기 때문이다. 유의할 점은 피뢰침음봉과 장대음봉은 워낙 위험해서 음봉 2개와 동일하게 보고, 스윙 매도 기준으로 정하는 것이 좋다.

결론적으로 투자 성향별 매도 기준은 아래와 같다.

데이: 3% 위꼬리(TS 매도 3%), 3% 손실, 시초가 이탈
스윙: 음봉 2개, 5일선 이탈, 20일선 이탈, 10% 장대음봉
중기: 20일선 이탈, 60일선 이탈, 고점 대비 10% 하락, 메이저 매도 전환

마지막으로 한 가지 팁을 주면, 주식 투자에서 손절매보다 더한 스트레스가 있다. 바로 손절매한 종목이 뒤늦게 급등하는 경우다.

사실 이럴 때 배 안 아프면 사람이 아닐 것이다. 앞으로 이런 경우를 무수히 경험하게 될텐데 부디 이런 상황을 의연하게 넘기기 바란다. 주식 투자 평생하려면 팔고난 종목 보지 말고, 보더라도 배 아파하지 않는 것이 최선이다.

필자는 평소에 손절한 종목은 일부러 찾아서 보지 말라고 한다. 재매수를 위해 본다면 모를까 사지도 않을 거면서 매도한 종목에 대한 관심은 곤란하다. 우리 속담에 '죽은 자식 고추 만지기'라는 말이 있다. 지난 결과는 다 소용 없다는 뜻이다. 헤어진 애인이 다른 애인을 사귀든지 말든지 무슨 상관인가. 괜히 알고나면 엄청 스트레스만 받는다.

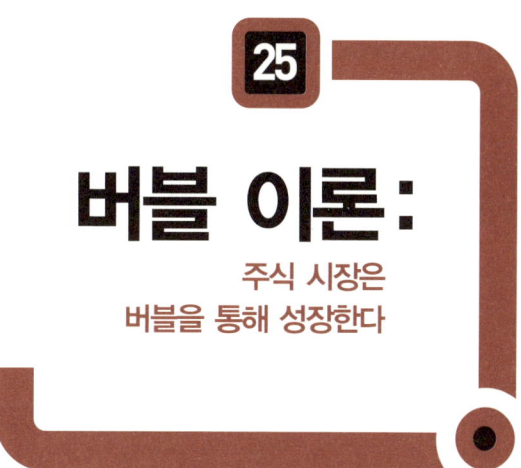

# 버블 이론:
### 주식 시장은 버블을 통해 성장한다

　**과도한** 버블은 심각한 후유증을 불러온다. 그러나 균형 있는 버블은 경기를 확장시키고 주식 시장을 성장시킨다. 그런 만큼 필요 이상 인위적인 버블의 저지는 피해야 한다. 지금껏 버블의 붕괴는 주식 시장을 붕괴시키고 부동산을 포함한 모든 실물 경기를 침체시켰다. 버블의 인위적인 붕괴는 항상 부작용이 컸다.

　일본을 20년 동안 장기 침체로 몰고간 플라자 협정도 사실 따지고 보면 인위적인 버블의 붕괴였다. '플라자 협정'은 1985년, 미국, 영국, 독일, 프랑스, 일본 등 당시 선진 5개국이 뉴욕 플라자 호텔에 모여서 맺은 달러 약세화 협정이다. 목적은 당시 고도 성장을 구가하며 전 세계 경제를 위협했던 일본을 견제하기 위함이었다. 당시 경쟁력 있는 일본 상품은 선진국 모두를 적자에 허덕이게 했고, 여타 선진국들은 엔화 절상을 통해 일본의 가격 경쟁력을 무너뜨리려 했다. 결국 1달러당 240엔의 엔화 환율을 2년 후인 1987년, 딱 절반인 120엔으로 평가 절상(엔고)하는 합의가 체결됐다. 헤게모니에 눈이 먼 선진국들은 힘을 합쳐 일본을 압박했고, 일본은 결국 엔화 절상이라는 그들의 카드에 굴복하고 말았다. 참으로 애통하게도 일본의 입장에서 불행의 시작점을 찍고 만 것이다(최근 미국이 중국에게 위안화절상을 강력하게 요구하는 것도, 중국이 호락호락 당하지 않는 것도 다 이런 역사적 배경이 있기 때문이다).

일이 안 풀리려 했는지 큰 폭의 엔화 절상이 있던 그해, 정확히 1987년 10월 19일 미국의 블랙먼데이 사태(증시가 하루 만에 무려 22%나 폭락한 사태)가 터졌다. 국제적으로 대형 악재가 터지면 미국은 세계 주요국에게 금리를 낮춰서 통화를 늘리도록 하는데(2001년 9·11 테러 사건 때와 2008년 서브프라임으로 인한 세계 금융 위기 때, FRB의 주도로 세계 금리는 크게 하락했다) 이때도 마찬가지 조치가 내려졌다. 일본도 이에 동참, 당시 5%대에서 2.5%로 기준 금리를 다섯 차례나 낮춰 잡았다. 그러자 이미 엔고 상태에 있던 일본은 저금리까지 겹치자 거대한 버블이 형성되었다. 시중엔 막대한 유동성이 넘쳐흘렀고, 이 돈은 증시와 부동산으로 흘러들면서 연일 폭등을 불러왔다. 사실 후속 조치가 여기에서 멈췄으면 어쩌면 일본은 지금껏 승자로 남았을지도 모른다. 당시 2년 간 엄청난 버블이 왔고 일본 니케이지수는 1989년 12월에 무려 38,900P나 찍었으니 말이다(지금 니케이지수는 9,000P 수준에 못 미치는 실정이다). 문제는 버블을 깨기 위한 3번째 조치였다. '일본 내 버블을 제거한다'는 명목으로 1989년부터 1년 반 동안 금리를 2.5%에서 무려 6%로 급격하게 상승시켰다. 이것은 지독한 무리수이자 자충수였다. 이 세 번째 조치는 버블만 날린 게 아니라 일본 경제 전체를 날려버렸다. 이때 사라진 일본의 막대한 부는 20년이 흐른 지금도 회복하지 못하고 있다. 여기서 우리가 배워야 할 교훈은 버블도 문제지만 인위적인 버블 제거는 후유증이 더욱 혹독하고 매우 오래간다는 점이다.

버블은 점진적으로 진행되어야 한다. 그러나 이미 진행된 버블도 점진적으로 낮춰야 한다. 인위적인 시장 개입과 과도한 금리 정책은 항상 화를 불러왔다는 것을 세계 경제의 역사가 말해준다. 버블은 성장의 한 축이다. 버블은 붕괴 직전까지는 항상 화끈하고 폭발적이었다.

트레이더라면 버블을 즐겨야 한다. 버블을 제거하려는 조치가 나오기 전까지 큰 승부를 즐겨야 한다. 상기 사례에서 보듯이 1987년, 일본의 버블 장세는 주식이든, 부동산이든 먹잇감이 지천이었다. 투자자는 여기에 주목해야 한다. 만약 현명한 투자자라면 1987년부터 1989년까지, 엔고에 저금리 기조를 유지하면서 버블이 만들어진 시기를 결코 놓치지 말았어야 했다. 한번 생각해보자. 일본이 앞으로 38,900P가 넘을 정도의 극심한 버블이 또 언제 생기겠는가. 그때 이후로 일본 시장은 단 한 번도 큰 장이 서지 않았다. 주식이든 부동산이든 투자를 통해 부자가 될 가능성은 이제 거의 사라졌다고 봐야 한다. 실제로 일본이 받은 충격은 아직도 남아 있다. 현재까지 일본 사람들은 주식이나 부동산 투자보다 안전한 우체국(우정국)에 맡기거나 금리가 높은 해외 채권을 사는 것이 고작이다. 일본의 경기와 소비가 계속해서 침체의 길을 갈 수밖에 없는 이유, 돈이 돌지 않는 이유가 여기에 있다.

## 버블의 정점에서 급등주가 탄생한다

지금껏 국내에서 버블 장세는 대략 4번 정도 있었다. 88년도 올림픽을 전후한 트로이카 버블 장세가 그 첫 번째다. 이때 은행주와 증권주, 그리고 건설주들은 대부분 20배 이상 폭등했다.

이후 버블 장세는 1992년, 외국인 직접 투자가 허용되면서 찾아왔다. 그들은 당시 선진 기법인 가치주 지표를 들고 왔고 국내에 저PER주 혁명을 일으켰다. 또 한 번의 버블 장세가 일어났다. 이때 농심, 롯데제과, 남양유업 등 그들이 집중적으로 공략했던 가치주들은 거의 30배나 폭등했다.

99년, IMF 직후에 또 한 번의 버블이 찾아왔다. 바로 IT 버블이었다. 당시 IT의 대표 주자였던 SK텔레콤과 새롬기술(현, 솔본), 다음 등은 최대 50배나 폭등했다. 시장의 모든 돈들은 이들 IT 기업으로 몽땅 흘러들었고 대박을 꿈꾸는 벤처 기업들의 신규 상장은 끊임없이 이어졌다. 대박이 터진 것은 증권사도 마찬가지였다. 거래 대금 폭증에 연일 IPO(Initial Public Offering : 주식 상장)에 대박이 터지자 10년 먹을거리 다 챙겼다는 말이 심심찮게 들렸다.

마지막 버블은 중국 시장의 급등이 몰고 왔다. 2005년부터 2007년까지, 때마침 적립식 펀드의 광풍이 전국을 몰아쳤고 중국 관련주인 조선주와 철강주, 그리고 기계, 화학주 등이 평균 10배 정도의 폭등을 기록했다.

버블 장세는 트레이더에게 황금장이다. 버블 장세에서 급등주도 함께 탄생하기 때문이다. 이것을 즐겨야 하는데 이 글을 읽는 독자들은 그러지 못했을 것이다. 급등주는 항상 고평가 논란에 빠지니 말이다. 당시에 전문가들 대부분이 버블 장세에 대해 경종을 울렸다. 그러니 현대중공업이 5만 원에서 55만 원으로 급등해도 따라붙을 수가 없는 것이다. 그놈의 저평가 논리 때문에 말이다. 트레이더는 이때 눈 질끈 감고 쎈 종목으로 옮겨 탔어야 했다. 작은 이익에 팔지 말고 갈 때까지 질기게 승부를 끌고갔어야 했다. 버블장은 중간에 들어갔다라도 먼저 나오면 되는 것이다. 시장의 주인이 바뀌거나 지수가 20일선과 60일선을 이탈하는 시점에 나와도 충분했다.

물론 버블 장세의 붕괴는 무섭다. 2007년 여름, 55만 원으로 급등하던 현대중공업, 버블이 꺼지자 정확히 1년 만인 2009년 10월, 15만 원으로 폭락했다. 그러나 불과 2년 전인 2005년 초에 현대중공업은 3만 원에 불과했다는 것을 기억해야 한다. 바닥에서 잡았어야 했다는 얘기가 아니라, 버블 장세 국면에서 20배를 챙긴 트레이더도 있다는 사실을 명심하자는 이야기다.

아무튼 버블 장세는 먹잇감이 참 많다. 다만 버블 붕괴 직전에 반드시 탈출만 하면 된다. 그렇게 보면 가치주 투자자나 장기 투자자는 해당 사항이 없다. 버블 붕괴에 물릴 것이 뻔하니 말이다. 버블 붕괴를 어떻게 아냐고? 외국인들이 한 달 내내 팔고, 지수 일봉이 20일선, 60일선을 장대음봉으로 동시에 이탈하면 그것이 버블붕괴다. 참 간단하지 않은가. 간단해도 이것보다 신뢰가 높은 기준은 아직껏 보지 못했다.

어떤 업종, 어떤 테마가 주도주로 부각될지 버블장이 터지기 전까지는 알 수가 없다. 불붙으면 그때 들어가면 된다. 거듭 강조하지만 트레이더라면 버블 장세를 즐겨야 한다. 이때가 상한가 매매, 급등주 매매의 황금 장세이기 때문이다. 대부분의 급등주는 버블 장세에 터진다. M&A 전문가, 명동의 사채업자, 먹튀 계획의 대주주 등 모두가 이때 움직인다. 폭풍우가 몰아칠 때 음주 단속이 없는 것처럼 모든 종목이 날아갈 때 그들의 흔적도 묻히기 때문이다.

트레이더라면 지수 바닥을 잡으려 하지 말라. 지수는 차라리 버블이 낫다.

주도주나 급등주는 결코 바닥에서는 알 수 없는 법, 움직이면 그때 들어가라.

주도주와 급등주는 먼저 움직이면 진다. 한 발 늦게 들어가고 한 발 먼저 나와라.

만약 누가 나에게 지수 1,000P가 좋으냐, 2,000P가 좋으냐라고 묻는다면(둘 다 보유 종목이 없다는 전제에서) 나는 어떠한 망설임도 없이 2,000P 장세를 선택할 것이다. 오랫동안 묻어뒀을 땐 1,000P가 좋을지 모르겠지만 당장 수익이 나는 것은 약간의 버블이 낀 2,000P가 훨씬 유리하기 때문이다. 주도주가 있는 장세도 바로 이때고, 급등주가 탄생하는 시점도 바로 이 시기다.

노파심에 한 가지 밝히자면, 간혹 자신은 다 팔았는데 시장이 올라갈 때가 있다. 이때 결코 투덜대지 말아야 한다. 더 나은 기회, 대박의 기회는 지수가 오른 다음 당신을 기다리고 있을 것이다. 자신의 계좌에 주식이 있든, 없든 장세는 강해야 한다. 그래야 새로운 기회, 즉 주도주, 급등주를 만날 수 있는 기회가 나타나니 말이다.

버블이 항상 문제라고 논리를 펴는 전문가들, 이들의 말을 믿지 말기 바란다. 트레이딩을 오랫동안 해보지 않으면 다 그렇게 말한다. 트레이딩을 경험해보지 않은 기자들, 그리고 시장의 한 사이클을 경험해보지 않아서 단편적인 지식밖에 없는 업력이 짧은 애널리스트들, 그들이 지어낸 얘기에 불과하다. 그들은 버블 장세에서 훈수만 두었지, 자신의 돈으로 어떠한 거래도 한 적이 없다. 그러니 이런 장세가 얼마나 먹잇감이 많은지, 3년을 물렸다가도 단 3개월 만에 모든 것을 만회한다는 사실을 전혀 모르는 것이다.

일반적으로 주도주 매매나 급등주 매매를 하기 좋은 장세는, 20일선과 60일선 위에 코스피지수가 있는 장세다. 심리선이자 수급선이라는 20일선, 강력한 생명선으로 통하는 60일선, 이들 두개의 지지를 받는 장세면 어지간히 시장이 달아오른 상태다. 급락 가능성이 거의 제로에 가깝다. 물론 완만하게 빠지면서 서서히 급락으로 전환할 수는 있겠지만 느닷없이 시장이 무너지는 예는 거의 없다.

사실, 이런 장세라면 주도 테마 2개 정도는 탄생했을 것이다. 단기간에 수익률 더블을 기록한 종목도 속출하고 있어서 시장은 대박 심리로 한껏 부풀어 있을 것이다. 고객 예탁금은 급증할 것이 분명하고, 코스닥지수는 코스피지수보다 변동성이 확대될 것이다. 연속 상한가 종목도 여럿일 것이고 코스닥 상한가 종목수도 30개를 넘길 것이다. 최상의 급등주 매매 장세가 펼쳐지는 것이다. 수익률은 이때 갈리고, 선수는 이때 빛을 발한다.

필자는 비관론자가 돈을 잃지 않을지는 모르지만 절대 벌지는 못한다고 본다. 절대적으로 비관론자가 되어서는 곤란하다. 시장 참여의 의미가 없으니 말이다. 비관론자가 될 바에는 시장을 떠나고, 그래도 남고 싶으면 펀드에 가입하는 것이 훨씬 낫다.

국내 증시 역사상, 2005년부터 2007년 여름까지는 86~88년 이후에 나타난 버블 장세 중에 최고로 꼽힌다. 이들 버블 국면의 80% 이상이 20일선과 60일선을 동시에 지지받았다. 상한가, 급등주 매매 전문 트레이더에게는 정말 최고의 르네상스 시기가 아니었나 싶다. 반면에 세계 금융 위기가 터진 2007년 하반기부터 2008년 말까지, 20일선과 60일선의 지지를 동시에 받은 시기는 불과 15%에도 못 미쳤다. 급등주 매매뿐만 아니라 모든 투자자에게 가장 혹독한 겨울이 바로 그 구간이었을 것이다.

다행히 2009년 들어서 20일선, 60일선을 동시에 지지받는 비율이 80%에 육박했다. 시장을 돌리는 데 충분했고 IT와 자동차 업종이 시장을 주도했다. 엔씨소프트와 서울반도체 등 2007년처럼 기관들이 매집하는 종목에서 일부 급등 패턴이 나타났다. 지수 버블은 심하지 않았고 바닥에서 양질의 세력이 주가를 끌어올리다보니 버블 시기의 급등주와는 다소 다른 양상을 나타냈다. 트레이더에게 또 다른 기회를 선사했다.

### · 급등주 매매

급등주는 최소 50% 이상, 많게는 수천 퍼센트까지 상승한 종목을 말한다. 투자자들에게 항상 선망의 대상이다. 그런데 모두들 급등주를 노리지만 지금껏 100% 이상 단기 급등한 종목을 잡은 투자자가 과연 얼마나 되겠는가. 추측이지만 전체 투자자 중에 채 10%가 안 될 것이다. 앞서 투자자들의 조루 기질, 수익을 길게 챙기지 못하는 소심증이 일차 원인이라고 했다.

또 하나 정말 중요한 이유는 모두들 너무 평범한 종목을 잡는다는 사실이다. 급등주는 거래량이 터지면서 위로 튀려고 꿈틀꿈틀 대는 종목을 사야 한다. 석유가 매장되어 있는 곳에 새우가 사는 것이 징후이듯이, 급등주 징후인 양봉 밀집, 이평선 밀집, 거래량 점증, 첫 상한가 출현 등의 징후가 있는 종목만 거래해야 한다.

대물은 낚싯대만 드리운다고 운 좋게 잡는 것이 아니다. 대물은 특별한 곳에 있으며 함부로 미끼를 물지 않는다. 급등주도 운으로 잡는 것이 아니다. 싹수가 보이는 종목만 선택적으로 잡아야 한다. 평소 가격대에서 20~50% 정도 올라서 약간 가열된 종목, 이것을 노려야 한다. 이때 가장 쉬운 방법이 첫 상한가따라하기다. 특히 급소 구간을 통과하는 시점에 탄생한 상한가 종목, 이 종목이 급등주 1순위다. 물론 재료의 가치도 분석하고, 손절 개념도 확실히 정해야 할 것이다. 그러나 이런 기술적인 부분은 별개의 개념이다. 정말 중요한 것은 급등주를 노려야 한다는 사실이다. 그리고 그 징후를 첫 상한가에서 찾으라는 것이고. 속는 셈 치고 20일선과 이격 15% 이내에 있으면서 재료가 있는 첫 상한가 종목을 눈 딱 감고 사보라. 종가에 상한가로 마감하면 들고가고, 안 그러면 3~4% 손절 혹은 +10%를 이탈하면 매도하면 된다. 이런 기준만 갖고 과감하게 매수할 수 있으면 급등주는 누구나 잡을 수 있다. 저평가된 종목, 이것으로는 절대 두 배 이상의 이익을 못 챙긴다. 저평가 종목으로 급등주를 노리는 것은 수초도 없는 맑은 물에서 대물을 노리는 것과 똑같다.

## 급등주 매매를 해야 하는 이유

### ① 리스크가 오히려 적다

급등주는 이미 달리고 있는 종목이다. 수급 모멘텀이 확실하고 세력이 붙은 경우라서 그 어떤 종목보다 강하다. 재료의 가치가 뛰어난 경우도 많아서 쉽사리 꺾이지 않는 특징이 있다. 주포가 이탈하지 않는 한, 지속적으로 매수세가 유입될 것이어서 하방경직성이 강하다. 급등주가 위험한 것은 이미 급등 중에 추격매수하기 때문이며 상승 초입(20일선 전후)에만 매수하면 리스크는 크지 않다. 결론적으로 급등주 공략의 핵심은 상승 초입에 매수하는 것과 3~4% 정도 손절 기준을 잡고 두려움을 갖지 말고 공략하는 것이다.

### ② 수익을 극대화할 수 있을 때 크게 갖는다

챙길 수 있을 때 크게 챙기는 전략만이 개인들의 경쟁력이다. 그런 면에서 급등주를 공략하는 것보다 더 나은 거래 전략은 없다. 급등주는 투자자들이 생각하는 것보다 평균 2~3배 이상 더 상승한다고 보면 맞다. 생각보다 상승폭이 훨씬 크다는 얘기다. 매도 기준만 명확하게 지키면 상승의 끝까지 다 챙길 수 있다. 게다가 대부분의 급등은 오랜 시간이 필요한 것이 아니라 단기간에 이루어진다는 점이다. 집중 투자하기에 딱 좋다.

### ③ 이익이 난 종목만 보유할 수 있다

먼저, 여러분의 계좌를 확인해보기 바란다. 현재 보유 종목 중에 손실이 난 종목이 많은가, 이익이 난 종목이 많은가. 아마도 계좌엔 손해가 난 종목이 훨씬 많을 것이다. 이익확정심리 탓에 이익이 난 종목은 팔았을 것이고, 본전회복심리 탓에 손실 종목은 잔뜩 안고 있을 것이다. 급등주는 가장 강한 종목이다. 급등주를 보유한다는 사실은 계좌 잔고에 수익이 쌓이고 있다는 얘기와 같다. 그것도 가장 큰 폭의 수익을 말이다.

### ④ 급등주의 역사는 되풀이된다

날씨는 수시로 바뀐다. 때로는 비정상적인 상태가 지속될 수도 있다. 예컨대 추운 겨울인데도 불구하고 봄날처럼 따뜻한 날이 이어지기도 하고 한여름인데도 가을처럼 서늘하기도 하다. 그러나 장기적으로 보면 매일매일 기온의 변화는 결국 그 지역 기온의 역사적인 범위 안에서 돌아간다. 우리는 강원도 지역의 겨울 평균 기온이 얼마나 될지, 제주도 지역의 여름 평균 기온이 얼마나 될지 제법 높은 확률로 예측할 수 있다. 그것은 바로 과거의 역사적 기록에 근거하기 때문이다. 결론적으로 날씨는 장기적인 기후의 범주 안에서 결정된다는 사실이다.

주식 투자도 이와 마찬가지다. 투자에 앞서 먼저 평균적인 '기후'를 고려해야 한다. 그날 '날씨'를 생각해서는 안 된다. 주식 시장의 '기후'를 알아보려면 주식 시장의 역사를 알고 있어야 한다. 투자자는 과거의 주식 시장이 어떻게 움직였는지 파악해야 한다. 과거 주식 시장의 움직임을 많이 알면 알수록 현재와 미래의 시장 상황에 대처하는 능력도 그만큼 향상시킬 수 있는 셈이다. 특히 급등주 투자의 경우 더욱 그렇다. 급등주는 전문가의 영역이다. 급등주만 다루는 특정 세력의 영역이기도 하다. 급등주는 자연발생적으로 탄생하는 것이 아니다. 특정 재료를 이용, 특정 세력들이 의도적으로 주가를 부양시킨다. 거기에 필요한 것이 급등주의 역사다. 과거에 어떤 재료로, 어떤 패턴을 만들면서 급등했는지 그 역사를 그대로 밟는다. 항상 급등주만 만드는 세력이 특별히 존재하기 때문이다. 급등주를 잡고 싶은가. 그렇다면 먼저 과거의 급등주 역사를 공부하길 바란다. 역사는 반복되고 과거의 모든 급등주, 그 안에 해답이 있다.

참고로 필자가 운영하는 상TV(www.sangtv.co.kr)을 방문하면 급등주의 역사, 급등주의 재료 및 배경 등을 분석한 급등주 사례집을 무료로 다운받을 수 있다.

# 26

# 냄비 이론:
## 당장 오를 주식을 사라

**라면은** 냄비로 끓여야 제격이다. 냄비를 불에 올리면 물은 금세 끓으며 거품이 보글거린다. 시간이 급해서 라면을 먹는 사람에겐 냄비가 최고다. 급해 죽겠는데 느긋하게 뚝배기로 물을 끓일 수는 없지 않는가. 그래서 라면엔 냄비다.

트레이더에게 내일의 수익은 솔직히 사치다. 왜 그렇다고 생각하는가. 그건 내일의 장세를 도통 모르기 때문이다. 그래서 오늘 홀딩해서 물량을 갖고 갈지, 물량을 팔고 갈지는 순전히 종가에 수익이 났는지 손실이 났는지를 기준으로 하는 것이 좋다. 이익이 났으면 홀딩하는 것이 맞고, 손실이 났으면 잘라주거나 강한 종목으로 교체 매매하는 것이 맞다. 당일 손실이 발생하면 팔고 끝내야 하는 것이 트레이더인데 내일의 수익을 기대하고 손실 종목을 안고 넘어가는 것은 뭔가 맞지 않다. 내일의 수익은 확정이 아니라 기대에 불과하다는 것을 잊지 말아야 한다.

트레이더에게 절대적으로 필요한 것은 오늘 당장의 수익이다. 내일은 내일의 몫으로 돌려야 한다. 오늘 당장 수익을 내려면 매수와 동시에 시세가 분출하는 종목을 노려야 한다. 매수 당일의 시세 분출은 야구로 치면 1회에 5점을 낸 격이다. 1회에 5점을 내면 승부는 사실상 끝난 것과 같다. 남은 시간, 큰 실수만 하지 않으면 승리는 거의 결정이 났다고 봐야 한다. 모르긴 몰라도 초반 대량 득점은 최소 8할 이상의 승률을 보장할 것이다.

주식도 이와 같아서 초반 수익은 매우 중요하다. 사실 데이와 스윙의 경계이자 기준은 당일의 손실과 이익이다. 손실이 나면 데이고, 이익이 나면 스윙이다. 손실은 자르고 이익은 키우는 것이 성공의 비밀인데 당일 수익이 나야 스윙으로 넘기고 그래야 이익을 키울 수 있다. 결론적으로 크게 수익을 내기 위해선 스윙으로 넘기는 종목이 최대한 많아야 하고, 그러려면 시장의 중심에 있는 강한 종목을 공략해야 한다. 당장의 수익이 필요한데 약한 종목을 사서 오랫동안 보초를 설 수는 없는 일이다.

모든 주가는 상승과 하락을 반복한다. 상승하는 종목은 언젠가 꺾이고, 하락 추세의 종목도 언젠가는 반등한다. 문제는 하락 추세 종목은 하락 추세를 한동안 유지한다는 점이다. 미리 선취매해서 보초서지 말라는 얘기다. 하락 추세의 종목, 바닥을 기고 있는 종목에서 당장의 수익은 없다. 단기 추세를 인정하고 미래의 수익을 과감히 포기해야 한다. 성공적인 트레이더는 그래야 한다. 미래의 수익은 그 누구의 것도 아니며, 하늘에 떠다니는 공허한 구름과 같은 것이다.

성공의 비밀은 간단하다. 내 계좌를 이익이 난 종목이나 시장의 주도주로 가득 채울 수 있으면 그것이 성공이다. 대박은 매도의 욕구를 참고 이들 종목을 스윙으로 넘겼을 때, 거기서 크게 터진다. 그런데 스윙의 첫 번째 조건이 뭔가. 당일 이익이 난 종목이 아닌가. 결론적으로 스윙으로 넘기기 위해선 매수 당일의 수익이 절대적으로 필요하다. 내 계좌를 이익이 난 종목으로 채우기 위해선, 첫날의 이익이 필수인 것이다. 바로 이점 때문에 당장 오를 종목, 냄비처럼 즉시 끓을 종목을 공략해야 하는 것이다.

일전에 어떤 책에서 가치의 평가에 관한 심리학적 실험 결과를 읽었다. 내용은 이랬다. 지금 당장 쓸 수 있는 10만 원짜리 수표를 받을지, 3년 후에 쓸 수 있는 20만 원짜리 수표를 받을지, 하나를 선택하라는 것이다. 놀라운 것은 응답자의 반 이상은 당장 사용가능한 10만 원짜리 수표를 택했다. 이번엔 6년 뒤에 쓸 수 있는 10만 원짜리 수표와 9년 뒤에 쓸 수 있는 20만 원짜리 수표를 선택하라고 질문 내용을 바꿨다. 그랬더니 대부분의 질문자들이 20만 원짜리를 택했다. 똑같은 3년의 차이인데 결과는 180도 달랐다. 이 결과는 우리가 평소 현재 가치를 미래 가치보다 훨씬 중요하게 생각한다는 것을 단적으로 보여준다. 만약 미래의 가치 외에 선택의 여지가 전혀 없다면 그때서야 더 큰 것을 고른다는 사실도 알 수 있다.

가만보면 투자자의 심리도 현재 가치를 우선하는 것은 같다. 미래의 가치에 초점을 맞춘다고 해서 상승 중인 성장주를 비싸게 사지는 않는다. 미래의 성장성이 아무리 높다고 해도 현재 주가 수준이 높으면 매수하지 않는 것이 바로 투자자들이다. 문제는 저평가라는 꼬리가 붙은 종목은 미래 가치를 매우 높이 평가한다는 사실이다. 저평가 종목, 소위 싼 종목은 묻어두면 언젠가는 상승할 것이라는 막연한 희망에 쉽게 배팅을 결정한다. 상승하고 있는 종목은 미래의 가치를 고려하지 않는 반면에 떨어지고 있는 종목, 바닥을 기고 있는 종목은 오히려 미래 가치를 높이 평가한다는 사실, 참으로 아이러니하지 않은가.

거듭 강조하지만, 트레이더는 당장 오를 주식을 사야 한다. 거래 당일 날, 이익이 없거나 손해가 나면 팔아야 한다. 이것이 트레이딩의 기본이니 어쩔 수 없는 일이다. 손해가 난 주식은 내일로 넘기지 않는 것이 트레이딩의 정석이다. 사실 내일 이후에 오르는 것은 트레이더에게 별 의미가 없다. 반반의 확률에서 겨우 반이 맞은 것밖에 더 되는가. 그런데도 투자자들은 내일, 혹은 미래를 보고 주식을 사서 묻어두려 한다. 그것이 진정한 투자라고 믿는다. 보유 종목의 포지션이 길면 길수록 확률과 객관성은 떨어지고, 희망과 욕심의 지배를 받는다. 물론 포지션이 짧으면 짧을수록 확률과 객관성은 크게 향상된다. 따라서 포지션은 최대한 잘게 나누는 것이 좋은데 투자자들은 보유 기간이 길면 길수록 승률이 올라갈 것으로 믿는다. 1달 묻어둘 종목보다 1년 묻어둘 종목, 1년보다 3년 묻어둘 종목을 더 가치 있게 평가한다. 게다가 오래 묻어둘수록 안전하다고 믿는다. 대단한 아이러니다. 사실 위험 자산은 주식이고 안전 자산은 현금이 아닌가. 그런데도 위험 자산을 오랫동안 보유하는 것을 더 안전하다고 믿는다는 것이다. 대단한 모순이 아닐 수 없다.

참고적으로 돈이 엄청나게 많은 세력이라면 모를까, 대개의 선수는 포지션이 짧다. 변동성이 큰 주식 시장에서 챙길 수 있을 때 챙기는 게 좋다는 것을 그들은 안다. 선수는 매도 기준이 명확하다. 주가가 원하는 흐름으로 가지 않을 때, 세력의 이탈을 감지했을 때, 재료가 뉴스를 탈 때, 상한가 진입에 실패했을 때, 대장주가 꺾일 때, 일정 시간 주가가 움직이지 않을 때, 그들은 미련 없이 포지션을 접는다. 혹시 선수들은 타고난 감각으로 승부한다고 생각하는가. 천만의 말씀이다. 엄격하게 매도 기준을 정하고, 이를 목숨처럼 지킴으로써 선수로 불리게 되는 것이다.

어떤 기업이든 현재의 주가 수준이 팩트이고 절대 가치이다. 현재 주가에 기업의 모든 것이 반영되었다. 현재 주가가 비싸면 비싼 이유가 있고, 싸면 싼 이유가 다 있는 것이다. 그런데도 투자자들은 그것을 인정하지 않으려 한다. 저평가 종목과 고평가 종목으로 굳이 나누려 든다. 내일의 주가는 내일 이후의 기업 변화와 지수의 흐름에 달렸는데, 오늘 특별히 싼 종목이 있을 것으로 믿는다. 그것도 한 1년 묻어두면 크게 올라갈 종목을 자신은 찾을 수 있다고 믿는다. 현재 주가 흐름과 수급은 완전히 무시하면서 말이다.

거듭 강조하지만 내일의 주가는 내일 이후에 달렸고, 미래의 주가는 미래가 되어 봐야 안다. 해당 기업을 외국인이 사는지 파는지, 실적이 좋아지는지 나빠지는지, 호재가 뜨는지 악재가 뜨는지 등등 이러한 변수에 의해 주가의 흐름은 크게 바뀐다. 그런데도 1년 후를 내다보려고 한다. 특히 수급을 가장 중요시 여겨야 할 트레이더가 미래의 주가를 맞추려고 덤빈다. 이 얼마나 위험한 발상인가. 당장의 팩트를 인정하고 현재의 주가 흐름에 집중해야 한다. 그것이 바로 트레이더의 정체성이다. 성공적인 트레이더가 되려면 가치적으로 싼 종목을 찾지 말고, 현재의 추세를 인정하기 바란다. 그리고 당장에 움직일 종목, 오늘 가장 강한 종목에 초점을 맞춰야 한다. 오늘 종가에 최고가로 마감할 종목, 아울러 내일 출발과 동시에 3% 이상 점프해서 출발할 종목, 이것만 찾을 수 있어도 큰 부자가 된다. 그런데 뭘 더 바라겠는가.

지금부터 냄비 이론에 가장 적합한 종목을 찾아보자. 냄비 이론에 적합한 매매 대상, 즉 당장에 움직일 종목 1순위는 앞서 잠시 언급했던 1등 테마의 대장주와 재료가 터진 종목, 그리고 상한가 7부 종목이다. 상한가 7부 종목은 다음 장에서 세부적으로 언급할 계획이다. 이 장에선 냄비 이론에 적합한 종목으로 1등 테마 대장주와 재료주를 선정하고 지금부터 간단하게 언급하겠다.

최근에 대박을 치는 제자들의 애기를 들어보면 한결같다.
"이것저것 다 할 필요가 없더라고요. 개장 후 10분에서 20분 이내에 테마 쪽집게에서 1등 테마로 치고 나오는 테마군을 공략하는 겁니다. 1등 테마 중에서도 대장주, 그거 딱 한 종목만 집중적으로 사는 겁니다. 그것이 수익률이 가장 낫습니다. 상한가도 가장 많이 가고……."
풍부한 유동성으로 시장이 급등할 때면 많은 종목이 동시에 오른다. 이때 눈감고 아무 종목이나 찍어도 다 수익이 난다. 상한가 7부 지점을 통과하는 종목을 무작위로 잡아도 두 개 중 한 개는 상한가를 찍는다. 1등 테마부터 3등 테마까지 대장, 부대장, 부부대장까지 모두 공략해도 수익이 난다. 그러나 약세장엔 어림도 없는 얘기다. 매수 기반이 취약하기 때문에 최대한 압축 거래를 하지 않으면 손절하기 바쁘다. 이때 단 한 종목, 1등 테마의 대장주를 공략하는 것이 가장 확률이 높다.

솔직히 강세장엔 초보들도 쉽게 수익이 난다. 어쩌면 전문가들보다 수익률이 좋을 수도 있다. 2008년 같은 폭락장을 경험하지 않았으니 리스크 개념이나 있겠는가. 그냥 저지르고 본다. 이것이 때로는 묻지마 투자에, 몰빵 투자로 이어지면서 대박을 친다. 그들에게 주식 투자가 얼마나 만만하게 보일까 생각하면 절로 웃음이 난다.

어쨌거나 강세장은 속된말로 개나 소나 다 가는 장세다. 그것을 모르고 초보 투자자들은 자신의 투자 센스가 대단하다고 착각한다. 세상사가 다 그렇듯이 초심자의 행운은 반복하지 않는 법이다. 그들의 행운도 조정장이 오면 그것으로 끝이다. 아주 짧은 조정장, 경력자들은 작은 손실로 마무리되는 그런 흔한 조정장에서 초심자의 행운에 빠졌던 그들은 장렬하게 전사하고 만다. 주가가 오르고 떨어지는 건 투자자에게 일상이다. 그러나 한 번의 사이클을 모두 경험하지 않은 초보들의 입장에선 그것이 일상이 아닌 것이다.

시장이 강할 때는 매수 세력이 급하게 처분하지 않으려는 경향이 있다. 강세장은 대기 매수세가 풍부하기 때문이다. 자연히 조정이 얕고 짧다. 이런 종목은 일봉차트에서 위꼬리가 거의 없거나 매우 짧은 패턴으로 나타난다. 종가가 최고가로 마감을 하기 때문이며 위에 꼬리가 없어서 일봉차트가 깨끗하다. 1등 테마의 대장주가 대부분 이런 패턴을 보이며 상한가도 곧잘 나온다.

양질의 세력이 개입한 종목은 매집 물량도 많아서 처분이 쉽지 않다. 50% 수익을 내기 위해서 그들은 목표의 배인 100%를 올려야 한다. 적은 이익에 만족할 수 없는 이유이며, 매도에 급할 이유가 없는 이유다. 결론적으로 당일의 대장주가 시장의 주도주가 될 가능성이 높다. 1등 테마의 대장주는 다음 날로 넘겨서 이익을 최대한 키워야 하는 이유가 여기에 있다. 대장주의 매도는 서둘지 않는 것이 유리하며 만약 상한가로 진입하면 다음 날 '5%룰'을 적용하면 되고, 20일선 골든크로스가 난 종목이면 20일선 이탈을 기준으로 하면 된다.

참고로 향후에 주목해야 할 테마주는 세포치료제 상용화 임박에 따른 바이오주, 중국 위안화 강세에 따른 중국관련 소비주, 기상 이변에 따른 곡물주, 인플레이션에 따른 금, 비철금속, 원유 등 원자재 및 소재주, 세계 시장 선점 10대 핵심 소재(WPM)에 포함된 슈퍼 섬유 등 신소재주, 그리고 태블릿PC 등 모바일 혁명에 따른 모바일 부품 및 소프트웨어(콘텐츠)주가 될 것이다. 이들 중에 물량이 가벼운 2등주에서 단기 대장주가 탄생할 것이고, 주도주는 시가총액이 크면서 외국인 비중이 가장 높은 종목이 될 것이다.

시장 예측은 짧을수록 신뢰도가 높다. 간혹 신년 초부터 한 해의 시장 방향에 대해서 확정적으로 결론을 내리는 전문가들이 많다. 참으로 난센스다. 특히 종목의 경우 더욱 그러하다. 목표 주가를 미리 결정하고 뛰어든다. 심지어 세력이 이탈하고 추세가 꺾인 종목을 단순히 대박 재료 운운하며 2차 급등을 주장하는 경우도 있다. 막연한 희망과 어설픈 예측은 항상 응징을 받는 법이다.

흔히 시장은 예측의 영역이 아니라 대응의 영역이라고 한다. 절대적으로 맞는 얘기다. 지금껏 가치적으로 뛰어난 종목이라도 결코 수급 논리는 이길 수 없었다. 2009년 이후 남양유업이 그랬고 2010년 여름, 하이닉스나 삼성전기가 그랬다. 기술적으로도 예측보다는 대응이 맞다. 최근에 갭하락으로 출발하는 경향을 보이는 종목을 종가에 매수한다면 이것은 바보 같은 짓이다. 잠시만 참았다가 다음 날 동시호가에 사는 것이 훨씬 확률이 높다. 확률보다 시장을 희망적으로 보는 투자자들은 이런 작은 차이를 무시한다. 특히 미 증시를 포함한 글로벌 증시가 조정 국면에 돌입하면 굳이 리스크를 안고 종가에 살 필요가 없다. 다음 날 오전이 차라리 낫다. 이런 스킬적인 부분이 무시되는 것이 참 아쉽다.

단순하지만 절대 지켜야 할 법칙을 하나 제안한다. 다 아는 얘기다.

"강세장엔 주식을 홀딩하고, 약세장엔 현금을 홀딩하라!"

다시 '냄비 이론'으로 돌아가 보자. 첫 매매, 즉 개장과 동시에 수익을 챙기는 것은 정말 중요하다. 당일 수익의 절반 이상은 여기서 나와야 그게 트레이더다. 개장과 동시에 갭상승을 이루는 것, 이것은 권투에서 라이트 훅을 치기 전에 왼손 잽을 맞춘 것과 같다. 개장과 동시에 일단 이익을 챙겨보라. 다음 매매의 성공은 자동으로 따라온다. 첫 매매의 성공으로 심리적 안정을 주기 때문에 다음 매매는 자신에게 유리한 상황에서만 매매할 수 있는 여유가 생긴다.

트레이더는 개장과 동시에 무조건 이익을 챙기고 봐야 한다. 이는 홀딩 종목은 개장과 동시에 최소한 오늘보다 비싼 값에 팔 수 있는 종목, 즉 점핑할 종목으로 엄격히 제한되어야 한다는 얘기다. 내일 시가부터 당장 수익을 낼 수 있는 종목이 실질적으로 보배 같은 종목이다.

사실 내일 올라갈 종목을 찾는 것이 내일 떨어지지 않을 주식을 찾아내는 것보다 훨씬 쉽다. 어떤 종목에서 다음 날 점핑의 가능성이 높은지 알아보자.

다음 날 개장과 동시에 점핑으로 출발하는 종목의 첫 번째 조건은, 재료의 가치가 큼지막해야 한다. 재료의 가치가 커서 다수의 매수세를 유입시켜야 시가부터 높게 오르는 법이다. 아울러 재료가 시장에 반영되지 않아야 다음 날 아침부터 오르기 때문에 장 종료 직전부터 다음 날 개장 전인 9시까지 나온 재료가 가장 따끈따끈하다. 특히 장 종료 이후에 나온 재료는 운 좋게 보유한 투자자들의 몫이기 때문에 장 종료 무렵에 터진 재료가 트레이딩 관점에서 최상이다. 장 막판 시세에 반영이 되겠지만 재료의 가치가 크면 다음 날 추세는 이어져 갈 것이다. 장 종료 이후에 신문을 통해서 다시 한 번 부각될 것이기 때문에 다음 날 점핑 출발은 충분히 예상된다.

잠시 재료와 관련된 실전 사례를 보자. 2010년 9월 10일, 뉴인텍, 인지컨트롤스, 우리산업 등 '블루온'(현대차에서 발표한 전기차)과 관계된 기업들이 오전장에 무더기로 상한가에 진입했다. 개장 후 10분 만에 뉴인텍이 상한가에 진입했고, 이어서 11시경에 인지컨트롤스, 우리산업이 상한가에 나란히 진입했다. 상한가 진입 배경은 이들 종목이 모두 국내 최초의 고속전기차인 블루온 출시에 참여한 44개 기업에 포함됐다는 것이었다. 주목할 점은 그 전날 2시 45분에 이미 재료가 언론을 통해 보도되었다는 점이다.

대부분의 재료주가 다 그렇듯이 이들 종목도 막상 재료가 나온 시점에는 투자자들의 이목을 끌지 못했다. 재료는 냄새를 많이 피워야 크게 움직이는데 그러려면 방송은 물론 신문지상으로 공개되어야 한다. 당시의 블루온이 그랬다. 사실 국내에서 순수 고속전기차를 출시했다는 것은 나름대로 의미 있는 재료였다. 국내의 모든 언론은 주목할 수밖에 없었고, 이미 공개된 재료지만 정식 기사로 나올 것은 자명한 일이었다. 다음 날 매수세가 본격적으로 몰릴 수밖에 없는 상황 또한 자명했다. 결국 개장부터 5~7% 정도 갭상승으로 출발했고, 후속 매수세에 의해 상한가까지 무난하게 진입했던 것이다.

또 하나, 다음 날 갭상승으로 출발하려면, 전일 강한 종목이면서 보유자들의 기대 수익이 만족되지 않아야 한다. 추가 상승에 대한 기대가 조금 더 커야 한다는 얘기다. 이는 전일 강하지 않으면 아침부터 비싸게 사려는 물량이 없을 것이란 얘기와 같다. 전일 이미 이익을 많이 냈거나 종가에 일부 세력이 이탈했다면 오전장 동시호가부터 매수에 동참할 바보는 아무도 없을 것이다.

자, 지금까지 언급한 것들, 재료가 있어야 하고 세력이 이탈한 흔적이 없는 최고가 마감 종목, 이것을 모두 만족하는 종목은 과연 뭘까. 그렇다. 바로 상한가 종목이다. 상한가 매매에 관련해서는 다음 장에서 집중적으로 다룰 것이다. 이번 장의 핵심은 트레이더라면 당장 오를 종목을 사라는 것이다. 미래의 수익이 아니라 당일의 수익에 집중하라는 뜻이다. 트레이딩에 있어 당일의 수익이 얼마나 중요한지는 앞으로 무수히 경험할 것이다.

참고로 약세장에 냄비 종목은 관리주와 우선주이다. 이들은 지수와 상관관계가 매우 낮아서 약세장에 곧잘 세력들의 표적이 된다. 물론 여기서 약세장은 강세장 속에 잠시 찾아오는 조정장을 말한다. 추세적으로 약세장이 길게 이어질 땐 관리주나 우선주도 함께 빠진다. 관리주는 단기 조정장에 전형적인 냄비 종목이라 잠깐씩 트레이딩하기가 좋을 때도 있다. 그러나 대형 악재가 터질 확률이 높고 상장 폐지로 직결되는 경우가 많아서 투자 대상에서 제외하는 것이 좋다.

우선주는 의결권이 없어서 주가 수준이 낮지만 배당률은 더 높다. 통상 우선주의 주가 수준은 본주의 60~70% 수준이다. 선진국의 경우 80% 수준인데 단순 비교하자면 추가 상승 여력은 있다고 판단된다. 배당은 1995년 이전에 발행된 구형 우선주는 배당을 1% 더 받게 되어 있고, 그 이후 발행된 신형 우선주는 최저 배당률을 보장한다. 우선주는 배당 시즌을 노리는 전략, 본주와의 괴리율 차이를 노리는 전략, 일시 조정장에서 우선주 순환매를 노리는 전략 등이 있다. 본주와 괴리율이 큰 우선주를 상승장 이후 눌림목 구간에서 노리는 전략, 이것이 굿매치 전략이다.

우선주는 일반적으로 물량이 부족하고 가격이 할인되다보니 단타 세력들의 먹잇감이 되는 경우가 많다. 트레이딩 관점에서 짧게 다루거나 단기 매매에 익숙하지 않은 투자자는 다루지 않는 것이 좋다. 굳이 다루겠다면 상승장 중반에 지수가 잠시 조정받는 국면을 노리는 것이 확률이 높다.

우선주는 강세장에선 상대적으로 보통주에 비해서 덜 오르기 때문에 철저하게 피해야 한다. 굳이 다루겠다면 강세장 끝물이나 단기 조정장에서 제한적으로 다뤄야 한다. 특히 강세장 끝물에 단타 세력들이 곧잘 우선주 장세를 만든다. 우선주는 물량이 적기 때문에 한 번 탄력을 받으면 이상 급등을 보이기도 한다. 유동성이 넘치는 과열 국면에서 주로 나타난다. 만약 '우선주 이상 급등'이나 '우선주 초강세'라는 기사가 뜨면 시장은 상한가 투자가 임박했다고 판단하면 거의 맞다. 우선주는 가장 잘 끓는 냄비 종목이자 가장 잘 식는 냄비 종목이다. 그저 조심이 최선이다.

냄비가 다 그렇듯이 빨리 끓는 만큼 식는 것도 빠르다. 급하게 오르지만 급하게 떨어지는 경향이 강하다. 특히 테마주들은 순환매가 빨라서 더욱 그렇다. 상한가 매매든 테마주 매매, 재료주 매매든 단기 급등주들은 모두 시가 매도나 TS 매도를 걸고 접근해야 한다. 어떤 경우라도 4% 이상의 손실은 입지 않도록 매도 기준을 철저하게 잡아둬야 한다. 손절의 마지노선은 4%다.

모든 투자자들이 '냄비 이론'대로 거래할 필요는 없다. 시간이 충분한 사람은 냄비 요리보다는 뚝배기 요리가 더 나을 수도 있다. 투자 금액이 크거나, 시간 여유가 많은 투자자들은 뚝배기 요리나 코스 요리를 즐기는 것도 한 방법이다. 데이나 스윙 트레이더는 냄비를 써야 하고, 중장기 투자자는 천천히 가열되면서 한 번 가열되면 좀체 식지 않는 뚝배기를 쓰는 게 나을 수 있다는 얘기다. 다만 첫 매매의 시작은 냄비로 물을 끓이듯이 냄비 이론으로 접근하는 게 맞다. 가스가 부족한데, 언제 뚝배기로 끓이겠는가. 끓지도 않았는데 가스 떨어지면 이것도 큰일이다.

필자의 고민은 냄비와 뚝배기를 함께 쓸 수 없는가 하는 것이다. 두 개의 장점 모두 달콤하다. 해서 낸 결론은 냄비로 끓여서 뚝배기로 옮기는 것이다. 데이로 접근해서 이익이 나면 스윙으로 전환하는 것, 바로 앞에서 배운 '잽 이론'과 '고 스톱 이론' 그대로다. 이해가 부족하면 본문을 참조하기 바란다.

# 상한가 매매 이론:
### 상승 초입 첫 상한가는 최고의 급등 징후다

트레이더에게 최고 인기 종목은 상한가이다. 꿈속에서 자신의 보유 종목이 상한가에 꽂히는 꿈, 이것을 꿈꾸지 않은 트레이더는 아마 단 한 사람도 없을 것이다. 그런데 상한가 종목은 주식 입문 시기에는 크게 관심을 두지 않는 경향이 있다. 특히 1년차 미만의 초보 투자자들은 언론을 통해 혹은 주변에서 귀동냥으로 얻어 들은 얘기를 들먹이며 장기 투자와 가치주 매매를 부르짖는다. 상한가 매매나 급등주 매매는 패가망신의 지름길이라고 호도하는 그들의 말을 그대로 믿는다. 이 시기엔 시장을 잡주와 우량주로 경계를 짓고, 우량주를 장기 투자해야 한다고 굳게 믿는다. 대부분 실전 투자를 경험하지 않은 애널리스트, 단기 매매를 할 수 없는 기관 투자가들의 얄팍한 음모에 넘어가고 만 것이다. 사실 장기 투자와 우량주 매매만 부르짖는 그들의 목적이 뭐겠는가. 투자자들이 모두 고수가 되는 것? 투자자들이 스스로 알아서 수익을 잘 내는 것? 그러면 그들은 모두 직업을 잃게 될 것이다.

트레이더들이 주식 입문 1년 차가 넘어서고 손실이 커지면 서서히 공격 성향을 드러낸다. 평소 경멸하던 데이트레이딩을 하면서 소위 '상한가 매매 전문가'로 탈바꿈하게 되는 것이다. 마치 평소에 뭉툭한 입을 가진 온순한 연어가 산란 장소에 도달하면 날카로운 갈고리 입으로 바뀌면서 포악해지는 것처럼 말이다.

누구든 손실이 크면 대박주를 찾는다. 대박주에 몰입해서 더블 스코어의 수익을 내고, 그 다음 또 다른 급등주로 갈아타서 더 큰 수익을 내고……. 이런 식으로 기분 좋은 상상을 한다. 하룻밤 사이에 500만 원의 투자금이 10억 원을 넘기고 50억 원으로 불어난다. '그래, 인생 뭐 있어? 모 아니면 도지' 이러면서 투자 성향이 매우 공격적으로 바뀐다.

푼돈으로 우량주를 거래해서 원금을 회복할 것을 생각하면 사실 까마득하다. 결국 투자 방법을 180도 바꾼다. 평소 경멸했던 상한가 매매, 그리고 급등주 매매에 열을 올리고 이미 급등한 종목을 열심히 추격 매수한다. 매도 기준도 없고, 상승 초입의 개념도 없으니 순식간에 깡통을 찬다. 기준 없는 급등주 매매는 결국 그들에게 마지막 게임이 된다. 그런데 정말 신기한 것은, 급등주 매매를 하면서 깡통 계좌가 속출하기도 하지만 한편 프로급 선수가 탄생하기도 한다. 정말 믿기지 않는 일이다. 평소에 느슨한 매매를 하면서 잠재되었던 승부사 기질이 전문가 영역인 상한가를 다루면서 바깥으로 표출되는 것이다.

수익률 게임 우승자들의 대부분이 이런 과정을 겪었다. 그들도 입문 시기에는 기업을 분석하고 소위 우량주를 다뤘던 평범한 투자자들이었다. 그러다가 깡통을 몇 번 차면서 투자 성향이 확 바뀐 것이다. 홧김에 급등주 매매, 상한가 매매로 전향했는데 이것이 맞으면서 크게 성공한 것이다.

만약 이글을 읽는 여러분도 과거의 거래 방식으로 계속 원금을 잃고 있다면 이쯤에서 한번 몸부림을 쳐보라고 권한다. 자신의 잘못된 투자 방식을 고수하는 한, 시간에 비례해서 손실이 확대될 것이 분명하다. 이것이 지금껏 통계가 말해 주는 주식 시장의 진리가 아닌가. 어차피 결과가 그렇다면 이번에 상한가 매매로 전향해 공격적으로 승부하는 것도 꼭 나쁘지 않다는 생각이다. 로스컷 정확히 지켜주고(2~4%) 첫 상한가, 그것도 오전 장에 일찌감치 상한가에 진입하는, 강한 상한가만 따라붙어 보라. 한 가지 자신할 수 있는 것은, 이것만 고쳐도 상승 초입의 급등주는 거의 잡는다는 사실이다. 이번 기회에 상한가 매매로 전향하는 일이 어쩌면 당신에겐 인생 최고의 몸부림이 될지도 모를 일이다.

수익률 게임 우승자들은 가장 짧은 시간에, 합법적으로 가장 큰 돈을 번 사람들이다. 지금까지 수익률 게임에서 배출한 우승자는 거의 300여 명에 이른다. 이들 대부분은 수백 퍼센트에서 많게는 수천 퍼센트의 수익률을 불과 2~3개월 만에 올렸다. 단기 게임에선 프로 중의 프로가 바로 이들이다. 그런데 이들의 우승을 순전히 확률에 의한 자연 현상으로 폄하하는 일부 못된 전문가들(사실 전문가 행세하는 참견꾼에 불과하지만)이 있다. 사실 여러 대회에서 동시에 우승하는 전문가들도 많은데 과연 그들도 확률에 의한 자연 현상으로 폄하할지 궁금하다. 아마도 열등 의식에서 나온 자기 방어로 판단되는데 일반 투자자들은 그들의 견해를 무시하면 된다. 어쨌거나 그들의 수익 모델은 분명히 존재하고, 투자 금액이 5억 원을 넘지 않는 한 그들의 거래 방식은 유효하다는 것이 필자의 생각이다. 판단하건대 거래 기술로 가장 뛰어난 부류는 현재 수익률 게임의 우승자들이다. 실제 나의 연구원이자 제자 중에 수익률 대회 우승자와 입상자가 수 명 있으니 확신을 갖고 말할 수 있다.

주목할 점은 이들 대부분이 깡통을 찬 경험이 있다는 점이다. 깡통 경험을 통해서 자신의 문제점, 즉 저평가 종목에 대한 배팅이 실제 수익률과 무관하다는 것을 깨우쳤다. 아울러 이들 중 절반 이상이 상한가 매매를 즐겼다는 점이다. 그들은 수익률 게임이 초단기 승부여서 상한가 매매를 한 것이 아니라 수익을 얻을 확률이 제일 높기 때문에 상한가 매매를 선택했다.

자, 그러면 몇 명의 수익률 게임 우승자를 통해 그들만의 상한가 매매법의 노하우를 배워보자.

### 김동일

그는 동양종금증권, SK증권, 메리츠증권 수익률 게임에서 우승했다. 그는 거래대금 기준으로 상한가 매매에 50%, 테마 매매, 재료 매매에 30% 정도의 비중을 뒀다. 그만의 상한가 매매를 잠시 들여다보자.

그는 장 마감 뒤에 나온 재료를 분석해서 아침 시가에 따라붙는 전략을 주로 썼다. 동시호가부터 예상 체결가 움직임을 살펴보다가 시초가가 10% 이상 오른 종목을 매수했다. 장 개시 이후 5분 안에 상한가에 진입하는 종목이나 점상으로 출발하는 종목도 거래했다. 이는 재료 분석에 탁월한 능력이 있음을 보여주는 대목이다. 간혹 재료와 무관하게 상한가에 진입하는 종목도 노렸는데, 최근 5~6개월 사이에 크게 오르지 않은 종목 중에 전일 상한가 진입 시간보다 빠르게 진입하거나 거래량이 줄면서 상한가에 들어가면 따라샀다.

매도는 전일 호재에도 불구하고 5% 전후에서 거래된다면 재료의 노출로 보고 팔았다. 점상 종목 중에서 시초가에 상한가가 무너지면 이때도 팔았다.

좋은 상한가, 강한 상한가는 첫날 상한가에 들어가고 이튿날도 상한가인데 거래량이 줄면서 상한가 진입 시점이 당겨져야 하고, 3일째 점상으로 가는 종목을 꼽았다.

### 이창현

그는 4회, 5회 한화증권 수익률 게임에서 연속 우승했다. 그가 좋아하는 상한가는 급락한 다음 횡보하다가 첫 상한가에 진입하는 종목이다. 이런 종목은 바닥권에서 출현한 첫 상한가 종목인 만큼 시장의 주목을 받을 수 있는 데다 가장 싼 상한가 종목이다. 아울러 이평선을 뚫으며 첫 상한가에 진입하는 종목도 선호하는 편이다. 매물벽을 돌파한 만큼 다음 날 갭상승이 유력하기 때문이다.

상한가 따라잡기는 아침 일찍 주문을 넣어서 하는 경우가 있고, 관리 종목의 경우에는 끊어치기라고 해서 주문을 나눠 넣는 방법을 쓴다. 간혹 점상한가로 급등하는 주식이 있는데 이런 종목은 점상한가에서 누가 물량을 많이 잡느냐가 관건이다. 최대한 잘게 주문을 넣어 가능한 한 물량을 많이 잡도록 노력했다.

### 한승환

30세의 전업 투자자인 그는 한화증권, 교보증권 등 수익률 게임 4관왕이다. 종자돈 120만 원으로 5년 만에 무려 40억 원을 벌었다고 해서 더욱 유명해졌다.

그는 거의 상한가 매매로 돈을 벌었는데 그의 상한가 매매 비중은 무려 80~90%에 달한다. 그는 장이 끝난 후 공시를 통해 상한가 재료를 찾는다. 간혹 장 중 상한가에 도달한 종목 중에서 다음 날에도 상한가에 오를 만큼 강한 상한가를 추려낸다. 첫 상한가 종목과 외국인 매집 종목도 추려낸다.

이렇게 모은 10~15개를 관심 종목에 등록하고 다음 날 오전 중에 따라잡는 식의 상한가 매매를 즐겨 쓴다. 장 시작 후 3분차트에서 매집이 있으면서 5% 이상 상승하여 상한가에 신속하게 진입하는 종목을 시장가로 매집하는 방법도 곧잘 쓴다.

매도는 5% 이상 상승한 후, 상한가 진입한 종목이 시초가를 붕괴하면 그때 판다.

### 김현섭

30대 중후반의 그는, 2001년부터 2002년 사이 수익률 게임만 무려 5관왕에 오른 고수 중의 고수다. 그는 종자돈 마련은 물론 가장 높은 수익률을 보장하는 거래법으로 상한가 매매만한 것이 없다고 주장한다. 상한가는 팔려는 사람은 적고 사려는 사람이 많을 때 나타나는 현상으로, 내일 이후에 주가가 상승할 확률이 가장 높은 종목은 결국 상한가밖에 없다는 것이 그 이유다. 상한가 매매는 강세장에서 매매를 유발하고 그렇지 않은 경우 매매를 하지 않게 하는 점도 매력으로 꼽았다.

그의 상한가 매매법은 특별하지 않다. 모든 에너지를 오늘 상한가로 끝날 주식을 사는 데 집중한다. 만약 다음 날 점상으로 출발하면 하루 더 가져가고 아니면 판다. 그리고 그날 다시 다른 상한가를 따라붙고, 그 다음 날 상한가를 못 가면 또 다시 파는 식이다. 일종의 교체 매매로서 상한가 종목 안에서 반복적으로 옮겨 다닌다. 상한가 종목 중 최상의 종목으로는 장 시작 후 빠르게 상한가에 진입하는 종목을 꼽는다. 장이 시작하기 전 호재성 재료가 발표되면서 시가가 강하게 시작하거나 강보합으로 시작되고 점차 매수 세력이 유입되면서 상한가를 기록하는 종목이다.

그는 철저하게 소수의 종목에 집중해서 거래한다. 3종목을 넘지 않는 것도 그만의 성공 전략. 특히 어렵게 매수한 상한가만 가치가 있다고 믿는다. 누구나 쉽게 매수할 수 있는 상한가가 아니라, 누구나 매수하고 싶어 하지만 매수하기 힘든 상한가가 다음 날 아침부터 오른다는 것이 그의 지론이다.

매도는 동시호가 막판에 큰 매도 물량이 출회되거나, 개장 후 거래량이 증가하면서 상한가 매수 잔량이 감소하면 미련 없이 판다. 이런 경우 상한가가 무너지는 것은 시간 문제다. 만약 상한가에 진입하는 종목을 따라잡았을 경우, 매수한 물량 모두를 즉시 매도 주문을 작성해놓고 대기하는 것도 기본 중의 기본. 이때 상한가에 매수 물량이 쌓이지 않거나, 상한가가 무너지면 미련 없이 판다.

### 한세희

20대 후반의 그는 상한가따라잡기 고수다. 그는 한화증권 제6회 수익률 게임에서 A그룹(투자 금액 3,000만 원 이상)에 참가해서 우승했다. 그는 주로 상한가따라잡기로 수익을 올렸는데 강한 테마를 형성한 종목이나 좋은 재료가 있는 종목이 상한가에 진입할 때 추격 매수해 1~2일 보유한 후 매도하는 전략을 구사했다. 그의 상한가 매매는 앞서 다른 고수들과 별반 다르지 않았으며 특히 '강한 상한가'를 매수하기 위해 집중했다.

그가 말하는 강한 상한가란 오전 9시~9시 20분 사이에 상한가에 들어가는 종목이거나 강한 테마 혹은 재료가 부각된 종목, 즉 누가 보더라도 상한가가 타당하고 상한가에 사고 싶은 욕구를 가질 만한 종목을 뜻한다. 물론 창구 분석을 통해 상한가를 만든 세력의 동향을 파악하며 리스크를 관리하는 일은 필수다.

그가 말하는 또 다른 '강한 상한가'는 테마 내에서 가장 먼저 상한가에 진입하는 종목을 말한다. 그는 그런 종목을 찾아내기 위해서 유사 종목들을 테마별로 분류해서 리스트를 만들었다. 예컨대 아몰레드 테마 가운데 에스엔유가 가장 먼저 상한가에 진입하고 아이피에스, 아바코 등 유사 종목들이 뒤따라 상한가에 들어갈 경우 에스엔유를 공략하는 식이다. 호재성 재료를 보유하고 있으면 금상첨화고 상한가에 진입하는 속도가 빠를수록 좋다.

매도 시점은 상한가 매수 잔량이 급격히 감소하거나 동일 테마 내에서 후발 상한가 종목들의 상한가가 깨질 때를 유심히 살펴가며 판단한다. 항상 상한가에 매도하기 때문에 이익은 큰 반면 손실은 전혀 없다. 그러나 특정 종목이 상한가에 진입할 때 체결 가능성이 적은 저가에 매수 잔량이 많이 쌓일 때는 세력의 허수 주문일 가능성이 크다. 이때는 가급적 매수하지 않는다. 특정 증권사 창구로 지나치게 많은 매수 주문이 들어와도 마찬가지다. 반면 외국인 매수 상위 종목 중 상한가 진입 종목은 지속적인 시세를 보장받을 수 있어 비교적 안전하다.

연속 상한가에 들어가는 코스닥 신규주를 매매할 때는 주문 우선 순위로 매매가 체결되기 때문에 예약 주문을 적극 활용한다.

위의 수익률 게임 우승자들의 사례에서 보듯이 선수 마인드는 큰 기회를 위해 리스크를 기꺼이 안는 사람에게 생긴다. 다들 알겠지만 상한가는 더 오를 수 있는데 인위적으로 오름폭을 제한한 것이다. 앞으로 추가 상승할 수 있는 잠재 에너지가 가장 큰 종목이란 얘기다. 바로 이런 사실, 리스크 대비 기대 수익이 훨씬 크다는 이 사실 하나만으로 상한가 매매는 그 어떤 거래 전략보다 훨씬 가치가 있다.

앞서 집중 투자 이론에서 언급했듯이 복싱 경기에서 단 한 대도 맞지 않고 이길 방법은 없다. 이기기 위해선 맞을 각오를 해야 한다. 같은 맥락에서 다리에 물 안 묻히고 강을 건널 수는 없는 법, 강을 건너려면 몸이든 옷이든 물이 묻을 각오를 해야 한다.

투자란 본디 리스크를 안은 행위이다. 리스크 없는 투자란 있을 수 없는 법, 손실을 기꺼이 감수했을 때 진정한 승부가 이루어진다. 생각건대 타고난 부자가 아니라면 리스크를 두려워해서 부자가 된 사람은 거의 없을 것이다. 물론 합리적인 리스크여야 하겠지만 말이다. 큰 성공과 리스크는 항상 한몸이란 생각이다. 앞서 트레이더의 목표가 위험을 완벽하게 회피하는 것에 맞춰 있다면 이것은 큰 문제라고 했다. 위험과 기회는 항상 함께하는 것이어서 어떤 거래든 위험은 반드시 뒤따르기 때문이다. 아울러 트레이딩에서 잘못될 가능성은 항상 존재하며 약간의 리스크는 필연적이란 점과 위험이 존재하기 때문에 대박의 기회도 있다는 점을 반드시 기억하기 바란다.

이제 상한가 장세를 보자. 상한가 매매가 가능한 장세는 '코스닥 상한가 20개 이상(관리주,우선주 제외), 그리고 이틀 연속 상한가수 증가' 이다. 상한가가 기본 개수 이상 터지는 장세를 노려야 장 막판까지 상한가를 유지할 확률이 높아진다. 그러려면 최근에 샘플로 삼을 만한 대박주가 탄생하든지, 아니면 최근 장세가 테마 장세이든지 둘 중의 하나는 만족해야 한다.

일단 테마주 장세는 필수적이다. 지수는 좋은데 테마가 먹히지 않으면 의외로 고전한다. 상한가를 시원하게 맡지 못하거나, 들어갔다가도 자주 무너지거나 하면서 애를 먹인다. 해서 현재 상한가가 잘 나오는 장세를 찾아야 한다. 재료가 잘 들어 맞고, 심지어 루머까지 잘 맞는 그런 장세를 선택해야 한다.

그런 장세가 바로 앞서 언급한 '코스닥 상한가 20개 이상(관리주.우선주 제외), 그리고 이틀 연속 상한가수 증가' 장세다. 어쩌면 이것이 상한가 매매 장세를 찾는 데 가장 쉬운 기준일 수 있다. 물론 코스닥 상한가 개수 20개가 절대적인 기준일 순 없다. 경험상 그렇다는 얘기다.

이제 트레이딩 관점에서 보자. 만약 이틀 전에 상한가가 20개였고 어제 25개였다면 오늘도 상한가 개수는 25개를 넘을 것이다. 특별히 장세가 나쁘지 않다면 말이다. 여기서 문제 하나! 지금 시간이 9시 30분이고, 현재까지 상한가 개수가 아직 10개밖에 나오지 않은 상태라면 앞으로 나올 상한가는 과연 몇 개가 될까? 이건 왕초보라도 충분히 유추할 수 있을 것이다. 그렇다. 최소 15개다. 이 정도의 퍼즐이면 상한가 트레이더는 무엇을 해야 하는지 금방 답이 나올 것이다. 상한가에 임박한 종목을 노려야 한다는 뜻이다. 이런 날은 상한가 언저리에 있는 종목, 5개 잡으면 그 중 2개는 상한가에 들어간다. 기본 확률만 따져도 그렇다. 더욱이 상한가에 막 진입하는 종목을 따라붙으면 5개 중 3개는 상한가로 마감할 것이다. 이것은 경험 이전에 확률과 통계적인 문제다.

이제 상한가 대상을 알아보자. 일단 상한가 매매 대상은 바닥권, 혹은 상승 초입의 첫 상한가만 대상으로 한다(여기서 상승 초입이란 20일선 골든크로스 시점부터 20일선과 현재가 이격 10% 사이를 말한다). 상승 초입의 첫 상한가를 공략함으로써 리스크를 최소한으로 낮춰야 한다. 이것이 어쩌면 상한가 매매의 핵심일지 모른다.

적게 잃고 많이 먹기 위해선 상한가를 싸게 사는 것 외엔 답이 없다. 바로 상승 초입의 첫 상한가를 노리는 방법이다. 사실 이미 크게 급등 중인 종목, 예를 들어 20일선과 이격이 20% 이상 벌어진 종목의 상한가 공략은 엄밀히 말해 상한가 매매가 아니라 추격 매수이다. 이것은 기대 수익 대비 리스크가 훨씬 크다. 그래도 개미들은 이렇게 오르면 손이 간다. 경험 부족도 크지만 다 욕심 탓이다.

참고로 상한가 매매가 어려운 종목을 살펴보면, 시가총액이 큰 대형주(시가총액 5천억 원 이상), 때가 많이 탄 테마주(4대강 테마, 항공우주 테마 등), 호가 단위가 많은 종목(8~9천 원대 종목), 약한 재료 종목(매출액 대비 10% 미만의 수주공시, MOU체결-법적 효력 없음) 등이 된다.

반대 개념에서 상한가 매매가 유리한 조건을 보면, 시가총액 2천억 원 미만, 5천 원 미만 혹은 1만~2만 원 사이, 강한 재료(전무후무한 재료, 경영권 분쟁, 대기업으로 피인수, 지분 매각 혹은 기술 이전, 대규모 외자 유치, 100% 무상증자, 해외 임상 통과, 연매출 수준의 초대형 수주 건 등등) 등이 된다.

이제 상한가 잔량을 알아보자.

상한가 잔량을 분석할 때 가장 중요한 것은 잔량의 절대값이 아니라 체결량이다. 상한가 매수 호가에 쓸데없이 물량을 쌓지 않는 종목이 최고다. 세력이 빠져나올 수 없도록 잔량을 쌓지 말라는 말이다. 주포가 아니면서 상한가에 매수 잔량을 쌓다가는 세력의 표적이 되기 십상이다. 특히 자신의 종목이 상한가 갔다고 해당 종목 게시판에 가서 상한가 잔량을 쌓도록 독려하지 마라. 자신이 물량 쌓았다고 자랑도 하지 마라. 상한가 매수 잔량이 많다고 반드시 좋은 것이 아니란

걸 알아야 한다. 정말 중요한 것은 주포 세력이 나올 수 없는 상황을 만드는 것이다. 과거에 동아건설이 그랬다. 동아건설은 2000년 말 어설프게 상한가 잔량을 받쳤다가 막판 동시호가에 점하한가로 폭락했던 대표적인 사례다(국내 주식 역사상 점상에서 점하로 폭락한 유일한 종목이 동아건설이다. 당시에 세력들은 후장 동시호가에 물량을 몽땅 팔았다).

물론 상한가 잔량이 너무 적으면 좋지 않다는 것은 분명하다. 내가 주장하는 것은 매수할 의사가 없으면서 받치는 허매수 물량을 말한다. 강한 상한가는 잔량의 절대값이 아니라 상한가에서 거래가 되지 않는 것이다. 상한가에 들어간 후 거래가 뚝 끊어져야 한다. 사실 매물 출회가 딱 멈추는 것이, 상한가 매수 잔량이 급증하는 것보다 훨씬 안전하다(뒤에서 따로 배우겠지만 상한가 7부 매매는 상한가 매도 잔량이 거래량의 10%가 넘으면 기다렸다가 10% 미만으로 감소하는 시점을 공략한다. 만약 상한가 매도 잔량이 매우 적은 경우, 상한가따라가기보다는 상한가 7부 매매 즉, 10~13% 사이에 진입하는 것이 훨씬 확률이 높다).

상한가 매매에서 경계해야 할 것은 뒤풀이 상한가다.

추세가 완전하게 꺾인 급등주가 재차 급등하면 이것은 세력의 뒤풀이다. 특히 거래량이 터지면서 상투 징후를 확실히 보인 종목(피뢰침음봉 혹은 장대음봉)의 반등은 세력의 트릭이다. 고점에서 처분하지 못한 물량을 정리하기 위해서 또 한 번의 급등을 예고하는 듯한 패턴으로 일반 투자자들을 유혹한다. 이때 나타나는 뒤풀이 상한가는 인위적이며 세력의 마지막 철수를 위한 미끼이다.

그러나 뒤풀이 상한가라도 트레이딩 관점에선 나쁘지 않다. 거래 시점을 종가 무렵으로만 가져가면 최소한 그 다음 날의 갭상승은 기대해도 좋다. 잔챙이 세력들이 물량 청산을 위해 허매수 물량을 동원할 테니 말이다. 간혹 20일 이평선까지 깊은 눌림목 이후에 나타나는 뒤풀이 상한가도 조심해야 한다. 이 또한 세력의 장난일 가능성이 농후하다. 20일선까지라면 제법 하락폭이 큰 만큼, 하루나 이틀 정도 짧게 트레이딩하고 빠져야 한다. 개미들은 앞서 급등 흐름을 보였기 때문에 뒤풀이 상한가에도 열광하기 쉽다. 주의가 필요하다.

만약 최고점을 찍은 후 고점 대비 하락 폭이 크지 않은 자리에서 상한가가 출현하면 재차 급등할 가능성이 높다. 이땐 뒤풀이 상한가라는 의심이 들더라도 포기하지 않는 것이 좋다. 예를 들어 일주일 간 급등한 후 이틀 간 조정을 받다가 3일째 상한가가 탄생했다면 이것은 위험하지 않다. 2차 급등도 기대해봐야 한다. 한편, 단기 상투를 찍고 매물을 받다가 2~3일 만에 지지 캔들이 탄생하면 이땐 종가 알박기도 가능하다.

마지막으로 상한가 매매 이론에서 매도 기준은 아래와 같다.

### 상한가 당일 매도 기준

상한가가 처음 깨졌을 때: 위꼬리 5% 적용

상한가가 2번째 깨졌을 때: 위꼬리 3% 적용

상한가가 3번째 깨졌을 때: 상한가 이탈 시

### 상한가 다음 날 매도 기준

5%룰 적용: 다음 날 갭상승 폭이 5% 미만이면 이익 청산(반드시 분할 매도)

갭상승 폭이 5% 이상이면 전량 홀딩(전일 종가 이탈 시 매도)

만약 점상인 경우: 점상 깨질 때 50%, 전일 종가 이탈 시 전량

### 급등주 매도 기준

음봉 2개 출현 시 혹은 5일선 이탈 시

10% 장대음봉(피뢰침음봉 포함) 혹은 −10%(어떤 경우라도 하한가 직전 탈출)

(단기간에 50% 이상 급등한 종목을 추격 매수하는 것은 자제해야 하지만 이미 보유중이라면 매도 욕구를 최대한 참아야 한다. 이것이 급등주 매매법의 핵심이다. 급등주는 누가 더 길게 보유하느냐 오로지 그 싸움이다. 리스크를 싫어하는 사람이 주식 투자로 큰돈을 절대 벌 수 없는 이유도 다 여기에 있다.

물론, 변동성이 확대되는 자리가 오면 이땐 매도를 고려하는 것이 맞다. 그렇더라도 한꺼번에 처분할 이유는 전혀 없다. 주가가 강한 만큼 세력의 규모도 커서 단번에 무너질 가능성이 낮기 때문이다. 한 번 급등한 종목은 최대한 버티면서 마지못해 파는 식으로 물량을 조금씩 줄여나가는 것이 최선이다. 분할 매도에 관해서는 '로켓 이론'을 참조하길 바란다. 트레이더라면 기술적인 기준, 예를 들어 5일선 이탈이나 연속된 음봉 2개, 혹은 고점 대비 10% 하락 등의 매도 기준을 적용하는 것이 최선이다.)

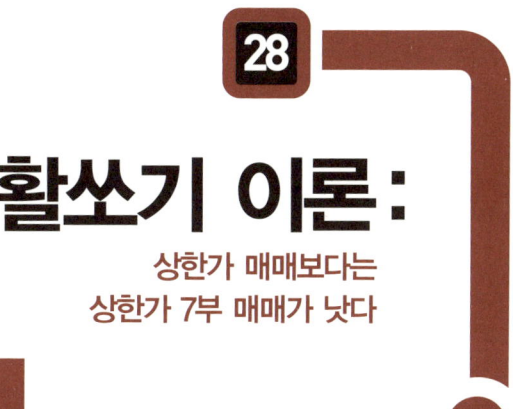

## 28 활쏘기 이론:
### 상한가 매매보다는 상한가 7부 매매가 낫다

**국내 증시** 규정에서 제한하고 있는 상한가의 폭은 15%다. 이상 급등을 제한하고자 상한가 폭을 정한 것이다. 그런데 아이러니한 것은 상한가 폭의 제한이 오히려 급등주를 탄생시키는 배경이 되고 있다는 사실이다. 여러 가지 이유가 있겠지만 사고 싶어도 살 수 없는 상황을 만들어서 다음 날로 급등 추세를 이어가는 것이다. 비유를 들자면 루이뷔통이 곧잘 쓰는 한정 생산, 한정 판매와 같은 원리다. 상한가는 추가 급등에 대한 기대와 아쉬움을 내일로 이어가는 징검다리 역할을 한다. 재미있는 것은 점상이나 갭상승 상한가는 패턴의 모습까지도 징검다리를 닮았다.

혹시 특정 기업에 호재가 터졌을 때, 상한가 폭의 제한이 없다면 하루 만에 100% 이상도 오를 것이라 생각하는가? 천만의 말씀이다. 짐작컨대 상한가 폭의 제한이 없다면 당일의 상승 폭은 오히려 제한을 받을 것이다. 당일 상승의 끝을 볼 수 없는 상황에서의 거래는 참여자 모두를 불안하게 만든다. 그것은 세력도 마찬가지다. 상·하한가 폭의 제한이 없다면 리스크 또한 상대적으로 클 것이어서 세력 또한 무리하지 않게 될 것이다. 게다가 허매수와 같은 트릭이 전혀 통하지 않기 때문에 소위 '자연뽕'을 쳐야 하는 상황이다. 세력들에게 정석 투자를 하라는 얘기가 되는데, 공정한 게임을 좋아할 세력은 어디에도 없다. 실제로 상한가 폭의 제한이 없는 미국 증시를 보면, 생각처럼 급등락이 심하지 않다. 오히려 우리 국내 증시보다 변동성이 훨씬 적은 편이다.

　세력의 관점에서 봤을 때, 급등주를 만들려면 최소한의 자금으로 최대한 멀리 보내야 한다. 그러려면 상한가로 딱딱 끊어주면서 다음 날 매수세를 끌고가야 한다. 이때 개장과 동시에 말아올리는 상한가가 베스트다. 그러면 총알도 최대한 아껴 쓸 수 있는 데다가 물량을 못 잡은 개인들을 더욱 달아오르게 만든다. 이제 징검다리처럼 한 걸음씩 한 걸음씩 고점을 높혀가면 된다. 적절히 허매수를 동원하면서, 그리고 가끔씩 점상을 만들면서 말이다. 사고 싶어도 못 사는 상황은 항상 개미들을 흥분시킨다. 참을성이 부족한 개미들은 다음 날 동시호가부터 벌떼처럼 달라붙는다.

　우리 국내 증시도 언젠가는 미국 증시처럼 상·하한가 폭이 없어질 날이 올 것이다. 그러나 아직은 먼 얘기이고, 제도가 바뀌기 전까지 상한가따라가기를 이용한 급등주 매매 전략은 여전히 유효하다. 재료를 만들고, 그 재료를 이용해 상한가 징검다리를 만드는 세력은 현재의 상한가 제도가 존재하는 한, 시장을 떠나는 일은 결코 없을 것이다.

현재 상한가 매매법은 전업 투자자 5명 중에 1명은 애용할 정도로 보편화된 매매 기법이다. 아쉬운 점은 현재의 상한가 매매법이 과거 10여 년 전의 거래 방식과 거의 같다는 점이다. 여전히 상한가 진입 시점에 추격 매수하는, 지극히 초보적인 거래 방식을 고수하고 있는 것이다. 상한가 매매를 하면서 호재성 재료가 있는지, 있다면 상한가로 마감할 만한 재료인지 그 분석 능력도 거의 없으면서 무작정 상한가 매매를 한다. 정말 안타까운 것은 현재 주가 수준이 바닥권인지 상투권인지 이것을 확인하지 않는다는 사실이다. 상한가 매매를 한답시고 매번 상투에서 물리면서도 지금껏 그 이유를 알지 못한다.

또 하나 안타까운 점은 상한가 매매를 하면서 상한가 진입 시점이 개장 시점인지, 장 막판인지 이것을 개의치 않는다는 사실이다. 오후장, 특히 종가 무렵에 만드는 상한가는 다음 날 추세 영속성이 전혀 없는 물량 털이용 상한가다. 특히 상투를 찍은 후 눌림목 구간에서 탄생한 장 막판 상한가는 세력들이 빠져 나오기 위한 마지막 상한가인데 이것을 용감하게도 따라붙는다. 속된 말로 상한가라면 똥인지 된장인지 모르고 덤비는 격이다.

상한가는 무조건 따라붙고 보자는 식의 상한가 매매 전략은 이미 오래 전에 경쟁력을 잃었다. 그나마 '무조건 상따 전략'이 통하는 것은 10시 이전이란 조건과 상승 초입이란 2개의 조건이 동시에 만족했을 때이다. 그런데 이것은 또 따지지 않는다. 10시 이후 상한가 매매 전략은 딱 하나, 재료 관점에서의 접근뿐이다. 일반적으로 오전 10시부터 12시 사이는 공시 타임이다. 가장 많은 공시가 쏟아지는 시간대다. 이때 터지는 호재는 그나마 유효하다. 특히 2시 이후 종가 무렵의 상한가는 강력한 재료가 없는 경우, 열의 아홉은 단타용 상한가다. 대부분 물량 털이가 목적이다. 다음 날 추세 영속성은 거의 없으며 아침부터 허매수만 잔뜩 동원된다. 아무튼 종가 상한가는 실속 없는 쭉정이와 같다.

앞서 상한가 진입 시점에 따라붙는 기존 상한가 매매 전략은 실패할 확률이 높다고 했다(예외적으로 재료 발굴 능력이 탁월한 고수들은 상따 전략을 구사해도 무방하다). 잠시 왜 그런지 알아보자.

상한가 매매 전략이 실패하는 가장 큰 이유는 손절매의 실패에 있다. 일반적으로 상한가 매매 종목의 매도 시점은 상한가 이탈 시점으로 잡는다. 실패 요인은 바로 여기서부터 비롯된다. 흔히 고수들은 타고난 감각에다가 절제력이 강해서 손절매를 귀신같이 잘할 것이라고 믿는다. 이는 사실과 전혀 다르다. 상한가 이탈 시점에 손절매를 잘하는 고수는 단연코 없다. 그보다는 상한가에 가고도 남을 만큼 확실한 재료를 갖고 있는 종목, 이런 종목을 찾아내는 능력이 탁월할 뿐이다.

손절매는 감각과 절제력으로 하는 것이 아니다. 기준으로 한다. 20일선을 이탈하면 매도한다든지, 외국인이 팔면 매도한다든지. 대개의 고수들은 손절매가 가능한 상황에서 거래한다. 손절매에 성공할 상황에서 들어가고, 매수와 동시에 이익을 발생시켜서 가능한 손실을 입지 않는 선에서 팔고 나오려 한다. 그것이 고수다.

투자자들의 심리를 보면, 이익이 난 종목은 잘 팔지만 손해가 난 종목은 절대 못 판다. 고수들은 이런 심리에 밝고 이것을 인정한다. 해서 고수들은 당장에 오를 종목을 산다. 차트 급소가 탄생한 종목에 메이저들이 매집 들어오는 종목, 혹은 대형 재료를 안고 있는 종목이 주로 대상이 된다. 이런 종목은 하방경직성이 확보된 종목이어서 매수와 동시에 대부분 이익이 난다.

기존 상한가 매매 전략, 즉 상한가 진입 시점에 올라타는 전략은 상한가로 마감을 했더라도 당일의 이익은 제로다. 이는 상한가에서 이탈하는 즉시 손실을 입는다는 뜻이다. 앞서 누차 강조했듯이 손실 매도에는 모두들 약하다. 그것은 고수들도 마찬가지다. 손해보고 시원하게 팔고 나올 투자자나 고수들, 실제로 그렇게 많지 않다. 그런데 상한가 진입 시점에 이미 이익이 발생했다고 생각해보라. 이땐 상한가 이탈 시점에 팔고 나오기가 참 쉬울 것이다. 여기에서 기존 상한가 매매법의 문제점이자 해답을 찾을 수 있다.

 장세에 따라 다르겠지만, 첫 상한가에 진입한 종목이 종가까지 상한가로 마감할 확률은 채 50%에 못 미친다. 그렇다면 상한가 진입 시점에 올라타는 방식은 절반 이상은 당일 바로 물린다는 얘기가 된다. 거래 비용을 감안하면 이런 승률로 수익을 낸다는 것은 사실상 불가능이다. 만약 상한가를 이탈한 종목은 당일 재상한가 없이 무조건 급락한다면 차라리 매도하기가 쉽다. 재상한가에 대한 미련이 없으니 상한가 이탈 시점에 무조건 팔고 나오면 되니 말이다. 그런데 실전에서 어디 그런가. 상한가 이탈 후 재상한가에 진입하는 경우가 얼마나 많은가 말이다. 상한가 진입했던 종목은 이탈 후에도 수시로 상한가를 들락날락거리기 때문에 쉽게 팔 수가 없다. 어떤 선수들은 오히려 상한가 이탈 시점을 노려서 매수에 가담하는 경우도 있다.

 간혹 상한가 종목을 추천하면서 '상한가 이탈 시 매도!' 라고 주장하는 자칭 상한가 매매 전문가를 본다. 상한가에 잡으라 하고선 상한가 무너질 때 팔라고? 참 어이없다. 아마도 실전 매매를 통해서 얻은 경험이 아니라 방송이나 책을 통해서 배운 상식이라 생각한다. 실제로 상한가 매매를 오랫동안 경험했다면 결코 이런 모순된 주장을 할 수 없을 것이다. 자신이 주장한대로 상한가 매매를 해서 당일 상한가로 마감하면 큰소리 치는 것이고, 만약 상한가가 무너졌더라도 최소한 매도 기준은 제시했으니 책임은 면하고자 하는 것이다. 그저 훗날 급락을 대비한 면피성 발언에 불과할 뿐이다. 짐작컨대 그렇게 주장하는 전문가도 실전에서 그렇게 매매했다가는 상한가에서 번번이 물리고 말 것이다. 상한가 이탈 시점에 매도는 그저 이론에 불과하다.

개인적인 소견이지만 상한가에 사서 상한가 이탈할 때 매도하라는 논리는, 상한가 이론 중에서 가장 모순된 논리다. 한번 생각해보라. 상한가 이탈했다가 재상한가 들어가는 종목은 부지기수다. 그런데 이런 종목은 물량을 뺏기고 만다. 상한가 이탈 시점에 자신도 함께 팔았을 테니 말이다. 반면에 세력이 물량을 대량 팔면서 빠져 나간 경우, 이땐 100% 잡혔을 것이다. 세력이 작정하고 던지는데 개미들이 어떻게 상한가에 팔고 나올 수 있겠는가. 모르긴 몰라도 물리지 않으려면 최소 5% 정도는 손실을 각오해야 할 것이다. 결국 상한가에 진입한 후 한 번도 무너지지 않은 종목만 성공한 꼴이 된다. 그러나 이런 종목은 상한가 전체에서 절반이 안 되는 실정이고, 이 또한 당일의 이익은 없는 상태. 과거처럼 허매수 세력이 많지 않기 때문에 재료의 가치가 탁월하지 않은 한, 다음 날 수익도 크게 기대할 것이 없다.

일단 해결책은 2가지다. 먼저, 상한가 매매를 했다면 매도 기준을 5% 정도 다소 깊게 주는 방법이다. 다시 말해 현재가 기준해서 +10% 밑으로 내려오지 않으면 흔들리지 말고 홀딩하라는 얘기다. 경험적으로 상한가에 진입했던 종목은 얕은 조정, 즉 상한가를 들락날락하는 정도의 얕은 변동성은 견뎌내는 것이 좋다. 상한가에 한 번 들어갔던 종목은 어쨌거나 급등주 1순위가 아닌가. 상한가로 다시 말아올릴 가능성이 매우 높다고 봐야 한다.

　마지막 해결책은 손절매를 할 수 있는 상황이나 여건에서만 상한가 매매를 하는 것이다. 상한가가 무너지더라도 이익이 발생하는 상황을 만들라는 것이다. 이 것은 상한가따라가기 전략과 전혀 다른 개념이다. 상한가에 진입할 때 이미 상당폭의 이익을 확보해두라는 뜻이다. 급작스럽게 상한가가 깨질 상황이라도 상한가 1~2호가 밑에서 과감히 팔 수 있는 여유는 바로 이익이 난 상황이다. 손절매는 못하지만 이익 매도는 잘하는 것이 우리 개미들이 아닌가.

　거듭 강조하지만 이젠 상한가 매매도 단기 트레이딩 개념으로 접근해야 한다. 내일의 수익이 아니라 오늘의 수익을 목적으로 해야 한다. 그러려면 상한가 진입 시점이 아니라 상한가를 향해 달리고 있는 지점, 바로 상한가 7부 지점을 노려야 한다. 상한가 7부 지점인 +10%대에 사서 상한가가 무너질 때 팔 수 있어야 한다. 이것이 이번 장의 핵심이자 상한가 매매의 핵심이다. 물론 상한가 진입 후에 상한가가 문을 닫은 경우라면 홀딩이 맞다. 이땐 앞 장의 상한가 매매 이론에서 배웠듯이 오로지 끈기 싸움이다.

　기존 상한가 매매법의 문제점에 대해서 한 가지 더 짚어보자. 상한가따라가기 전략이 위험한 또 하나의 이유다. 이번 장의 주제와 다소 거리감이 있기 때문에 짧게 언급한다.

　첫 상한가 따라하기 다음으로 선호하는 상한가 매매 전략은, 전일 상한가 중에서 오늘도 상한가가 예상되는 종목을 동시호가에 매수하는 전략이다. 쉽게 얘기해서 점상한가가 예상되는 종목을 동시호가에 분할 매수 주문을 통해 물량을 확보하는 전략이다. 언뜻 보면 급등주 공략법으로 최상의 전략 같다. 실제 둘째 날 점상으로 오를 정도의 강한 상한가는 그 다음도 점상으로 급등하는 경우가 많아서 선수들도 곧잘 사용한다. 문제는 다음 날 점상에 성공한 종목만 눈에 띄어서 그렇지, 둘째 날 점상으로 출발했다가 장 중에 무너진 종목이 실제 훨씬 많다는 사실이다. 설령 기대대로 점상으로 마감했다 해도 실익은 기대만큼 크지 않다. 점상으로 급등하는 종목은 물량을 주지 않고 가기 때문에 실제 주문을 넣어도 물량이 잡히지 않기 때문이다. 동시호가부터 1만 주를 매수에 받쳐도 진짜 급등주는 1백 주도 안 잡힐 것이다. 위험 부담을 안고 급등주를 잡고도 개인 투자자들이 크게 수익을 내지 못하는 가장 큰 이유, 바로 물량 확보 실패에 있다. 해당 종목이 다음 날부터 급등해서 100% 상승하더라도 투자 원금 대비 수익률은 고작 10%에 불과한 식이다. 이것은 차라리 상한가 한 방 먹은 것보다 못한 결과다.

이번엔 리스크 측면에서 보자. 정말 쎈 상한가는 물량이 거의 안 잡히니까 리스크도 없다. 그러나 허매수 세력에 의한 일시적인 점상은 다르다. 물량이 다 잡히기 때문에 리스크는 매우 크다. 점상 매매는 동시호가에 매수세가 강한 종목을 대상으로 하기 때문에 매수가는 항상 당일의 최고다. 만약 세력의 매집 물량보다 상한가 잔량이 많이 쌓일 경우, 세력은 언제든 한 방에 물량을 넘길 수 있다. 그랬을 때 점상에 주문을 넣은 수량이 모두 잡히고 그 자리가 바로 상투가 된다. 점상 공략은 이것이 가장 큰 문제다. 당일 날, 본전 아니면 큰 손실, 이 두 개밖에 없다. 진짜 대박 종목은 10,000주 주문에 100주밖에 안 잡히는 반면에 세력이 빠져나가면서 상투를 치는 종목은 10,000주 주문이 모두 잡힌다는 사실이다. 정말 심각한 문제가 아닐 수 없다. 사실 시초가에 점상한가를 그대로 유지할지 갑자기 물량을 팔고 빠져나갈지는 해당 세력의 마음이며, 이를 알아낼 수 있는 투자자는 없다. 그럼에도 우리는 희망만 갖고 점상으로 출발하는 종목을 추격 매수한다. 아주 가끔씩 상한가를 몇 방 먹었던 기억들 때문에 말이다.

이제 이 장의 주제인 활쏘기 게임을 배울 차례다. 활쏘기 게임을 통해 높은 확률에 접근하는 방법에 대한 내용이다. 먼저, 이 게임의 룰을 보자. 활쏘기 게임에 참가자는 과녁으로부터 100M 이내에서 자유롭게 활을 쏠 수 있으며 과녁으로부터 10M 벗어날 때마다 10점을 주는 방식이다. 예를 들어 10M에서 과녁을 명중시키면 10점, 100M에서 과녁을 명중시키면 100점을 주는 식이다. 만약 10M 앞에서 활을 쏘면 명중률은 매우 높을 것이다. 그러나 점수는 10점밖에 얻을 수가 없다. 반면에 100M 밖에서 과녁을 명중시키면 최고점인 100점을 얻을 수 있다. 그러나 과녁에 명중시킬 확률은 매우 떨어질 것이다.

만약, 당신이 한 발의 화살을 갖고 이 게임에 참가한다면 과연 과녁의 몇 미터 밖에서 쏠 것 같은가? 최적의 확률을 어느 지점에서 찾을 것인지 고민해보기 바란다.

당일 상한가에 진입할 종목을 시초가부터 미리 예측하고 매수할 수 있는 투자자는 많지 않다. 일부 재료 분석에 탁월한 고수를 제외하고는 거의 없다고 보는 것이 맞을 것이다. 특히 갭상승 없이 보합권 전후에서 출발하는 종목을 대상으로 개장 시점부터 상한가 진입을 예측하기란 불가능에 가깝다.

사실 보합권에 머물던 종목을 공략해서 상한가를 먹었다면 100M에서 과녁을 명중시키고 100점을 얻은 것과 같다. 대단한 실력이거나 행운이다. 단기간에 엄청난 이익을 챙기게 될 것이다. 그러나 100M 밖에서 과녁을 명중시키는 것이 이 게임에서 가장 확률이 낮은 것처럼 보합권 종목의 상한가를 예측하고 선취매하기란 거의 불가능에 가깝다. 특별한 재료가 없다면 1%의 확률에도 미치지 못할 것이다.

이와 반대의 상황을 보자. 10M 앞에서 과녁을 맞힐 수 있는 확률은 가장 높다. 아마도 10발 중에 10발 모두 쉽게 명중시킬 정도로 쉬울 것이다. 그러나 점수는 최대 10점을 넘을 수 없으니 모두 맞춰도 별 소득이 없다. 물론 확률적이지도 않다. 주식으로 치면 상한가 진입 시점에 상한가따라가기하는 것과 같은 상황이다. 상한가는 거의 도달하겠지만 이익이 없다보니 앞서 배웠듯이 상한가 이탈 시점에 손절매가 문제되는 것이다. 설령 상한가로 마감했다 해도 수수료에 거래세를 공제해야 하기 때문에 본전이 아니라 손실이다. 다음 날 추가 상승이 없는 약한 상한가면 정말 큰 일이 아닐 수 없다.

이제 마지막으로 활쏘기 게임에서 점수도 높고 명중시키기에 가장 확률이 높은 지점인 30~40M 지점을 보자. 100M 지점에서 확률이 낮고, 10M 지점에서 확률이 높다고 해서 반드시 10M 앞에서 쏠 필요가 있느냐는 것이 이 활쏘기 게임을 비유로 든 핵심 이유다. 10M 앞에서 쏘는 것이나 20M, 30M 앞에서 쏘는 것이나 명중시킬 확률이 별반 차이가 없다면 굳이 10M 앞에서 쏠 이유가 없는 것이다. 30M 앞에서 쏴도 명중 확률이 비슷하다면 당연히 점수가 더 높은 30M 앞에서 쏴야 한다는 것이다. 여기에서 조금 더 욕심을 부려 50M에 도전을 해보는 것이다. 그런데 40M 앞에서는 10발 중 7발을 명중시키던 것이 50M 앞에서는 5발도 어렵다면 더 이상의 점수 욕심은 무리다. 최상의 포지션은 결국 40M가 되는 것이다.

트레이딩 관점에서 봤을 때, 활쏘기 게임에서 최적의 40M 지점은 바로 상한가 7부 지점이다. 경험적으로 봤을 때도 마찬가지다. 이 상한가 7부 능선에 도달한 종목이 상한가 진입할 확률이 가장 높았다. 결론적으로 상한가 7부 지점, 여기가 상한가 매매에서 최상의 공략 포인트인 것이다.

현재 5% 양봉 종목은 상한가보다는 보합에 더 가깝다. 강한 종목이지만 상한가와 이격이 너무 커서 상한가에 도달할 확률보다는 보합 쪽으로 갈 확률이 높다. 현재 +7~8% 양봉은 딱 중간이다. 상한가에 갈 확률이 높지만 보합으로 떨어질 확률도 높다. 상한가 거래 대상으로 삼기에는 이 정도의 확률은 약간 부족하다.

현재 10%를 통과하는 종목은 보합보다는 상한가에 좀 더 가깝다. 매우 강한 종목이며 이 정도로 끌어올린 배경은 분명 있을 것이다. 상한가를 찍기 위해 노력하는 누군가가 있다고 봐야 한다. 이 종목이 상한가 7부 대상이다. 자 이제 적합한 시점을 보자. 상한가 7부 매매의 시점별 상한가 진입 확률이다.

먼저, 10시 이전이다. 개장 후 1시간 이내는 상한가 매매에 있어 최고의 타이밍이다. +10% 종목이 +5%로 밀릴 확률보다 +15% 상한가로 진입할 확률이 3배는 높은 편이다. 그러나 11시 이후부터 2시 사이에는 가장 낮은 3분의 1정도이고, 2시 이후부터는 반반 정도이다. 결론적으로 10시 이전이라면 +10% 통과 종목은 일단 따라붙는 것이 유리하다. 물론 약세장은 제외시킨다. 그땐 모든 종목이 어려운 시기여서 굳이 매매할 필요가 없기 때문이다.

참고로 활쏘기 게임을 응용해서 필자가 만든 시스템이 있다. '첫상쪽집게'가 바로 그것이다. 아래의 내용은 2009년도에 필자가 책에서 소개했던 '첫상쪽집게'의 개발 소스와 알고리즘이다. 상한가 매매를 전문적으로 하는 트레이더에겐 중요한 자료가 될 것이다.

### 첫상쪽집게, 개발 알고리즘
① 10시 이전, 첫 상한가 진입 종목만 공략하라

첫상쪽집게 기능 중에 핵심 알고리즘이다.

일단 가장 강한 상한가는 점상이다. 전일 장 종료 이후부터 개장 전까지 호재가 뜨면서 동시호가에 대량 매수세가 유입된 경우이다. 그런데 호재가 개장 30분 전에 발표되거나 하는 경우, 아직 시장에 재료가 알려지지 않을 수도 있다. 이럴 경우, 냄새를 맡은 일부 타짜들만 들어온다. 물론 대량 매수세는 아니어서 점핑 5% 전후의 출발은 가능하다. 그러나 점상은 역부족일 때가 있다. 이런 종목이 개장 후, 1시간 이내에 상한가로 말아올리는 예가 많다. 이것을 잡아야 한다. 이것이 최상의 첫 상 종목이다. 이런 순간 급등의 종목은 순식간에 상한가 문을 닫아버려서 준비되지 않고는 잡을 수가 없다. 해서 첫상쪽집게 첫 번째 조건으로 채택했다.

때로는 재료의 가치를 몰라서 개장을 했는데도 불구하고 매수세가 유입되지 않는 경우도 있다. 이럴 경우 선도 세력이 상한가로 말아올리면서 재료의 가치를 각인시켜준다. 막상 상한가에 진입하면 그때서야 재료의 가치를 알아보고는 허둥지둥 쫓아온다. 간혹 허매도 세력의 개입으로 점상으로 갈 종목이 시가에 5~10% 정도의 눌림을 줬다가 올라가는 예도 있다. 그들의 목적은 물량의 확보에 있다. 재료의 가치가 뛰어날 때, 허매도 세력은 자신의 보유 물량을 동원해서 살짝 갭하락을 시킨다. 그 과정에서 추가로 잡을 물량이 나온다.

어찌됐건, 개장 이후 빠른 속도로 첫 상에 도달하는 종목이 급등주일 가능성이 가장 높다. 게다가 물량 확보도 쉽다. 이런 종목을 자동으로 잡기 위해서 첫상쪽집게가 탄생했다.

첫상쪽집게 첫 번째 알고리즘은, 10시 이전에 첫 상에 진입하는 종목이다.

### ② 최근 5일 간 첫 상 진입 종목만 공략하라

가장 이견이 많을 수 있는 알고리즘이다. 이 조건 값은 연속 상한가 종목을 거르자는 취지가 목적이다. 그런데 오랫동안 바닥을 다진 종목을 엄선하기 위해서는 최근 한 달 간이라는 다소 긴 시간을 주는 것이 맞을 것 같았다. 그러나 대개의 급등주가 그렇듯이 전조가 있는 경우가 많았다. 소위 꿈틀꿈틀된 흔적 말이다. 이런 종목은 기준을 길게 잡으면 모두 걸러져서 잡히지 않는다. 예를 들어, 한 10일 전에 상한가가 두 방 터지면서 오르다가 주저앉은 종목은 재차 급등하는 예가 많다. 아직 끝나지 않은 활화산인데 이런 종목이 최근 첫 상한가 기준을 한 달 이상으로 주면 몽땅 필터링되고 만다. 해서 최소 기준으로 5일을 디폴트로 설정했다. 초기 설정은 5일이지만 이런 알고리즘은 수정이 간단해서 시장 상황에 따라서 언제든 수정할 계획이다. 그러나 수정하더라도 10일은 넘지 않을 것 같다.

### ③ 특정 창구에서 매집한 종목은 버려라

점상이든 첫 상이든 급등주 매매에서 가장 위험한 것은 물량 폭탄이다. 잘나가던 급등주가 특정 세력의 대량 매도를 맞고 급락한 예는 숱하게 많다. 실전에서 급등주 매매를 능가할 수익 모델은 없지만 항상 이 대량 매도가 골칫덩이다. 대량 매도는 특정 세력이 심하게 개입한 경우에 터진다. 재료의 가치가 뛰어나서 다수의 매수세가 유입되어야 하는데 그렇지 못한 경우 특정 세력의 지배력이 너무 커진 탓이다.

첫상쪽집게는 이것을 해결하기 위해서 특정 창구의 개입을 차단하는 방법을 택했다.

일단 매수 1위 창구에 물량이 편중되는 종목을 걸렀다. 매수 2위 창구의 물량보다 3배를 넘는 경우 아예 잡히지 않는다. 예를 들면, 평산이라는 종목에 매수 1위 창구가 키움증권이고 매수량이 100만 주일 때, 매수 2위인 대우증권의 매수량이 30만 주에 불과하다면, 동 종목은 첫 상한가 쪽집게에 포착되지 않는다는 얘기다.

물론 이렇게 한다고 해서 특정 세력의 개입을 완전히 차단할 수는 없다. 통상 큰 세력의 경우, 5개 이상의 계좌를 동원하니 말이다. 그러나 물량 편중도가 높은 창구에서 대량 매도가 터지는 예가 많은 것이 사실이기 때문에 이렇게라도 거르는 것이 확률을 높이는 길이라 판단했다. 장세에 따라서 대량 매도가 심하다는 판단이 들 경우, 설정 값을 2배 미만으로 엄격히 적용할 계획도 있다.

### ④ 상한가 매도 잔량이 거래량의 10% 미만일 때 진입하라

일반적인 상한가 매매는 상한가 진입 시점에 무조건 따라붙는다. 그나마 상한가 매매 대상을 오전장으로 국한해서 리스크를 줄이는 정도이다. 사실 첫 상한가 따라하기는 대상 종목의 상한가 진입 이후 흐름이 더욱 중요한데, 여기에 주목하는 트레이더는 그리 많지 않다. 실전에서 상한가 종목을 관찰해보면 상한가에 진입했다고 그 즉시 문을 닫는 경우는 거의 없다. 상한가 매도 잔량을 소화할 때까지 여러 번의 상한가 진입과 이탈이 반복적으로 진행된다. 트레이더들은 이 구간을 견뎌내야 하는데 이것이 쉽지가 않다. 비록 상한가에 진입했더라도 상한가 호가 잔량이 당일 거래량의 10%를 상회하면 물량이 소화될때까지 대기해야 한다. 예를 들어 당일 거래량이 100만 주이고 상한가 매도 잔량이 20만 주이면 10만 주 미만으로 감소할 때가 매수 타이밍이다.

### ⑤ 거래량 3만 주 이상 300만 주 미만이어야 한다

첫 상한가에 진입할 때 거래량을 보자. 첫 상한가에 진입한 종목은 거래량이 적을수록 강하다. 개장 시점에 갭상승 폭이 클수록 강하고, 상한가 진입 시간이 빠를수록 강하다.

통상 갭 폭은 3% 이상, 상한가 진입 시간은 1시간 이내, 거래량은 상대적이지만 대략 10만 주 미만이 강하다. 그러나 필터링 조건들이 많기 때문에 하나의 조건 값을 너무 엄격히 적용하면 거래 대상 종목이 극히 제한된다. 해서 각각의 조건에 대해서 다소 완화된 밴드를 주는데, 거래량의 경우 최소 3만 주 이상, 최대 300만 주를 넘지 않도록 했다.

300만 주가 다소 거슬리지만 거래량 조건 외에 시간 제한도 있고 당일 거래 대금 등 여러 가지 제약 조건이 있으니 적절히 조화를 이루며 필터링될 것으로 판단한다. 거래량 조건은 현재가 조건과 함께 기본 값으로써 가장 완화된 알고리즘이라고 생각하면 된다.

참고로, 2009년 1월 말 기준, 상기 조건에 해당하는 종목수는 970개다. 전체 1,860개의 종목 중에서 절반 정도가 필터링되는 꼴이다.

### ⑥ 현재가 500원 이상에서 3만 원 미만이어야 한다

최소 500원 미만 종목의 경우는 부실한 기업도 많은 데다가 호가가 많지 않기 때문에 자칫 몇 호가만으로 급락할 수가 있다. 대량 매물 폭탄을 맞으면 한 방에 하한가다. 이런 저가주는 리스크 때문에 매매 대상에서 제외해야 한다. 쪽집게 시리즈는 500원 미만은 자동으로 걸러줘서 매물 폭탄이 쏟아졌을 때를 대비했다. 500원 이상 3만 원 미만은 대략 1,500개다. 전체 종목에서 20% 정도인 300종목이 필터링되는 셈이다. 이 정도면 충분하다. 현재가 조건은 앞서 거래량 조건과 함께 기본 값으로써 가장 완화된 알고리즘이다.

### ⑦ 당일 거래 대금 3억 원 이상이어야 한다

2009년 1월 말 기준, 거래 대금 3억 원 이상의 종목은 대략 720개다. 전체 종목에서 40% 정도를 차지한다. 거래 대금의 필터링은 매물 폭탄을 피하는 데 매우 유용하다. 500원짜리 10만 주해봐야 거래 대금은 5천만 원밖에 되지 않는다. 이런 정도의 금액은 세력이 아닌 평범한 개미들도 매물 폭탄을 쏟아낼 수 있다는 계산이 나온다. 최소한 500원짜리 종목이라면 60만 주는 넘어야 하지 않겠나. 현재가 1,000원 미만의 저가주는 거래 대금의 기준을 반드시 받아야 한다. 물론 3억 원도 터무니없이 적은 금액이다. 그러나 기본 값은 낮아야 한다. 거래 대금을 너무 높게 잡으면 10% 이상 점핑해서 바로 상한가에 오르는 종목은 거의 놓친다. 강한 상한가일수록 거래 대금은 적은 법, 이를 최대한 고려해서 최소한의 금액으로 3억 원을 설정했다.

### ⑧ 점핑양봉을 노려라

세력은 딱 자기가 보유한 자금만큼 주가를 상승시킬 수 있다. 50억 원을 가진 세력은 50억 원만큼, 200억 원을 가진 세력은 200억 원만큼. 여기에 재료를 흘릴 수 있는 위치라면 상승폭은 좀 더 확대될 것이지만 말이다. 세력은 매물벽 띠가 두껍거나 매물벽이 여러 개 있는 종목은 기피한다. 자신의 자금을 매물벽 소화에 몽땅 쓰고 싶지는 않을 테니 말이다.

매물벽은 통상 20일 이평선과 전 고점에 많이 분포되어 있다. 여기를 돌파하는 과정에서 세력들의 자금이 대부분 바닥난다. 20일선에서 되밀려 2차 하락으로 이어지는 예가 많고, 전 고점 돌파에 실패하고 쌍고점이 생기는 이유가 다 여기에 있다.

그렇다면 도대체 어떻게 하면 쉽게 매물벽을 돌파할까를 고민했다. 매물벽만 돌파하면 주가는 쌩하고 올라갈 텐데 말이다.

점핑양봉은 자금을 가장 적게 소요하는 패턴이다. 가장 큰 매물벽인 전일 종가 부근의 매물을 개장과 동시에 뛰어넘을 만큼 불필요한 자금 소요를 크게 줄여준다. 게다가 자금 소요가 가장 큰 매물벽을 개장과 동시에 사뿐히 뛰어넘는다면 상승세를 길게 끌고가고 싶은 세력 입장에서 이보다 더 좋을 순 없을 것이다. 매물을 뚫는 데 50억 원보다는 20억 원을 쓰는 것이 좋고, 전 고점을 돌파하는 데 3일 걸리는 것보다 하루 걸리는 것이 좋은 법이다. 이렇듯 매물벽이 포진된 급소 구간에서 점핑양봉의 탄생은 급등의 전조를 뜻한다.

점핑양봉은 장대양봉에 비해서 양봉의 몸통이 짧다. 이는 시초가에 잡은 투자자들의 이익 폭이 상대적으로 적다는 것을 의미한다. 즉, 상한가 진입 시점에 쏟아질 이식 물량이 적음을 알 수 있다. 주목할 점은 실전에서 보면 개장과 동시에 점핑으로 출발한 종목은 매도세를 불러오는 법이다. 투자자의 심리상 시초가가

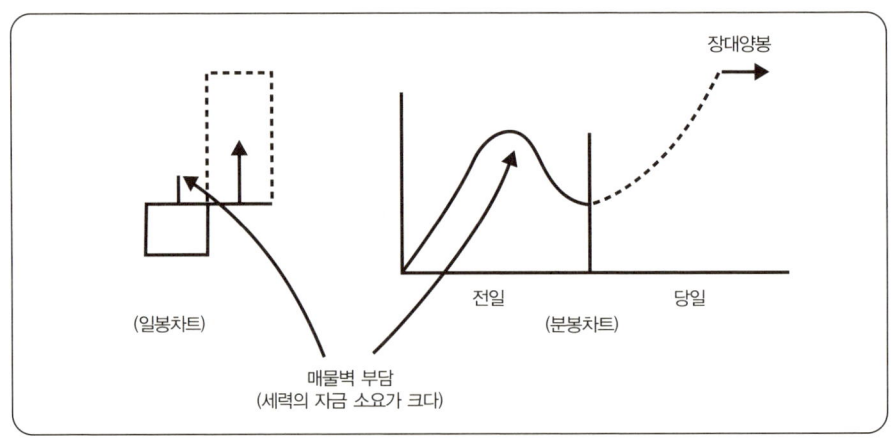

시초가 보합 출발 ➡ 장대 양봉

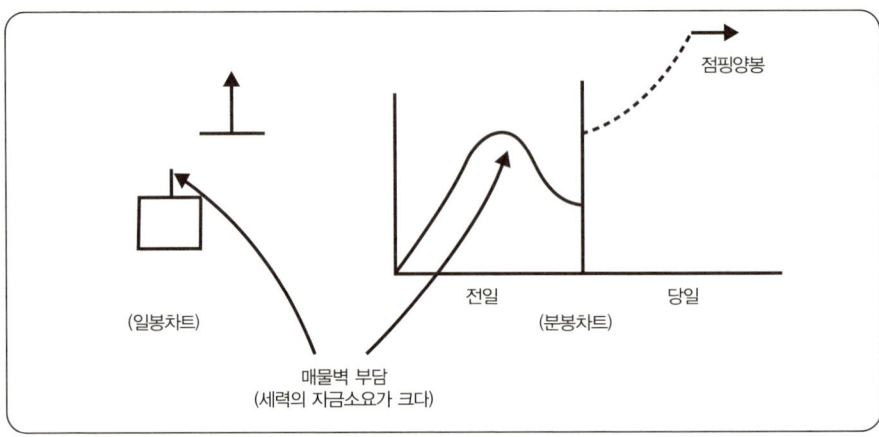

시초가 점핑 출발 ➡ 점핑 양봉

강하면 매도 욕구를 강하게 느끼는 법이니 말이다. 그런데 점핑양봉은 통상의 심리가 적용되지 않는 패턴이다. 시초가에 이익이 난 상태인데도 팔지 않고 오히려 매수해서 양봉의 길이를 늘린다는 것은 세력이 개입했거나, 재료가 떴다는 얘기가 된다. 첫상쪽집게가 점핑양봉을 노려야 할 이유가 바로 여기에 있다.

반면에 갭하락양봉은 점핑양봉에 비해서 양봉의 몸통이 무척 길다. 시초가에 잡은 투자자들은 이미 이익이 크게 난 상태여서 매도 욕구를 강하게 느낀다. 상한가 진입 전에 물량을 쏟아내는 경우가 많다. 게다가 세력 입장에서 자금 소요가 너무 크다. 가장 큰 매물벽인 전일 종가 전후의 물량을 몽땅 가져간 상태일 것이니 말이다.

점핑양봉의 진정한 가치는, 막판 상한가로 말아올리는 데 있어 가장 유리한 패턴이라는 점이다. 상한가 진입에는 막판 스퍼트가 매우 중요하다. 마지막 상한가 매도 잔량을 순식간에 가져올 수 있어야 한다는 얘기다. 그러려면 세력의 자금 여력이 충분해야 하는데 점핑양봉이 바로 여기에 해당한다. 게다가 이식 물량의 출회도 장대양봉에 비해 훨씬 적은 편이어서 상한가에 안착할 가능성이 매우 높다. 해서 첫상쪽집게는 시초가에 점핑 조건을 넣었다. 기본 디폴트는 점핑 폭을 2%로 설정했고, 필터링되는 종목이 적을 경우 점핑 폭을 줄일 수 있도록 개발했다. 간혹 버블 장세에선 마이너스 2% 정도 아래로 설정해도 승률이 높은 구간이 발견됐다. 점핑 폭을 높게 줄수록 신뢰도는 높아진다. 최대 13%까지 설정할 수 있도록 했다. 다만 점핑 폭을 많이 줄 경우, 매매 대상이 대폭 줄어드는데 이는 감수해야 한다.

### ⑨ 밑꼬리 길이는 5% 미만이어야 한다

강한 종목은 시가를 지키는 법이다. 시가 지지는 수급 흐름상 매우 중요하다. 강한 종목은 일봉차트에서 양봉이 옆으로 서는데, 이는 시가를 싸게 본 물량이 개장과 동시에 대거 매수에 가담했기 때문이다. 특히 세력이 물량 매집에 들어간 경우, 혹은 지분 경쟁이 벌어진 경우, 시가 지지력은 더욱 강해진다. 이때 연속된

양봉이 탄생하는데 밑꼬리는 없으며 양봉 몸통만 있다. 양봉 밀집 패턴이 물량 매집 패턴인 이유가 여기에 있다.

양봉 밀집, 즉 양봉이 옆으로 서는 패턴은 며칠 간 연속으로 동시호가에 시가를 누르고는 물량을 잡았기 때문에 탄생한다. 불특정 다수의 물량에 의해서 자연스럽게 탄생했다고 보기 어려운 패턴이다.

첫 상한가를 갈 정도의 강한 종목은 당일의 시가를 지지해야 한다. 비록 장세가 좋지 않아서 밀렸더라도 그 폭은 적어야 한다. 결국 첫 상한가의 대상이 되기 위해서 밑꼬리는 없는 것이 최상이고 있더라도 극히 짧아야 한다. 밑꼬리 길이는 장 상황에 따라서, 혹은 종목별로 적용이 획일적이지는 않겠지만 넉넉히 잡더라도 5%를 넘지 않는 것이 좋다. 해서 첫상쪽집게는 디폴트 값으로 5%를 설정했다. 장세가 호전이 되고 대상 종목이 많아지면 밑꼬리 길이는 2% 미만으로 짧게 설정하는 것이 좋다.

### ⑩ 시가총액 2,000억 원 미만이어야 한다

점상도 그렇지만 첫 상한가는 재료의 반영도가 중요하다. 재료가 효과적이려면 공급보다 수요가 앞서야 한다. 결국 유통 물량이 적은 소형주에서 상한가가 많이 탄생한다는 결론이 나온다. 소형주만이 재료와 적은 자금으로 상한가를 만들 수 있으니 말이다. 반면에 중형주나 대형주는 소화해야 할 물량이 너무 커서 상한가를 만들기에는 막대한 자금이 소요된다. 재료의 가치가 엄청나게 크면 모를까 어설픈 재료로는 상한가에 도달하기 전에 물량과 전쟁을 치루어야 할 것이다. 중대형주는 재료의 반영도 또한 소형주에 비해서 둔감하다.

첫상쪽집게에서 기준한 알고리즘은 시가총액 2,000억 원 미만이다. 물론 시총 3,000억 원 이상이라도 상한가 진입이 불가능한 것은 아니다. 그러나 장 종료까지 상한가를 유지하기에 경험적으로 3,000억 원 이상은 버거울 것이라 판단했다. 현재 시총 2,000억 원에 못 미치는 종목의 수는 대략 500개 정도이다. 전체 종목에서 대략 30%를 차지한다.

참고로, 자신의 투자 성향이나 투자 규모에 따라서 시총의 조건 값은 자유로이 설정할 수 있도록 설정 버튼을 뒀다. 투자 규모가 적은 소액 투자자들은 첫상쪽집게 알고리즘에서 시총 기준을 500억 원이나 1,000억 원으로 변경해서 쓰면 유용하다.

### ⑪ 관리 종목, 우선주는 제외시킨다

점상 매매나 첫 상한가 매매는 '하이 리스크 하이 리턴' 매매법이다. 얻는 게 크면 잃는 것도 큰 법, 많이 얻자고 급등주 매매를 하지만 안아야 할 리스크 또한 크다. 급등주 매매에서 가장 위험한 것이 앞서 거론했던 매물 폭탄인데 체결 지연에 걸리면 이를 피하기가 어렵다. 관리 종목의 경우, 체결이 30분 단위로 이루어지기 때문에 신속한 대응이 불가능하다. 게다가 상장 폐지나 거래 정지 위험도 상대적으로 큰 편이다. 굳이 리스크를 안고, 저가의 관리 종목이나 우선주를 거래해야 할 이유는 없다고 본다.

우선주의 경우, 재료의 가치에 의해서 움직인 예는 거의 없다. 시장이 침체장일 때 투기 심리에 의해서 움직인다. 침체장에서 가끔 우선주들끼리 세트로 상한가에 들어가지만 연속성은 거의 없다. 급등주 매매는 연속성이 생명 아닌가. 해서 첫상쪽집게 대상에서 우선주와 관리 종목은 아예 제외시켰다.

# 낚시 이론:
## 스윙은 고점 매수, 데이는 저점 매수하라

### 스윙은 고점 매수, 데이는 저점 매수

세상에는 우리가 잘 모르는 상식과 단순한 차이들이 참 많다. 그 중에 붕어와 잉어의 먹이 습성이 그렇다. 두 어종은 워낙 유사한 어종이어서 먹이 습성 또한 같을 것이라 생각하기 쉽다. 그러나 일반적인 상식과 달리 그들의 먹이 습성은 180도 다르다. 먼저 먹이의 차이다. 붕어는 식물성 먹이와 동물성 먹이를 모두 먹는다. 반면에 잉어는 식물성 먹이만 먹는다. 이건 약과다. 가장 뚜렷한 차이는 먹이 습성에 있다. 붕어는 바닥에 있는 먹이를 45도 각도로 내려다보며 먹는다. 반면에 잉어는 바닥에서 수평으로 먹이를 먹는다. 이것은 낚시꾼이 아니어도 무척 흥미로운 사실이다. 왜 이런 차이가 생기는지 구체적으로 들여다보자.

잉어에게는 붕어에 없는 것이 있다. 흔히 '자바라'라고 불리는 주름인데 주둥이 위에 붙어 있다. 이 '자바라' 덕분에 잉어는 바닥을 기며 먹이를 먹을 수 있다. 잉어는 바닥과 수평을 이루며 배에 닿을 듯이 유영한다. 그러다가 먹이를 발견하면 주둥이 위쪽에 있는 주름을 쫙 펴며 부채꼴 모양으로 만들어서 먹는다. 이 자바라 덕분에 잉어는 상체를 숙일 필요가 없는 것이다. 반면에 붕어는 배 쪽이 바닥에 먼저 닿기 때문에 수평으로는 먹이를 먹을 수가 없다. 해서 45도 각도로 바닥을 향해 비스듬하게 먹이를 먹는다. 몸은 바닥에서 약간 떠 있는 상태이고, 머리 부분만 45도 각도로 바닥에 닿은 상태다. 이런 차이는 아주 사소하지만 낚시꾼에겐 매우 중요한 사실이다. 세상에는 이렇듯이 일반적인 상식과 다른 많은 차이들이 있다.

먹이를 먹고 난 이후의 행동도 전혀 다르다. 붕어는 45도 각도에서 먹이를 먹은 후 머리 쪽을 위쪽으로 들어 몸을 바닥과 수평으로 유지한다. 반면에 잉어는 바닥에서 주둥이를 밑으로 구부려 먹이를 먹는다. 그리고는 옆으로 몸을 틀어 달아난다. 이런 차이로 인해 낚시를 할 때 두 어종의 입질 차이는 반대로 나타난다. 한쪽의 찌는 물위로 솟아오르고, 또 다른 쪽의 찌는 물속으로 잠기는 형태가 된다.

붕어는 먹이를 위쪽에서 먹고 머리를 들면서 수평을 맞춘다. 찌가 물위로 쭉 솟아오른다. 잉어는 몸을 세우지 않고 바닥에서 먹이를 먹고 그대로 몸을 옆으로 틀어버린다. 찌가 물속으로 쑥 빨려들어간다. 이러니 솟는 입질에 익숙한 붕어 낚시꾼들은 물고 들어가는 입질에는 대응이 느릴 수밖에 없다. 먹이가 아니라는 판단이 들면 금방 뱉어버리는 물고기들의 특성 때문에 솟아오르는 입질만 기다리는 붕어 낚시꾼들은 잉어를 잡지 못하는 것이다. 그렇다면 붕어의 챔질 타이밍은 찌가 솟을 때이고, 잉어의 챔질 타이밍은 찌가 가라앉을 때이다.

평소에 비슷한 어종이라 생각했던 두 어종의 입질 형태가 이렇듯 서로 반대라는 사실이 정말 놀랍지 않은가? 결론적으로 이들의 먹이 습성을 모르고서 챔질 타이밍을 정확히 가져간다는 것은 불가능에 가깝다. 아울러 훌륭한 조사가 되기 위해서는 무엇보다 대상 어종의 차이, 먹이 습성부터 먼저 파악하고 있어야 하고, 거기에 맞게 챔질 타이밍을 가져가야 한다. 이것이 낚시 이론의 핵심이다.

그러면 지금부터 낚시와 주식의 연관성을 찾아보자.
제자들에게 종종 받는 질문이 있다.
"사부님! 저점 매수가 맞나요, 고점 매수가 맞나요?"
필자가 주장하는 트레이딩 이론의 근간은 추세 추종이다. 강한 종목을 따라붙는 것, 바로 고점 매수 이론이다. 그런데 간혹 방송이나 언론을 통해서 필자가 저점 매수를 주장하는 경우도 있으니 위와 같은 질문을 받는다. 지금껏 소위 강한 종목을 다루라는 것이 필자의 주장이었다. 제자들은 나의 이런 이론적 논리를 과거 김지민 박사(전 시카고투자자문 대표)가 주장하면서 일대 센세이션을 일으킨 고점 매수 이론과 같은 맥락으로 이해하고 있었던 것이다. 그런데 장 중에 필자가 진행하는 '쪽집게 방송'에서는 종종 저점 매수를 주장하는 경우가 많다보니 논리적 모순이 아닌가하고 의아해하는 것이다.

사실 필자는 때로는 고점 매수를, 또 때로는 저점 매수를 주장한다. 정반대의 이론을 동시에 주장하는 것이다. 그 이유는 트레이딩의 성향이나 시점, 그리고 시장 추세의 위치 때문에 그렇다. 마치 잉어 낚시는 찌가 들어갈 때 챔질하고, 붕어 낚시는 찌가 솟을 때 챔질하라는 것과 같은 맥락이다. 매매 시점과 대상 종목에 따라 때로는 고점 매수, 또 때로는 저점 매수를 주장하는 것이다.

사실 스윙 트레이딩의 정석은 고점 매수다. 강한 종목이 다음 날도 상승할 확률이 높기 때문이다. 그런데 이런 고점 매수 전략은 오버나이트를 전제로 한 거래일 때만 유효하다. 내일 좋을 종목을 오전장에 미리 선취매해두면 얼마나 좋으련만 이것은 확률적이지 않은 행동이다. 종가 무렵이라면 또 모를까 개장 시점부터 매수한 채 하루 동안의 엄청난 변동성을 어떻게 견디란 말인가. 종가 시점에 강한 종목으로 교체 매매하는 전략, 이것이 스윙 트레이딩의 핵심이다.

오버나이트를 목적으로 한 종목은 매수 욕구를 참고 진득하게 종가를 기다리는 것이 상책이다. 승부는 서둘거나 미리 움직이면 지는 법이다. 정말 좋은 종목, 수요가 몰리는 종목은 종가 흐름이 빼어나게 좋다. 다음 날 주가를 좋게 보는 수요가 종가에 몰리기 때문이다. 세력 입장에서 가장 리스크 없이, 그리고 필요 물량을 충분히 살 수 있는 시점이 바로 종가 무렵이다. 아울러 종가에 강한 종목은 그 다음 날 개장가도 높은 법이다. 종가 세력은 이익을 다음 날 남겨야 하기 때문에 동시호가부터 허매수를 동원하거나, 개장과 동시에 본격적으로 물량을 매집하기 때문이다. 스윙은 종가에 그것도 고점 매수를 해야 하는 이유이다. 또한 완성된 일봉차트를 기준으로 교체 매매를 하는 이유 또한 같다.

반면에 데이 트레이딩은 특별한 경우(데스윙)를 제외하고는 종가에 물량을 정리해야 한다. 이는 종가에 강한 종목도 데이 트레이딩 관점에서는 매도 대상이지 매수 대상이 아니란 얘기가 된다. 그렇다면 데이 트레이딩에서 매수 타이밍은 언제가 될 것인가. 결론만 말씀드리면 장 중에 가장 쌀 때, 바로 저점 매수가 된다.

저점 매수 시점은 딱 정해진 것이 아니라 각기 다르다. 시초가가 낮으면 오전 동시호가나 시초가가 될 것이고, 장 중에 시초 밑으로 밀리면 음봉에서 쌍바닥이 탄생하는 시점이 저점 매수 타이밍이 될 것이다. 흐름이 좋아서 현재 주가 수준이 시가 위에서 놀 땐, 눌림목 구간이 바로 저점 매수 시점이다. 눌림목 자리는 데이 트레이딩에서 급소 중의 급소인데 일봉 패턴으로는 역망치형이 된다.

데이 트레이딩에서 더 주고 사는 행위는 추격 매수로 간주된다. 왜 그런가. 장 마감 전에는 무조건 팔아야 하기 때문이다. 하루 동안 주가의 변동성이 얼마나 되겠는가. 비싸게 사서 뭘 얼마나 얻겠는가 말이다. 작은 이익을 보태서 수익을 키워나가는 것이 데이 트레이딩의 기본이란 사실을 기억해야 한다. 아울러 손실이든 이익이든 종가에 파는 것도 데이 트레이딩의 기본이다.

실제로 실전에서 트레이더들이 곧잘 당하는 것이 있다. 장 중에 강한 종목을 따라갔다가 물리는 경우다. 사실 오전 장에 7% 이상, 강하게 치고올라가는 종목은 정말이지 트레이더를 혹하게 만든다. 이런 종목은 마치 상한가에 곧장 박힐 것 같은 환상을 준다. 왜 날아가는지, 누가 올리는지, 심지어 어떤 뉴스가 떴는지, 별 관심도 없고 알아볼 방도도 없다. 상한가에 들어갈 것 같아서 그저 조급한 마음에 따라살 뿐이다. 알고 보면 다 추격 매수인데 당시에는 절대 비싸다는 생각이 들지 않는다. 물론 TS(추적 매도)를 철저히 지키면서 상한가 매매를 하는 트레이더의 경우는 예외로 한다.

잠시 한 가지 확인할 것이 있다. 무엇이냐면, 전 종목 차트에서 양봉 캔들만 분석했을 때, 위에 꼬리가 없는 깨끗한 양봉이 많은지, 위에 꼬리가 있는 지저분한 양봉이 많은지 확인해보라는 것이다. 막상 관심을 갖고 일봉을 챙겨보면 위에 꼬리를 단 양봉이, 그렇지 않은 양봉에 비해 최소 10배는 많다는 것을 알 수 있을 것이다. 그렇다면 머리에 꼬리가 붙은 양봉이 압도적으로 많다는 것은 무엇을 의미하는가. 알다시피 위꼬리는 차익 매물이다. 이는 추격 매수하다가 고점에서 물린 트레이더가 그만큼 많다는 것을 의미한다. 물론 당일 최고가로 마감한 장대양봉도 많고 상한가도 간간히 출현하니까 추격 매수가 무조건 잘못됐다는 것은 아니다. 문제는 승률이다. 추격 매수는 아주 간간히 먹고 빈번하게 물리기 때문에 승률이 절대적으로 낮다는 것을 말하고 싶은 것이다.

결론적으로 어종에 따라서 챔질 타이밍이 달라지듯이 트레이딩 성향에 따라서 거래 타이밍도 달라져야 한다. 결론은 아래와 같다.
데이는 저점 매수, 스윙은 고점 매수!
데이는 오전장 매수, 스윙은 종가 매수!

마지막으로 한 가지 팁을 주면, 저점 매수 전략에서 최대 약점은 추가 하락에 있다. 이에 대한 리스크 대응책이 있는데 바로 시가를 깨지 않은 역망치형이나 단봉의 양봉만 선택적으로 노리는 전략이다. 무조건 싼 종목을 노리기보다는 하방경직성이 있는 종목이 낫다는 뜻이다. 지수 약세 국면에서 밀리지 않는 종목, 즉 지지 캔들인 역망치형이나 통통한 양봉을 노리는 것이 저점 매수 최대의 노하우이다.

스윙은 5% 이상의 장대양봉(주로 2시 이후 기준)
데이는 5% 미만의 통통한 양봉이나 역망치형(주로 오전장 기준)

참고로, 어종에 따른 챔질 타이밍의 차이는 보유 종목의 매도에도 적용이 가능하다. 일반적으로 매도할 때, 수량 차이를 두지 않는 경향이 있다. 이익난 종목과 손실난 종목의 매도 방식과 수량은 전혀 다른데 그 차이를 두지 않는다는 얘기다.

거듭 강조하지만 손실은 전량 매도, 이익은 분할 매도가 정답이다. 손실난 종목은 최대한 신속히 정리해야 한다. 손실이 발생한 상태에서 다음 날 갭하락으로 출발하면 이땐 꼼짝없이 물리고 만다. 물론 반등 구간을 노려볼 수 있지만 이때도 전량 매도는 변함이 없다. 오히려 되돌림 패턴이 나오기 전에 더욱 적극적으로 팔아야 한다. 한편 물량이 크지 않은 종목은 전량을 파는 것이 좋고, 물량이 큰 종목은 부득이 분할 매도를 할 수밖에 없는데 그렇더라도 당일 안에는 모두 청산해야 한다. 다들 경험했겠지만 손실난 종목의 다음 날 갭하락 출발은 정말이지 끔찍하다. 이런 상황에선 고수도 물린다.

반면에 이익이 난 종목은 반대로 가야 한다. 안 팔기 위해서 최선을 다해야 한다. 팔더라도 찔끔찔끔 나누어서 팔아야 한다. 앞서 '로켓 이론'에서 소개했듯이 이익이 난 종목은 분할 매도가 정답이다. 그런데 이것이 말처럼 쉽지 않다. 정신적으로 대비와 무장이 없으면 이익이 난 종목을 오래 끌고갈 재간이 없다. 이익이 클수록 매도 욕구가 강해지면서 이익확정심리가 머리를 들기 때문이다.

'이익확정심리', 여기에 휘둘리면 웬만한 강심장도 버티기 어렵다. 이것은 의지로 되는 것이 아니고 거래 기준과 철학으로 이겨내야 한다. 사실 이익 포지션은 오랫동안 버티라고 해봐야 소용이 없다. 매도의 욕구가 워낙 강해서 하나마나 한 얘기다. 이럴 땐 강렬한 매도 욕구를 약간이나마 희석시켜 줄 어떤 조치가 필요하다. 마치 배가 고플 때 약간의 수분을 섭취해서 배고픔을 희석시켜주듯이, 로켓이 멀리가기 위해서 연료통을 하나씩 버리듯이 말이다. 주식도 마찬가지다. 주가가 상승할 때마다 약간씩 나누어서 매도하면 매도 욕구가 크게 감소한다. 백문이 불여일견! 내일 당장이라도 시도해보기 바란다. 보유 주식이 줄면서 매도 욕구도 크게 감소하는 것을 직접 느낄 것이다. 거듭 강조하지만, 이익이 난 종목은 분할 매도가 정답이다. 상승 폭에 비례해 보유 주식의 물량을 줄여나가야 한다. 실제 분할 매도를 해보면 팔고난 종목의 고점이란 고점 모두가 자신이 분할 매도한 자리가 될 것이다.

### 대물 낚시 이론(테마주 매매는 대물 낚시처럼)

대부분의 대물 낚시꾼들은 낚싯대를 한두 대만 펴지 않는다. 자신의 능력껏 동시에 여러 대를 편다. 이를 전문 용어로 '다대 편성'이라고 한다. 특히 자연 노지에서 대물을 사냥하는 대물꾼들은 다대 편성의 진수를 보여준다. 많이 펴는 전문꾼들의 경우 10대는 기본이고 최대 20대까지 동시에 편다. 이렇듯 낚싯대를 많이 펴는 이유는 대물의 회유로를 모르기 때문이다. 어떤 포인트에서 대물이 걸릴지 모르기 때문에 여러 곳에다가 길목 지키기를 하면서 확률을 높이는 것이다. 물론 모든 낚싯대에서 골고루 잡히지도 않고 동시에 여러 마리가 잡히는 것도 아니다. 설령 최대 20대까지 편다고 해도 길목 지키기에 성공한 한두 대의 낚싯대에서만 대물이 낚인다. 그런데 그것이 어떤 낚싯대가 될지 모르니 여러 대를 동시에 펴는 것이다. 매물꾼들의 다대 편성은 순전히 확률을 높이기 위한 경험적 행동이다. 그렇다면 순환매가 생명인 테마 매매도 회유로를 몰라서 다대 편성을 하는 대물 낚시와 같아야 하지 않을까?

곰곰이 생각해보면, 주식 투자에서 급등주 매매도 대물꾼이 쓰는 다대 편성 전략이 딱 들어맞는다. 급등주는 사실 특정 테마에서만 탄생하는 경우도 있지만 순환매가 빠르게 돌면서 예상치 못했던 테마에서 탄생하는 예가 더 많다. 그러니 실전에서 정확히 하나의 테마만 찍어서 급등주를 선취매한다는 것은 사실상 불가능하다. 차라리 급등 가능성이 높은 테마를 미리 압축해놓고 동시에 모니터링 하는 것이 최선의 방법이 될 것이다. 이때 예상 테마별로 대장주와 부대장주를 미리 압축해두면 순환매 흐름을 놓치지 않고 신속히 따라붙을 수 있다. 사실 개장 전에 급등이 예상되는 테마를 미리 압축해두는 것이 테마주 매매의 첫 걸음이다. 장 중에 즉흥적으로 테마를 발굴하고, 따라붙는다는 것은 웬만한 고수가 아니고서는 사실상 불가능하다.

대물은 언제 어떤 낚싯대에서 불쑥 올라올지 도무지 알 수가 없다. 대물꾼들이 과거도 그랬지만 지금껏 다대 편성을 고집하는 이유다. 대물의 입질은 때로는 1칸의 짧은 대에서, 또 때로는 4칸 이상의 장대에서 불쑥 들어온다. 찌가 움직이기 전까지 대물의 접근은 결코 알 수가 없는 법이다. 급등주 매매도 이와 같다. 거래량이 터지거나 변동성이 확대되지 않는 한, 상한가나 장대양봉이 출현하지 않는 한, 결코 알 수가 없는 법이다. 그런 만큼 트레이더, 특히 급등주 전문꾼들은 항상 대물꾼의 자세와 같아야 한다. 대물꾼이 다대 편성으로 대물의 길목을 노리듯이, 트레이더는 다양한 테마를 동시에 감시하면서 급등주가 언제든 탄생할 것에 대비해야 한다. 찌가 수면으로 불쑥 솟듯이, 대장주는 개장 이후 가장 빠른 시간에 강한 양봉을 뽑을 것이다. 그 대장주가 해당 테마주의 플래그십 역할을 할 것은 자명하고, 우린 그때 움직여도 충분하다.

마지막으로 한 가지 팁을 주겠다. 만약 여러 개의 테마를 감시하면서 실시간

트레이딩을 하기가 쉽지 않다면, 아예 최근에 거래량이 붙기 시작하는 테마들을 3개에서 5개 정도 선정해서 테마별로 대장주만 골고루 매수해두는 것이다. 예를 들어 2010년 10월 기준, 에스엔유(아몰레드 장비 톱픽주), 한화케미칼(석유화학 톱픽주), 에스에프에이(반도체장비 톱픽주), 에스엘(자동차부품 톱픽주), 신성홀딩스(태양전지 톱픽주) 등을 매수하는 식이다. 이때 대장주는 시가총액 기준이 아니라 가장 탄력이 좋고 상승 폭이 큰 종목을 기준으로 한다. 주도주와 다른 개념이다.

실전에서 보면 주목받는 테마 안에서 특정 종목이 개장과 동시에 시세를 분출하는 경우는 무수히 목격된다. 이 종목이 당일의 대장주다. 그런데 이것이 어떤 종목이 급등할지 모르니 아예 테마별로 골고루 편입하고 기다리자는 것이다. 대물꾼이 길목을 노리기 위해서 '다대 편성'을 하듯이, 테마마다 대장주를 미리 선취매하자는 것이다. 이때 주의해야 할 점은 최근 시장에서 이슈가 되고 있는 테마로 국한해야 하며, 테마는 5개를 넘지 않고 반드시 대장주만 공략해야 한다는 점이다.

# 30 마라톤 이론:
### 주식 투자는 자신의 인생과 함께한다

**마라톤 이론① 선두 그룹에서 절대 밀리지 마라**

　마라톤 경기는 선두 그룹의 싸움이다. 선두 그룹에서 한 번만 처지면 우승은 물거품이 되고 만다. 선두 그룹에서 처진 사람이 선두권으로 따라붙는 것은 정상급 경기에선 거의 불가능이다. 필자는 지금껏 선두권에서 이탈했다가 우승한 마라토너를 본 적이 없다. 짐작컨대 마라톤 역사를 살펴봐도 선두와 많이 차이가 나는 2위 그룹에서 우승자가 나온 사례는 많지 않을 것이다. 그래서 그런지 마라토너들은 선두권에서 밀리지 않으려고 필사적이다. 선두 그룹과 2위 그룹 간의 갭은 메울 수 없을 만큼 크다는 것을 그들은 아는 것이다.

　필자는 마라톤 경기를 보면서 선두권의 장벽이 너무 높다는 사실에 주목한다. 특히나 주식 투자를 직업으로 하고 있는 데다가 평소 주도 업종과 대장주의 탁월한 상승력을 경이롭게 바라보는 입장이라 더욱더 그렇다. 지수와 무관하게 상승하는 업종과 종목은 항상 따로 있는 것이 시장의 법칙이고, 매번 이런 업종을 쫓는 것이 바로 필자의 직업이 아닌가. 그러다보니 간혹 마라톤의 선두 그룹과 주식에서 주도 업종은 같은 크기의 가치가 아닐까 생각해본다. 그렇다면 마라톤에서 결사적으로 선두 그룹에 포함되려 노력하듯이, 트레이더라면 주도 업종이나 주도주를 자신의 계좌에 넣기 위해 결사적이어야 하지 않을까.

트레이더는 주도 업종을 공략해야 한다. 절대 수익률을 추구하는 것이 바로 트레이더가 아닌가. 주도 업종은 테마와 달리 상승 폭이 제한적이지 않다. 이는 상승 폭이 커서 놓쳤다는 애기가 통하지 않는다는 의미가 된다. 앞서 배운 '웃돈 이론' 대로 주도 업종은 더 주고라도 적극적으로 따라붙어야 한다. 2009년 자동차 업종이나 디스플레이 업종이 바로 그런 업종이었다. 만약 이글을 읽는 독자가 2009년 기아차나 삼성전기를 상승폭이 크다고 해서 피했다면 크게 반성해야 한다. 그리고 자신의 거래 철학을 되돌아봐야 한다. 주도 업종을 피하고 어떻게 수익을 낸다는 말인가. 분명히 뭔가를 발견하게 될 것이다.

지금 당장 '마라톤 이론'에 귀 기울이기 바란다

아울러 당장이라도 선두 그룹에 따라붙는 노력을, 주도 업종을 계좌에 집어넣는 그런 적극성을 보여야 한다. 한편, 같은 업종 안에서도 시세를 못 주고 따로 노는 종목은 쳐다보지 말아야 한다. 낮은 가격대에 부담이 없어 쉽게 손이 가겠지만, 이런 종목은 대개가 세력이나 메이저가 버리는 종목이다. 이왕이면 주도 업종 안에서도 먼저 치고나가는 종목을 다루는 것이 좋다. 그 종목이 대장주일 공산이 크다. 사실 티끌 모아 태산이란 말은 사업이나 장사에선 통할지 모르지만 주식 투자에선 어림도 없는 얘기다. 개인 투자자들의 대박은 거의 대부분 대장주 몇몇 종목에서 다 얻는다.

앞서 선두권에 뒤처진 사람이 우승을 한다는 것은 거의 불가능에 가깝다고 했다. 우승을 원한다면 선두권에서 놀아야 한다는 얘기다. 같은 맥락에서 트레이더들이 수익을 얻기 위해선 주도 업종을 다뤄야 한다. 그것도 집중적으로 말이다. 이것이 마라톤 이론의 핵심이다.

잠시 다른 각도에서 마라톤 이론을 살펴보자.

실전에서 경험해보면 주도 업종 공략 외에 마라톤 이론이 참 잘 맞는 것이 있다. 바로 당일 지수 분흐름이다. 당일 지수 분흐름은 단기 추세다. 그런 만큼 장중에 추세가 한 번이라도 크게 꺾이면 그것으로 끝이다. 시간이 부족하기 때문에 당일 회복하기가 무척 어려운 것이다. 이런 점이 마라톤 이론의 핵심과 맞아떨어진다. 특히 시초가 대비 1% 이상 하락 시 시가를 회복할 가능성은 채 30%도 되지 않는다. 만약 시가로부터 1.5% 이상 제법 깊게 조정을 받으면 당일 회복 가능성은 10% 미만으로 뚝 떨어진다(2008년 11월~2009년 4월까지 결과). 이런 날은 사실상 매도밖에 없다는 것을 말해준다.

다시 한 번 정리해보면, 하락 폭이 1.5% 이상 제법 깊은 경우, 반등 시 매도 전략을 구사해야 한다. '마라톤 이론'에 근거해서 시가를 회복할 가능성이 거의 없기 때문이다. 이런 날은 그저 매도 대응만이 최선이다. 다만 낙폭이 확대된 시점이라 반등 구간을 노려서 팔고 나오는 것이 좋다. 아주 간혹, 추세 하락 구간에서 저점 매수를 시도하는 경우가 있지만 어디까지나 초단기 매매에 한해야 하며 이런 경우에도 반등 시 매도를 통해 이익을 챙겨야 한다.

반대의 경우, 즉 시초가 위에서 1.5% 이상 이격을 크게 벌린 날은 매도 포지션보다는 홀딩이 유리하다. 만약 상승 폭의 절반 정도 주가가 떨어지면 오히려 눌림목 매수 자리가 된다. 추세가 하락으로 완전히 돌아서기 전까지 최대한 이익을 극대화해야 한다. 트레이더는 남길 때 크게 남길 줄도 알아야 하는데 이때가 바로 그때다.


일반 투자자들은 강세장에서 주도주를 외면하는 경향이 있다. 못 먹는 감으로 치부하기 때문이다. 주도주는 시장의 바로미터이다. 약세장인지, 강세장인지 여부는 사실 주도주가 있는지 여부에 의해 판단해야 한다. 시장을 움직이는 세력들은 주도주의 탄생 여부를 보며 시장 참여 시점을 파악한다.

한편 주도주가 강한 이유는 시장의 큰 자금이 유입되어 특정 종목군으로 매수가 집중하기 때문인데 대개의 경우 국내 대형 펀드 자금(2009년 엔씨소프트, 서울반도체, 현대모비스 등)이거나 글로벌 뮤추얼 펀드(2010년 현대차, 기아차, 삼성전기, LG디스플레이 등)의 자금인 경우가 많다. 주도주를 상승시키는 힘은 큰 자금의 유입이기 때문에 개인 투자자들은 주도주의 추세를 만들지 못한다. 큰 자금의 흐름은 쉽게 바뀌지 않기 때문에 주도주가 상승을 지속하는 동안 시장은 함께 상승하고, 주도주가 꺾이면 시장 흐름도 꺾인다(주도주를 파악하는 방법: 주도주는 지수 흐름과 무관하게 20일선을 계단식으로 타고가는 종목이다. 물론 외국인이나 기관이 매수하는 것은 필수다. 추세 전환 국면에서 주도주는 바닥에서 강하게 머리를 드는 종목, 즉 5일선 변곡점이 나오는 종목이다. 하락세에 있던 시장이 2~3% 정도 강하게 반등하는 첫날, 지수 관련 대형주 중에서 가장 거래량이 많이 늘고 상승폭이 큰 장대양봉이다. 물론 배경엔 메이저가 있어야 한다).

참고로, 과거의 주도주는 소위 트로이카 종목이라는 건설주 은행주, 증권주였다. 2000년 이전 시장의 중심은 내수주 위주였기에 그랬다. 지금도 개인들이 관심은 지대하지만 내수 경기에 의존하기 때문에 과거와 같은 급등은 이제 힘들다.

최근의 신트로이카 종목은 IT주, 자동차주, 조선주이다. 이제 국내 경제는 수출에 의존하는 비중이 커졌기 때문에 이들 수출주들이 시장을 주도할 수밖에 없다. 이들 수출주가 주도주로 부상하면 그것이 강세장이다. 다른 지표는 특별히 볼 필요도 없다.

만약 과거 트로이카 종목인 건설, 증권, 은행이 급부상하면 개인들이 열광하고 있다는 징조다. 서서히 시장을 빠져나올 궁리를 하는 것이 좋다. 트로이카 종목이 한꺼번에 뜨는 것은 고점에 임박했음을 의미한다. 추격 매수는 자제하고 물량을 서서히 줄여나가는 것이 현명하다.

### 마라톤 이론② 주식 투자는 자신의 인생과 함께한다

주식 투자는 마라톤과 같다. 중도에 오버페이스를 해서 쉬이 지치지 않아야 하며 자신의 인생과 오랫동안 함께해야 한다. 그러나 현실은 안타깝게도 마치 100미터 단거리 경주를 하듯 모두들 한 방만을 노린다. 본전만 회복하면 당장 주식판을 떠날 태세다. 그러니 확률과 기술적 기준은 무시되고 감에 의존한 거래에만 치중한다. 큰 것 한 방을 노리며 마치 전쟁 치르듯 공격적인 거래를 하는 것이다.

사실 주식 투자는 행복한 구간보다 고통스러운 구간이 길다. 비록 상승장일지라도 그것은 다르지 않다. 장세가 좋더라도 물량 조절과 보유 기간 조절에 실패하기 때문이다. 결국 어떤 구간에서 시장에 참여했든 행복한 시간보다는 고통의 시간을 길게 겪는다. 그러다보니 과연 이런 고통을 참으면서까지 주식 투자를 계속해야 할지에 대해서 심각히 고민한다. 그러던 어느 날, 감당할 수 없을 만큼 크게 잃는 날은 반드시 찾아오게 마련이고, 결국 시장을 떠날 결심을 한다. 마지막 작정을 하면서 말이다.

"본전만 챙기면 이 지겨운 주식 시장, 완전히 뜬다!"

"대박, 한 방만 터트리자!"

여러분도 분명히 저런 생각 많이 했을 것이다. 안 봐도 거울이다. 그런데 아직 이 글을 읽고 있는 걸 보면 큰 것 한 방을 터트리지는 못했나보다. 그렇더라도 속상해하지는 말기 바란다. 여러분도 그랬듯이 주식 투자자들 대부분이 같은 생각을 하고 있으니 말이다. 모두들 크게 한 방 터지면 주식 시장, 당장에 떠난다고 입버릇처럼 말한다. 그런데 본전 챙겨서 시장을 떠난 사람, 과연 몇이나 될까. 깡통을 차고 어쩔 수 없이 시장을 떠났으면 모를까, 본전을 회복해서 시장을 떠난 사람, 아마도 소수에 불과할 것이다.

왜 그럴까?

여러 가지 이유가 있겠지만 조급증이 가장 큰 문제일 것이다. 승부를 빨리 짓고 싶어서 서두르는 것, 이것이 가장 큰 문제다. 시장을 단기적으로 접근하니 방향이 보이지 않는 것이다. 매번 거꾸로 매매를 할 수 밖에 없는 이유다. 트레이딩 세계는 참을성이 부족해서 자신의 포지션을 빨리 정하는 사람이 진다. 무조건 빠르다고 좋은 것만은 아닌 것이다. 왜 그럴까? 이유는 실수 때문이다. 트레이딩에서 성공의 관건은 '실수 줄이기'에 달려 있다. 누가 실수를 줄이느냐, 이것이 바로 승패의 관건인데 먼저 움직이면 실수도 그만큼 많이 한다. 옛날 서부 시대 영화를 보면 결투 장면에서 총을 빨리 빼는 사람이 지는 것을 많이 봤을 것이다. 서둘다가 결정적인 실수를 하기 때문이다. 트레이딩 세계도 이와 같다. 조급하게 서둘다보면 지수 흐름을 놓치거나 메이저들의 수급 동향을 놓치게 된다. 심지어 어이없는 주문 실수도 종종 한다.

앞서 과녁 이론에서 언급했듯이 노련한 사냥꾼은 맹수를 잡을 때 여유를 갖고 길목을 지킨다. 승부의 핵심인 기다림을 아는 것이다. 사냥물이 지나가는 길목에 총구를 겨누고 목표물이 과녁으로 들어올 때까지 무작정 기다린다. 자신에게 유리한 상황에서만 승부하려고 방아쇠를 당기기까지 참고 또 참는다. 어떠한 실수도 용납되지 않기 때문에 더욱 침착하게 급소를 노리는 것이다. 반면에 초보 사냥꾼은 승부의 순간이 오면 극도로 초조해한다. 빨리 승부를 짓고 싶어 안달을 한다. 마음이 앞서다보니 길목을 지키기보다는 사냥물을 따라 과녁을 마구 이동시킨다. 과연 총구가 길목을 벗어난 상황에서 유리한 승부를 이끌어낼 수 있을까. 아닐 것이다. 이런 조급증은 분명 실수를 불러올 것이고, 단 한 번의 실수에서 모든 것을 다 잃게 될 것이다.

오늘 하루 만에, 모든 것을 이루려고 하지 말자.
오늘 손실은, 오늘 만회하는 것이 아니라, 내일 만회하는 것이다.
오늘은, 원금을 지킨다는 마음만 먹자.

그렇다면 수익은?
잃지 않으면 자연히 쌓인다. 그것도 감당할 수 없을 만큼.
당신은 그저, 평생 주식 투자할 각오만 하면 된다.